Das Buch

Die Psychologie der Männer, ihre Verhaltensweisen und Einstellungen transparent und für sie selbst, für andere Männer und auch für Frauen verständlich und damit kalkulierbar zu machen, diesem Ziel nähert sich der Analytiker und Psychologe Loren E. Pedersen mit seinem Buch zur männlichen Typenlehre. Ausgehend von C. G. Jungs wegweisender Schrift ›Psychologische Typen‹ (1920) mit den vier Grundfunktionen der Psyche – Denken, Fühlen, Empfinden und Intuieren –, den Kategorien von Intro- und Extraversion und den verschiedenen Arten des Wahrnehmens, Beurteilens und Verhaltens stellt er hier ein Modell auch zur Selbsterkenntnis von Männern vor. Demnach gliedert sich die Männerwelt in vier Hauptgruppen – die Denker, die Ideenmenschen, die Tatmenschen, die Träumer –, die jeweils vier Untergruppen haben: je nach Orientierung auf die äußere oder innere Welt, oder, wie die angelsächsische Typenlehre es nennt, je nach Einstellungen, Wertehaltungen. Es ergeben sich also sechszehn männliche Prototypen, denen Pedersen Namen und Stimmen verleiht und deren Modellcharakter sich als äußerst praktikabel nicht nur für die therapeutische Praxis erweist.

Der Autor

Loren E. Pedersen, geboren in Chicago, studierte Psychologie in Chicago, Milwaukee und San Francisco. Er arbeitete als Psychoanalytiker am C. G. Jung-Institut in San Francisco und führt heute eine eigene Praxis in Walnut Creek, Kalifornien. Auf deutsch ist bisher erschienen: ›Das Weibliche im Mann‹ (1992).

Loren E. Pedersen

Männer sind so

Die Typologie zum Verständnis ihrer Persönlichkeit

Aus dem Amerikanischen von
Elke vom Scheidt

Deutscher
Taschenbuch
Verlag

dtv

Von Loren E. Pedersen
ist im Deutschen Taschenbuch Verlag erschienen:
Das Weibliche im Mann (35083)

Dieses Buch ist Hal Batt gewidmet

Deutsche Erstausgabe
Juni 1996
Deutscher Taschenbuch Verlag GmbH & Co. KG,
München

Titel der amerikanischen Originalausgabe:
Sixteen Men. Understanding Male Personality Types
Shambala, Boston und London 1993
ISBN 0-87773-692-8

Umschlaggestaltung: Boris Sokolow
Satz: DTP, Apple Macintosh, Hartmut Czauderna,
Gräfelfing
Druck und Bindung: C. H. Beck'sche Buchdruckerei,
Nördlingen
Printed in Germany · ISBN 3-423-35108-X

Inhalt

Einleitung

Männer durch Typologie verstehen

In den letzten drei Jahrzehnten haben wir ein zunehmendes Interesse an den sozialen, politischen und ökonomischen Bedürfnissen von Frauen miterlebt. Die Frauen selbst gaben den Anstoß dazu. Es gelang ihnen mehr und mehr, sich von starren gesellschaftlichen Geschlechterrollen zu lösen und sich selbst neu zu definieren; so sind die Anfänge eines neuen Bewußtseins für Frauen als Individuen sowie einer deutlicher abgegrenzten Psychologie der Frau entstanden.

In jüngerer Zeit haben eine wachsende Anzahl von Büchern über Männer sowie der Trend zu etwas, das man locker als ›Männerbewegung‹ bezeichnen könnte, zu einem neuen Interesse an Männern geführt. Um die Rolle des ›neuen Mannes‹ - wer er ist, wer er sein soll, was die Grundlage seiner Psychologie ist - gibt es viel Gerangel und Verwirrung.

In den Medien wurde dieses neue Interesse von Männern an sich selbst unterschiedlich - wenn nicht abschätzig - behandelt; man konzentrierte sich etwa auf Ideen wie Robert Blys ›wilden Mann‹. Die Betonung der primitiven Maskulinität führte zeitweilig zu einer Art Karikatur des neuen Mannes bis hin zur Parodie der männlichen Versuche, sich selbst neu zu entdecken und zu definieren. Zynische Zeitungsberichte über Männer, die sich versammeln, um ›sich die Köpfe einzuschlagen‹, miteinander zu ringen oder sich für die Zulässigkeit von Blähungen einzusetzen, haben nicht gerade dazu beigetragen, die Sache der Männerpsychologie zu fördern - weder beim Beobachter noch beim Teilnehmer.

In meinem vorigen Buch, ›Das Weibliche im Mann: Die Wiederentdeckung der weiblichen Kräfte, die aus einem halben Mann einen ganzen Menschen machen‹, habe ich versucht, unser Verständnis der Männer zu vertiefen, indem ich die evolutionären, mythologischen und psychologischen Dimensionen ihrer Erfahrung erforschte. Besonderen Nachdruck legte ich auf C. G. Jungs hilfreiche Idee der Anima, bestehend aus femininen Repräsentationen des männlichen Unbewußten, die sich in seinen Träumen, Phantasien und Projektionen auf wirkliche Frauen finden. Meine Hoffnung war, damit einen lebensfähigen Beitrag zur Entstehung einer deutlich unterschiedenen, objektiven Psychologie des Mannes zu leisten.

Das vorliegende Buch will ›Das Weibliche im Mann‹ durch einen objektiven Ansatz ergänzen, der von Jungs Theorie der psychologischen Typen abgeleitet ist, einer wertvollen Quelle für die klinische Arbeit mit Männern und für das persönliche Wachstum von Männern. Die Theorie, die sich mit den Typen befaßt, bietet anregende Gedanken zur männlichen Psychologie und gleichzeitig eine faszinierende Methode, die Bewußtseinsprozesse sowie einige weniger entwickelte Aspekte der Persönlichkeit zu betrachten.

›Männer sind so‹ fördert das Verständnis der männlichen Persönlichkeiten auch, indem es sich auf die umfangreichen Forschungsdaten anhand des Myers-Briggs Type Indicator (MBTI) bezieht, der Jungs ursprüngliches Denken erweitert und klarer gemacht hat. Außerdem beruft es sich auf meinen eigenen ausgedehnten klinischen Gebrauch des MBTI als Jungianischer Analytiker, der mit Männern arbeitet.

Bei der Niederschrift dieses Buches habe ich ferner versucht, die ganze existierende Literatur über psychologische Typen noch einmal zu lesen, ungeachtet dessen, ob ich sie relevant oder für meinen Standpunkt bedeutsam fand. Ich habe versucht, soviel wie möglich davon zu verwerten.

Die Typentheorie bietet ein ziemlich objektives Mittel zur Bewertung und Benutzung von männlichen Persönlichkeitsunterschieden, wie sie sich im psychologischen Typ widerspiegeln - nicht nur der Unterschiede zwischen Männern, sondern auch der zwischen Männern und Frauen. Besonders fasziniert hat mich die deutliche Korrelation zwischen der Vorliebe von Männern für den Denkprozeß und der Vorliebe von Frauen für den Gefühlsprozeß. Die überwältigende Dominanz des Denkprozesses bei Männern könnte eine psychologische Präferenz reflektieren, die einen großen Teil der Unterschiede zwischen Verhalten und Einstellungen von Männern und Frauen erklärt. Man kann diesen kardinalen

Unterschied, wie es oft geschieht, als angeborenen, psychologisch zum Ausdruck kommenden Geschlechtsunterschied interpretieren. Vielleicht spiegelt er auch geschlechtsspezifische Rollen wider, die im wesentlichen Folge einer unterschiedlichen Sozialisation sind.

Man kann jede dieser Interpretationen oder beide zusammen als Auswirkung der unterschiedlichen biologischen, sozialen und psychologischen Anforderungen betrachten, die im Laufe ihrer Evolution an beide Geschlechter gestellt wurden. Auf alle Fälle können diese Unterschiede uns helfen, einige männliche Verhaltensweisen und Einstellungen besser zu verstehen.

Daß Männer das Denken dem Fühlen vorziehen, führt an sich schon zu einer Reihe anregender Ideen zu den Unterschieden zwischen männlicher und weiblicher Psychologie. Ob diese Unterschiede wirklich angeboren sind, bleibt abzuwarten.

Typologie: ein strukturelles und dynamisches Modell

Als Modell liefert die Typologie sowohl einen strukturellen als auch einen dynamischen Ansatz zum Verständnis der verschiedenen Komponenten des Bewußtseins. Die Typologie bietet einen Rahmen oder ein System zur Betrachtung von Persönlichkeitsaspekten, die sich in Mustern zu häufen scheinen. Sie ist ein objektives Mittel zur Beobachtung der unterschiedlichen Arten, wie Individuen ihre Lebenserfahrungen wahrnehmen und einschätzen, sowie ihres Gefühls innerer und äußerer Realität.

Die Typologie zeigt uns, daß die Motivationen, Werte und Interessen von Individuen innerhalb einer Typengruppe in gewisser Weise beständig sind und sich gleichzeitig von denen anderer Typengruppen unterscheiden. Wenn wir unseren eigenen Typ und den Typ anderer kennen, können wir eher unsere Unterschiede sowie unsere Ähnlichkeiten akzeptieren. So entstehen beispielsweise manche Konflikte einfach aus den unterschiedlichen Arten, wie Individuen an ihre Lebenserfahrung herangehen und darauf reagieren, und weniger aus den spezifischen Inhalten tatsächlich bestehender Meinungsverschiedenheiten.

Als struktureller Ansatz liefert die Typologie beschreibende Kategorien für die relative Dominanz der primären Funktionen des Bewußtseins, also von Denken, Fühlen, Empfinden und Intuition. Sie gibt auch die ›Einstellung‹ des Typs wieder, welche entweder extravertiert oder introvertiert ist. Und schließlich identifiziert sie die Vorliebe des Individuums für eine entweder ›urteilende‹ oder ›wahrnehmende‹ Orientierung gegenüber der Außenwelt. Wir werden im ersten Kapitel detaillierter auf diese strukturellen Elemente zurückkommen.

Die Jungianische Typologie ist kein absolutes System, das Individuen fest in starre Kategorien preßt. Individuen mögen dem gleichen Typ angehören, aber der Grad, in dem sie einem speziellen Typ ›getreu‹ sind, kann unterschiedlich sein. Und natürlich gibt es auch noch spezifische individuelle Unterschiede, die nichts mit dem Typ zu tun haben. So etwas wie einen ›reinen‹ Typ gibt es nicht. Selbst innerhalb individueller Typenprofile bleibt Raum für signifikante Unterschiede. Wir alle haben einige der Merkmale jedes Typenelements sowie Charakteristika jedes Typenprofils. Auch unterschiedliche Lebensgeschichten, Lebenserfahrungen und unterschiedliche emotionale und intellektuelle Ausstattung schaffen große Verschiedenheiten zwischen Individuen, sogar zwischen solchen des gleichen Typs. Außerdem mögen spezifische archetypische Konstellationen bei der Charakterisierung der kollektiven Aspekte eines Individuums innerhalb einer Typengruppe eine Rolle spielen.[1]

Fügt man diesen sehr brauchbaren Beschreibungen individueller Typen eine dynamische Sichtweise hinzu, dann bietet die Typologie auch ein konkretes Modell für eine Psychologie des Bewußtseins, und zwar ohne unnötige Komplexität. Als dynamisches Modell erhellt die Typologie einige der wesentlichen Charakteristika der gesunden Persönlichkeit. Am klarsten wird das Potential des dynamischen Aspekts der Typologie, wenn man mit den unentwickelten Teilen der eigenen Persönlichkeit fertigwerden will. Psychologische Stärken wie auch Schwächen lassen sich durch das individuelle Typenprofil verdeutlichen. Diese Art spezifischer Bewertung kann uns helfen, uns auf neues psychologisches, emotionales und letztlich spirituelles Wachstum auszurichten.

Warum über Männer und Typ schreiben?

Die Anwendung der Typologie hat in den letzten Jahren zugenommen und wird auf dem Gebiet von Psychologie, Beratung, Persönlichkeitsforschung, Erziehung und Karriereentwicklung sowie bei religiösen und spirituellen Fragen immer häufiger. Das Center for the Applications of Psychological Type (CAPT) fördert Bücher über psychologische Typen und sponsert innerhalb der USA Workshops über die Anwendungsmöglichkeiten, die Theorie und die Erforschung des psychologischen Typs.

Die Jungianische Typologie appelliert an unseren ziemlich universalen Wunsch, mehr über uns selbst zu erfahren. Sie liefert einen objektiven Kontext zur Wahrnehmung und Einschätzung unserer bevorzugten psychologischen Prozesse, der uns gestattet, uns selbst, unsere Beziehungen, unsere beruflichen Entscheidungen und sogar unsere persönlichen Werte klarer zu sehen. Sie bietet außerdem einen spezifischen und praktischen Rahmen zur Betrachtung von Kategorien von Einstellungen und Verhalten, während sie gleichzeitig die Integrität individueller Unterschiede unangetastet läßt.

Dieses Buch ist eines der ersten über Männer und psychologische Typen. Der spezifische Wert des Schreibens über die Typologie von Männern liegt darin, daß es einen einzigartigen Bezugsrahmen für die Betrachtung des Verhaltens und der Einstellungen von Männern liefert, wie sie sich in spezifischen Arten der Wahrnehmung und Beurteilung von persönlicher Erfahrung äußern. Männliches Verhalten kann danach als vorhersagbares Ergebnis dieser verschiedenen Stile betrachtet werden. Diese Sicht von Männern wird noch weiter differenziert, indem man untersucht, wie sie sich typologisch möglicherweise von Frauen unterscheiden und welche Folgen diese verschiedenen Typenkombinationen in Beziehungen haben.

Im ersten Kapitel beschreibe ich die strukturellen Elemente psychologischer Typen und die Arten, wie sie, kombiniert, jedes der sechzehn individuellen Typenprofile ergeben. Das sind die ›praktischen Grundlagen‹ der Typologie, und sie sind wesentlich zum Verständnis des restlichen Buches.

Im zweiten Kapitel untersuche ich, inwiefern der psychologische Typ wichtig für die Kommunikation und den Beziehungsstil ist, die Männer bei ihren alltäglichen Interaktionen mit anderen benutzen. Typologie hilft nicht nur beim Verständnis des Inhaltes von Kommunikation, sondern auch der Auswirkung, die unterschiedliche Kommunikationsstile auf den Zuhörer haben können. Ich biete auch eine Kritik der populären Idee, daß Kommunikationsstile eine Funktion von Geschlechtsunterschieden sind, und bringe sie statt dessen mit den kombinierten Effekten von psychologischem Typ und Geschlechtsrollen-Sozialisation in Verbindung.

In den vier zentralen Kapiteln stelle ich die sechzehn psychologischen Typen vor, indem ich sie in vier Gruppen von je vier individuellen Typen unterteile, personifiziert von fiktiven männlichen Charakteren. Die Gruppen sind auf der Grundlage eines gemeinsamen Kerns kategorisiert, der aus einer speziellen Wahrnehmungsfunktion plus einer speziellen Urteilsfunktion besteht. Diese Profile wurden mit der Absicht geschrieben, die natürlichen Stärken und auch Schwächen der verschiedenen Typen zu betonen, die durch die interaktiven Effekte verschiedener Typenkomponenten hervorgerufen werden.

Ich habe die Typen sowohl in Vignetten als auch in Prototypen unterteilt. Die Vignetten sind Personifikationen der verschiedenen Typen, gekleidet in den Charakter von Individuen, die ich als Patienten oder Freunde wirklich gekannt habe. Die Prototypen sind der Versuch, die bestimmenden Charakteristika jedes Typs zu beschreiben, wie sie bei jedem Individuum auftreten könnten.

Wenn der Leser diese Unterteilungen als Überblick benutzt, kann er eine allgemeine Orientierung bezüglich psychologischer Typen entwickeln, indem er sich einige der potentiellen Verhaltenseffekte der verschiedenen Kombinationen von Typenelementen ansieht. Er wird in die Lage versetzt, seine eigene Persönlichkeit einigermaßen objektiv zu betrachten, indem er eigene Merkmale mit den psychologischen Charakteristika vergleicht, die er sowohl in den Vignetten als auch in den Prototypen der sechzehn Typen findet. Falls er sich im Hinblick auf den psychologischen Typ selbst eingehender erforschen möchte, wird er vielleicht den Wunsch haben, sich mit Hilfe eines Psychologen oder Psychiaters dem Myers-Briggs Type Indicator zu unterziehen. Ein selbst anwendbarer Test findet sich in ›Please Understand Me‹ von David Keirsey und Marilyn Bates.

Beruf und Typ

Ein weiteres praktisches Interessengebiet, dem die Kenntnis der Typologie nützen kann, ist die Beziehung zwischen Berufswahl und psychologischem Typ. In den letzten Jahren ist das Interesse an spezifischeren und zuverlässigeren Wegen gewachsen, die ›Übereinstimmung‹ zwischen individuellen Typen und besonderen Karrierewegen zu bewerten.

Zur Zeit steht eine Fülle von Forschungsinformationen über Typus und Karrierewahl zur Verfügung. Die typologische Theorie befaßt sich mit dem Hingezogensein und der Eignung zu bestimmten Beschäftigungen und der Wahrscheinlichkeit, daß man die dazu nötigen spezifischen Fertigkeiten besitzt oder entwickeln kann. Spezielle psychologische Typen sind überwältigend häufig in bestimmten Berufen vertreten, in anderen dagegen unterrepräsentiert, und zwar ungeachtet der Häufigkeit des Typs in der allgemeinen Population. Aufgrund dessen ist Typologie ein wertvolles Werkzeug zur Berufswahl, das Individuen helfen kann zu bestimmen, ob der von ihnen gewählte Beruf für ihr spezielles Temperament geeignet ist. Am Ende jedes Prototyps führe ich einige der häufigsten Beschäftigungen des jeweiligen Typs an.

Eine Entsprechung zwischen Beruf und Typ kann zu verstärkter Zufriedenheit von Berufstätigen führen und Fälle von Ausgebranntsein erheblich vermindern. Ferner kann sie Arbeitgebern dabei helfen, Einstellungsprozeduren zu verfeinern, um solche

Personen auszuwählen, die am besten für eine bestimmte Position oder für Beförderungen geeignet sind.

Es gibt eine hohe Korrelation zwischen dem Nukleus oder Kern einer Typengruppe und spezifischen Berufsinteressen und Beschäftigungskategorien. So wurde beispielsweise vor einigen Jahren das Gray-Wheelwright Type Inventory benutzt, um Jungianische Analytiker in Kalifornien einzuschätzen. Die Studie kam zu dem Ergebnis, daß 90 Prozent der Analytiker introvertiert und 86 Prozent intuitiv waren.[2] Bemerkenswert an diesem Ergebnis ist, daß die introvertierten, intuitiven Typen einen extrem kleinen Bruchteil der gesamten Typenpopulation repräsentieren (etwa 5 Prozent).

Therapeutische Anwendungen der Typologie

Die Kenntnis der Typologie ist extrem nützlich für die Konfliktmediation bei Paaren, Familien und sogar in den Beziehungen zwischen Arbeitgebern und Arbeitnehmern. Die Anwendung von Jungs Theorie der psychologischen Typen speziell auf die Psychologie von Männern kann eine wertvolle Hilfe für Männer sein, die an ihrem persönlichen Wachstum interessiert sind. Sie kann auch Therapeuten bei ihrer klinischen Arbeit mit Männern unterstützen, sie verständlicher und produktiver werden lassen.

Macht man Männer in Therapie mit den Ideen der Typologie bekannt, so kann dies einen ausgleichenden, objektiven Kontext schaffen, in dem sie ihre persönliche Dynamik und ihre Persönlichkeitsentwicklung besser verstehen.

Das Verständnis der Unterschiede und Ähnlichkeiten zwischen den psychologischen Typen von Therapeut und Patient kann die Qualität der Beziehung zwischen beiden verbessern. Es kann auch den Verlauf der Behandlung beeinflussen, indem es Themen wie Übertragung und Gegenübertragung verständlicher und in manchen Fällen sogar vorhersagbarer machen.

Die Typologie gibt dem Therapeuten ein wertvolles diagnostisches Werkzeug an die Hand. Sie liefert auch ein Modell für eine gesunde Psychologie des Bewußtseins. Damit bietet sie eine Möglichkeit, sich individuelle Stärken anzusehen, aber auch Bereiche der Persönlichkeit, die einer weiteren Entwicklung bedürfen. Auf diese Weise können sowohl der strukturelle als auch der dynamische Aspekt des Typs direkt genutzt werden.

Ziel des Buches

Eine gründliche Kenntnis sowohl der positiven als auch der negativen Eigenschaften jedes Typs liefert konkrete Leitlinien für die weitere Entwicklung der eigenen Stärken wie auch für die Verbesserung jener Persönlichkeitsbereiche, die Förderung und Veränderung brauchen.

Alle Aspekte der männlichen Psychologie, die hier in typologischen Begriffen beschrieben sind, werden hoffentlich Männern und auch Frauen helfen, ein tieferes Verständnis zu erlangen für die Stärken und Schwächen, die Vorzüge und Nachteile männlicher Persönlichkeiten und auch die Art und Weise, wie Männer kommunizieren.

Hier wie in ›Das Weibliche im Mann‹ ist mein Ziel, Männern die vertiefte Einschätzung ihrer Persönlichkeit zu erleichtern und etwas mehr Licht auf den Pfad ihrer Selbstentdeckung zu werfen. Besonders wichtig und persönlich erfüllend für mich wäre es auch, wenn ›Männer sind so‹ den Frauen ein besseres Gefühl dafür vermitteln würde, wie es ist, ein Mann zu sein.

Der vielleicht wichtigste Grund für die Benutzung der Typologie besteht darin, daß sie äußerst praktisch ist. Die Typologie funktioniert ausgezeichnet als kreatives Werkzeug zum Verständnis der Beziehungen zwischen Männern und ihren Partnerinnen, Kindern und Freunden. Ich hoffe ›Männer sind so‹ wird ein willkommener und nützlicher Beitrag zur anwachsenden Literatur über die Psychologie des Mannes sein.

1. Was ist Typologie?

> In jeder Psychologie der Zukunft wird das Kapitel, das den psychologischen Typen gewidmet ist, immer wichtiger werden. Zwischen dem Individuum und der Spezies steht der Typ. Der Plan der Persönlichkeit ist weder eine standardisierte Wiederholung einer uniformen Einheit noch ein zufälliges Gemisch oder Mosaik; seine Anlage ist von einer begrenzten Reihe von Gruppierungen durchzogen.
>
> *J. Jastrov*

Hintergrund

Als Jungs ›Psychologische Typen‹ 1920 endlich veröffentlicht wurden, war das der Gipfelpunkt von fast zwanzig Jahren klinischer Arbeit. Ihre Einführung erfolgte außerdem kurz nach Jungs Bruch mit Freud nach dem Vierten Psychoanalytischen Kongreß in München im Jahre 1912. Jung beschrieb die auf diesen Bruch folgende Periode als eine ›Zeit der Desorientiertheit‹, die von 1913 bis 1917 oder 1918 dauerte. Es war eine Zeit tiefer Introspektion, charakterisiert durch seine Versuche, verstörende Bilder zu verstehen, die seinem Unbewußten entsprangen.

Diese lange Periode der Selbsterforschung, die Genesung vom Bruch seiner Beziehung zu Freud und die darauf folgenden Jahre seiner klinischen Praxis führten zu dem, was vielleicht Jungs deutlichste Darlegung bewußter Prozesse ist. Das Verständnis dieser Vorgänge trug wesentlich zur Vorbereitung auf die Erforschung des Unbewußten bei. Jungs Theorie der psychologischen Typen leistet einen unschätzbaren Beitrag zu unserem Verständnis geistig-seelischer Prozesse und damit wichtiger Aspekte menschlichen Verhaltens. In der Einleitung stellt Jung fest:

> »Es hat sich nun meiner Erfahrung gezeigt, daß ganz allgemein die Individuen sich unterscheiden lassen nicht nur nach der universellen Verschiedenheit von Extra- und Introversion, sondern auch nach den einzelnen psychologischen Grundfunktionen. In

dem gleichen Maße nämlich, wie äußere Umstände sowohl wie innere Disposition ein Vorherrschen von Extraversion veranlassen, begünstigen sie auch das Vorherrschen einer bestimmten Grundfunktion im Individuum. Als Grundfunktionen, das heißt als Funktionen, die sich sowohl genuin wie auch essentiell von anderen Funktionen unterscheiden, ergaben sich meiner Erfahrung das ›Denken‹, das ›Fühlen‹, das ›Empfinden‹ und das ›Intuieren‹. Herrscht eine dieser Funktionen habituell vor, so entsteht ein entsprechender Typus.«[1]

Jungs Typologie als Psychologie des Bewußtseins

Als Theorie beschreibt die Typologie die primären Funktionen des Bewußtseins und deren unterschiedliche Benutzung durch die Individuen. Die Typologie ist ein Herangehen an die Psychologie des Bewußtseins, das ein Modell von sechzehn verschiedenen möglichen Arten des Wahrnehmens, Beurteilens und Verhaltens benutzt. Als Infrastruktur konzeptualisiert sie vieles von dem, wie das Bewußtsein ›arbeitet‹. Als Psychologie des Bewußtseins beschreibt die Typologie im Grunde, wie wir wahrnehmen, sowie die Urteile, die wir über diese Wahrnehmungen treffen.

Wenn wir die Typologie verstehen, so wird das Wirken unserer geistig-seelischen Prozesse vertrauter, verständlicher und sogar vorhersagbarer. Vieles von unserem Verhalten kann als Folge der verschiedenen Arten verstanden werden, wie wir unseren Typ benutzen. Sobald wir das begriffen haben, wird ein großer Teil des Geheimnisses um uns und andere weniger rätselhaft.

Die Typologie hilft uns, das Bewußtsein als eine relativ vorhersagbare Folge spezifischer Arten der Wahrnehmung und Beurteilung unserer Erfahrung zu begreifen. Die scheinbar mechanische Eigenschaft der Typenfunktion mag überdies vereinfacht erscheinen, und in gewissem Maße ist sie das auch. So treten beispielsweise bewußte Prozesse nicht so deutlich und getrennt auf, daß wir sie benennen können. Unsere Wahrnehmungen etwa sind nicht immer ›wach‹. Wir können eine Wahrnehmung registrieren, ohne zu wissen, daß wir sie wahrgenommen haben.

Dasselbe gilt für eine weitere Komponente des Bewußtseins, die sich in der Typologie widerspiegelt: das Urteil. Menschliche Wesen sind niemals neutral, selbst wenn sie diesen Anschein erwecken. Alles, was wir wahrnehmen, ist irgendwie entweder gut oder schlecht, angenehm oder unangenehm, sinnvoll oder sinnlos, und dazwischen gibt es zahlreiche Schattierungen. Jedenfalls ist keines unserer Urteile neutral. Wie unsere Wahrnehmungen sind auch unsere Urteile nicht immer »wach«.

Beispielsweise können wir ebenso, wie wir eine Wahrnehmung registrieren, ohne dies zu wissen, auch ein Urteil treffen, ohne daß uns dies bewußt ist. In beiden Fällen, ob wir uns nun der Wahrnehmung oder des Urteils bewußt sind oder nicht, können uns unsere Wahrnehmungen und Urteile durch ihre Auswirkungen bewußt gemacht werden. Diese Auswirkungen bezeichnen wir als unser Verhalten.

Alles Verhalten ist also die Auswirkung oder Folge sowohl einer Wahrnehmung als auch eines Urteils oder sogar jeweils mehrerer davon. Es kann eigenständig und kurz sein - vergangen, ehe es noch beobachtet wird. Es kann die Form einer Bewegung, einer Einstellung oder sogar einer physiologischen Reaktion haben. Es kann aber auch eine komplexe Serie von miteinander verbundenen Erfahrungen sein, die zu der Art und Weise gerinnt, wie wir eine Stunde, einen Tag oder den größten Teil unseres Lebens verbringen.

Die Bedeutung des Verhaltens hat viel damit zu tun, wie sehr wir dadurch beeinflußt oder bestimmt werden beziehungsweise wie weit wir bei der Entscheidung über unser Verhalten eine bewußte Rolle spielen können. Die Typologie gibt uns ein Mittel zur Bewertung bewußten Verhaltens bei der Untersuchung dessen, *was* wir wahrnehmen, und der diese Wahrnehmung begleitenden Urteile an die Hand.

Wie Jung die Komponenten der Typologie ableitete

Auf einer objektiven Ebene war die Typologie Jungs Beschreibung des dominanten Bewußtseinsprozesses. Auf subjektiver Ebene leitete er ›Psychologische Typen‹ im wesentlichen von seinem Versuch ab, mit seiner eigenen psychologischen Besonderheit sowie dem Ergebnis seines persönlichen Umgangs mit Freund und Feind zurechtzukommen.

Ein ihn besonders berührender Brennpunkt waren seine Beziehung zu Freud und der Dissens, der in Freuds frühem Anhängerkreis ausbrach.[2] Da er die Grenzen der Objektivität in seinem Kampf mit Freud erkannte, beschloß er, den Konflikt zwischen Freud und Alfred Adler, einem anderen frühen Freud-Schüler, zu untersuchen. Seine Analyse des Streits zwischen Freud und Adler führte ihn zum Gedanken der Introversion und Extraversion. Er sah die Differenzen zwischen ihnen als Folge von Freuds extravertiertem Ansatz im Gegensatz zum introvertierten Ansatz Adlers. Er schreibt:

> »Die Kontroverse Freud-Adler ist eigentlich ein bloßes Paradigma und ein Einzelfall unter den vielen möglichen Einstellungstypen... Erstere Einstellung ist, wenn normal, gekennzeichnet durch ein zögerndes, reflexives, zurückgezogenes Wesen, das sich nicht leicht gibt, vor Objekten scheut, sich immer etwas in der Defensive befindet und sich gerne versteckt hinter mißtrauischer Beobachtung. Letztere ist, wenn normal, charakterisiert durch ein entgegenkommendes, anscheinend offenes und bereitwilliges Wesen, das sich leicht in jede gegebene Situation findet, rasch Beziehungen anknüpft und sich oft unbekümmert und vertrauensvoll in unbekannte Situationen hinauswagt, unter Hintansetzung etwaiger möglicher Bedenken. Im Fall der Introversion ist offenkundig das Subjekt, in jenem der Extraversion das Objekt ausschlaggebend.«[3]

Introversion und Extraversion

Diese persönliche Orientierung auf die äußere beziehungsweise innere Welt, die Jung beschrieb, wurde später zu den ›Einstellungen‹ des Myers-Briggs Type Indicator. Isabel Briggs Myers beschrieb sie als Vorliebe für die Konzentration der Aufmerksamkeit. Ihr zufolge ziehen Extravertierte es vor, »sich auf die äußere Welt von Menschen und die äußere Umgebung zu konzentrieren. So ist Extraversion eine Präferenz, die in erster Linie auf die Außenwelt gerichtet ist und sich auf Menschen und Gegenstände konzentriert. Wenn Sie extravertiert sind, so beziehen Sie Ihre Energie aus dem, was in der Außenwelt geschieht, und neigen daher dazu, Ihre Energie auf diese zu richten. Extravertierte kommunizieren gewöhnlich lieber durch Sprechen als durch Schreiben. Sie müssen die Welt erleben, um sie zu verstehen, und mögen daher normalerweise Aktion.«

Introvertierte dagegen sind Menschen, die es vorziehen, sich auf ihre innere Welt zu konzentrieren. Die Introversion richtet sich auf die Innenwelt und konzentriert sich auf Begriffe und Ideen. »Wenn Sie introvertiert sind, so beziehen Sie Ihre Energie aus dem, was in Ihrer inneren Welt vor sich geht, und daher neigen Sie dazu, Ihre Energie darauf zu richten. Introvertierte tendieren dazu, sich interessierter und wohler zu fühlen, wenn ihre Arbeit erfordert, daß ein großer Teil ihrer Aktivität still in ihrem Kopf stattfindet. Sie möchten die Welt verstehen, bevor sie sie erfahren, und denken daher oft darüber nach, was sie tun, ehe sie handeln.«

Der wesentliche Unterschied zwischen Extravertierten und Introvertierten zeigt sich als ›Handlungsorientierung‹ des Extravertierten und als ›reflektive Orientierung‹ des Introvertierten.[4]

Jung zufolge zeigen diese Einstellungen die dominante Richtung, in die die psychische Energie eines Individuums sich bewegt. Deswegen verhalten sich Introvertierte und Extravertierte sehr unterschiedlich und haben es oft schwer, einander zu verstehen, selbst wenn andere Aspekte ihres Typs sich gleich oder ähnlich sind.

Wie wir sehen werden, hat jede Orientierung ihre Vor- und Nachteile, je nach den Erfordernissen der spezifischen Situationen, in denen Individuen sich befinden.

Jung begriff, daß die Konzepte von Introversion und Extraversion zum Verständnis signifikanter Unterschiede in der Sichtweise beitrugen. Außerdem isolierte er andere Dimensionen bewußter Erfahrung, die ›Funktionen‹ heißen. Diese Funktionen zeigen die Art und Weise, wie Individuen wahrnehmen und ihre Erfahrung beurteilen. In seinen frühen Formulierungen wies Jung darauf hin, daß diese Funktionen die Art beschreiben, wie das Ich als Zentrum des Bewußtseins mit Informationen umgeht und sich an Informationen orientiert, die von außerhalb in seine Sphäre eintreten. Er bezeichnete diese Prozesse als ›ektopsychische‹ Inhalte des Bewußtseins. Diese unterscheiden sich von den ›endopsychischen‹ Inhalten, die zu einem »Beziehungssystem zwischen den Inhalten des Bewußtseins und den Prozessen, die unserer Vermutung nach im Unbewußten ablaufen« gehören. [5]

All die verschiedenen Funktionen enstehen aus einem ursprünglichen unbewußten Zustand und finden ihren Weg ins Bewußtsein erst nach und nach. Da die Funktionen auf eine entwicklungsmäßige Weise entstehen, ist die primäre oder ›dominante‹ Funktion diejenige, die mit größter Wahrscheinlichkeit zuerst bewußt wird. Aus diesem Grund ist sie dem Bewußtsein am leichtesten verfügbar. Manchmal sehen wir das bei Kindern, wenn früh im Leben ihr dominanter Bewußtseinsmodus deutlich sichtbar wird.

Potentiell stehen dem Bewußtsein alle Funktionen zur Verfügung und können dem Ich als Werkzeuge bei dem Versuch dienen, zu verstehen und mit anderen und der Welt in Beziehung zu treten. Wie verfügbar die Funktionen für das Ich sind, bestimmt darüber, in welchem Ausmaß sie benutzt werden, wie in dem alten Spruch: »Wenn du nur einen Hammer hast, behandelst du alles wie einen Nagel.«

Der Ausdruck jeder Funktion kann angepaßt oder unangepaßt sein, je nachdem, wie rigide oder flexibel wir sie benutzen und uns darauf verlassen. Das Ideal wäre natürlich, daß wir während unseres gesamten psychologischen Wachstums Aspekte aller Funktionen entwickeln. Doch wie wir sehen werden, ist das leichter gesagt als getan.

Empfindung und Intuition: die wahrnehmenden Funktionen

Die erste Funktion, die Jung beschreibt, ist Empfindung, »die Gesamtsumme der von mir wahrgenommenen äußeren Fakten, die mir durch meine Sinnesfunktionen vermittelt werden... Die Empfindung sagt mir, daß etwas *ist*: Sie sagt nicht, was es ist, und sie sagt auch sonst nichts über dieses ›etwas‹ aus, sie sagt mir lediglich, daß etwas ist.«[6]

Myers beschreibt Empfinden als das Mittel, Information von den Sinnen aufzunehmen, um abzuschätzen, was tatsächlich da ist, sowohl aus dem Inneren der Person als auch von außen. Sie beschreibt es als Mittel, um »die Realitäten einer Situation einzuschätzen«. Individuen, die sich auf ihre Sinne verlassen, »tendieren dazu, das zu akzeptieren, was im Hier und Jetzt ›gegeben‹ ist, und damit zu arbeiten, und so werden sie realistisch und praktisch. Sie sind gut darin, mit einer großen Anzahl von Fakten zu arbeiten.«[7] Empfindung vermittelt auch praktische und konkrete Eigenschaften.

Für Jung führt Intuition das Element der Zeit ein. »Dinge haben eine Vergangenheit und eine Zukunft. Sie kommen irgendwoher, sie gehen irgendwohin, man weiß nicht, woher sie kommen, und man kann nicht wissen, wohin sie gehen, aber man kann eine Ahnung davon haben.« Jung bezeichnet die Intuition als »etwas sehr Mysteriöses«, eine Funktion, »mit der man um Ecken sehen kann; das kann man zwar in Wirklichkeit nicht, aber die Intuition tut es für einen, und man verläßt sich auf sie.«[8]

Myers zufolge ist Intuition das andere Mittel zum Erwerb von Information, das uns die »Bedeutungen, Beziehungen und Möglichkeiten zeigt, die über die Information durch unsere Sinne hinausgehen. Intuition betrachtet das größere Bild und versucht, die wesentlichen Muster zu begreifen.«[9] Intuition gestattet die Wahrnehmung neuer Möglichkeiten und neuer Arten, Dinge zu tun. Im Unterschied zur Empfindung ist sie keine praktische oder konkrete Art der Wahrnehmung.

Jung betrachtet die wahrnehmenden Funktionen von Intuition und Empfindung als die *irrationalen* Funktionen, und zwar deshalb, weil sie keine direkte Beziehung zu den Verstandesprozessen als solchen haben. Intuition ist die abstraktere Wahrnehmungsfunktion, die Bedeutungen, Beziehungen und Möglichkeiten einbezieht. Oft operiert die intuitive Person mittels ›Ahnungen‹. Ahnungen sind oft objektiv schwer zu rechtfertigen, aber für den Intuitiven fühlen sie sich sehr sicher an.

Empfindung dagegen ist konkreter und umfaßt Fakten oder Vorgänge, die durch einen oder mehrere der fünf Sinne wahrgenommen wurden. Zumindest scheint Empfindung eine verläßlichere, objektivere Basis zu haben, weil die physischen Eigenschaften, die über sie wahrgenommen werden, ein höheres Maß an Objektivität haben. Auf Empfindung basierende Wahrnehmungen werden auch mit höherer Wahrscheinlichkeit übereinstimmend bestätigt, da sie über die Sinne laufen.

Intuition dagegen scheint zu wirken, als gebe es keine übereinstimmende Grundlage für ihre Realität, und daher gilt sie häufig als minderer Wahrnehmungsmodus. Man fragt sich, ob diese Entwertung teilweise für die relativ geringere Anzahl intuitiver Typen sowohl unter Männern als auch unter Frauen verantwortlich ist. 70 Prozent der Menschen ziehen den Empfindungsmodus der Wahrnehmung vor, nur 30 Prozent den Intuitionsmodus.

In der Geschichte der Psychologie wie auch in der Wissenschaft hat die Untersuchung der Wahrnehmung die Empfindung als akzeptierten Wahrnehmungsmodus über die Intuition gestellt. Das männliche Vorurteil, das diesem Nachdruck innewohnt, entstand daraus, daß die Wissenschaft sich traditionell auf die meßbaren physikalischen Eigenschaften der Materie, die von den Sinnen registriert wird, verlassen hat. Schon früh versuchten Wahrnehmungspsychologen, Wahrnehmung auf einer sinnlich wahrgenommenen Realität zu begründen, weil die Eigenschaften der Empfindung, zumindest oberflächlich, leichter zu quantifizieren waren. Währenddessen wurden intuitive Wahrnehmungen, die auf nicht meßbaren Eigenschaften basierten, als legitimer Untersuchungsgegenstand weitgehend ignoriert.[10]

Doch selbst die vermeintlich ›objektive‹ Basis der Wahrnehmung über die Sinne ist fragwürdig, wenn man sich die tatsächlichen Wahrnehmungsprozesse genauer anschaut. Ein näheres Hinsehen zeigt oft nicht nur, daß die traditionelle Sicht der Wahrnehmung simplistisch ist, sondern auch, daß die Natur der Wahrnehmung selbst ein Rätsel ist. Wir wissen heute, daß Wahrnehmungsprozesse nicht das simple Resultat passiver Aufnahme von Empfindung durch Sinnesorgane sind, sondern eher eine Serie hochkomplexer Prozesse, die innerhalb des Gehirns selbst stattfinden. Sie werden beeinflußt von frühen Lernerfahrungen, Kultur, Erinnerung, persönlicher Voreingenommenheit und auch der Psychologie des Individuums.

Selbst Illusionen, die jede Wahrnehmungstheorie zu erklären hat, sind nicht unbedingt, was sie zu sein scheinen. Was in einer Kultur eindeutig eine Illusion ist, wird in einer anderen nicht als solche wahrgenommen. So nehmen beispielsweise die Stammesangehörigen Neuguineas aus dem Torres-Strait-Gebiet die Illusion im Müller-Lyer-Effekt nicht wahr, bei dem >—< mit <—> verglichen wird. Sie sehen die Striche als gleich lang. Englisch sprechende Menschen der zivilisierten Welt dagegen halten die erste Linie immer für länger als die zweite.

Die Wahrnehmung der Eingeborenen ist dadurch beeinflußt, daß sie nicht in einer durch Objekte mit häufig geraden Linien konditionierten Welt leben. In der modernen Welt werden Illusionen durch die Tatsache geschaffen, daß man an fast allen Kreuzungspunkten rechte Winkel zu sehen bekommt. Das gilt nicht für die Eingeborenen - sie sehen in ihrem ganzen Leben vielleicht nur einige wenige rechte Winkel.

Der Unterschied zwischen Empfindung und Intuition als Wahrnehmungsprozesse in der Typologie mag darin liegen, daß Empfindungstypen äußere Reize oder die Umgebung konkreter zu benutzen scheinen als Intuitive. Vielleicht verhält sich das analog zu der Art, wie Extravertierte von der Außenwelt stimuliert werden und Introvertierte Reize benutzen, die aus ihrer weniger offenkundigen Innenwelt kommen. So wie unsere Kultur automatisch Empfindung eher bestätigt als Intuition, bestätigt sie auch Extraversion eher als Introversion. Auch hier sind 70 Prozent der Menschen extravertiert und nur 30 Prozent introvertiert.

Unsere Gesellschaft gibt der extravertierten Empfindung als Wahrnehmungsmodus die größte Bestätigung. Diese Kombination tritt in der Bevölkerung über fünfmal häufiger auf als introvertierte Intuition bei Frauen und dreimal häufiger als introvertierte Intuition bei Männern.

Die angenommene ›Wahrheit‹ empfundener Wahrnehmungen mag nicht gültiger oder realer sein als intuitive Wahrnehmungen, sondern vielleicht nur so erscheinen, weil die äußere Umgebung als Basis oder ›Ursache‹ der Wahrnehmung angeführt werden kann. Intuitive Wahrnehmung verläßt sich vielleicht weniger auf die Umgebung als solche, scheint sie möglicherweise gar zu umgehen, und doch ist sie ein gültiger Wahrnehmungsmodus. Das Mißtrauen gegen Intuition und deren Zutrauen zu inneren Reizen mag weitgehend auf dem Mangel an offensichtlichen physischen Determinanten sowie auf einem noch größeren Mangel an physikalischen Prinzipien zur Erklärung ihres Wirkens beruhen.

Denken und Fühlen: die bewertenden Funktionen

Die nächste Funktion, die Jung beschreibt, ist das Denken, das uns in seiner einfachsten Form sagt, was ein Ding ist. »Es gibt dem Ding einen Namen.«[11]

Myers beschreibt die Denkfunktion als Mittel, um Entscheidungen zu treffen, indem »die logischen Konsequenzen jeder speziellen Entscheidung oder Aktion« vorhergesagt werden. »Wenn man das Denken benutzt, so entscheidet man objektiv, basierend auf Ursachen und Wirkungen, und trifft Entscheidungen, indem man den Augenschein analysiert und abwägt und sogar die unangenehmen Tatsachen einbezieht. (Denken sucht einen) objektiven Standard von Wahrheit, (und Denker) sind häufig gut darin, das zu analysieren, was mit einer Sache nicht stimmt.«[12]

Die letzte Funktion ist das Fühlen. »Das Fühlen vermittelt einem durch den Gefühlston den Wert der Dinge. Das Fühlen sagt mir zum Beispiel, ob etwas annehmbar beziehungsweise angenehm ist oder nicht. Es sagt mir, was mir etwas wert ist.«[13]

Myers stellt fest: »Fühlen betrachtet, was uns oder anderen Menschen wichtig ist (ohne daß dies unbedingt logisch sein muß), und entscheidet nach personenzentrierten Werten. Gefühlstypen sind gern mit Menschen zusammen und arbeiten mit ihnen und neigen dazu, mitfühlend, anerkennend und taktvoll zu sein.«[14] Fühlen bezieht sich nicht auf den konventionellen Sinn der Emotionalität als solcher, sondern darauf, auf Werten basierende Entscheidungen zu treffen.

Zusammen bezeichnet man Denken und Fühlen als »Urteilsfunktionen«, weil sie Urteile *über* die Wahrnehmungen beinhalten, die man hat. Fühlen schließt hier nicht Emotionalität als solche ein (obwohl Emotionalität sich vermutlich bei Individuen mit extravertiertem Fühlen häufiger beobachten läßt). Die ›fühlende‹ Person trifft Entscheidungen oder Werturteile aufgrund persönlicher oder sozialer Werte, wogegen die ›denkende‹ Person Entscheidungen auf unpersönlichere Art fällt, begründet auf unpersönlichen, logischen Konsequenzen.

Jung betrachtet sowohl Denken als auch Fühlen als *rationale* Funktionen, »weil beide auf reflektiven, linearen Prozessen beruhen, die sich in einer bestimmten Beurteilung verbinden«.[15]

Die vierfache Struktur des Bewußtseins

Bei jedem von uns ist gewöhnlich zusammen mit der entweder introvertierten oder extravertierten Einstellung eine dieser beschriebenen Funktionen dominant. Diese Dominanz verleiht uns als Individuen einen speziellen psychologischen Charakter.

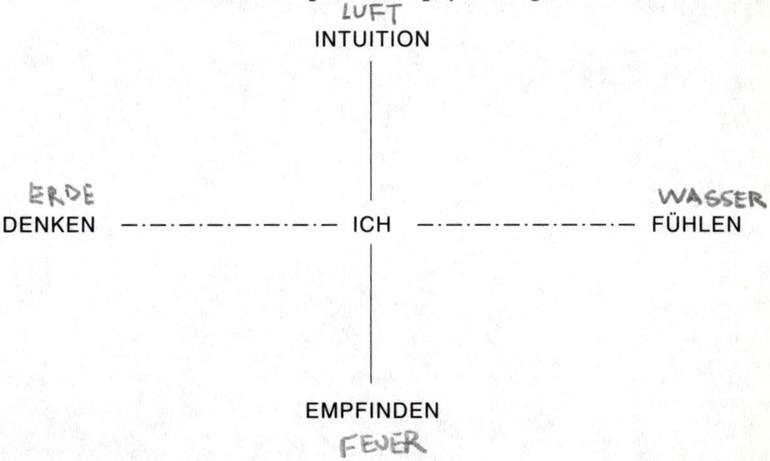

Jung stellte diese Funktionen als Vierheit dar, bei der die Achsen des Denken-Fühlen-Kontinuums und die des Empfindung-Intuition-Kontinuums sich in der Mitte kreuzen. Das Ego steht im Zentrum und hat ein bestimmtes Maß an Energie oder Willenskraft oder Intentionalität für die verschiedenen Funktionen zu seiner Verfügung.

Die Dominanz einer Funktion führt oft dazu, daß es der Funktion am anderen Ende des Kontinuums an Differenzierung fehlt. Wenn beispielsweise das Denken dominant oder bewußter ist, dann dürfte das Fühlen gewöhnlich um so weniger bewußt sein. Wir nennen den am wenigsten entwickelten Aspekt die *minderwertige Funktion*.

Das folgende Diagramm illustriert diese Betonung bei einer Person, die ein Denktyp ist. In diesem Falle wird das Denken als näher am Ego gezeigt, weil es dominant ist, und das Fühlen wird als relativ entfernt dargestellt, weil es am wenigsten entwickelt ist. Auch in diesem Falle dienen Intuition und Empfindung als Hilfsfunktionen der primären Funktion.

Jahre nach Jungs Entwicklung seiner Theorie der psychologischen Typen führten Forschungsarbeiten anderer zu einer weiteren Bestätigung seines ursprünglichen Beitrags. Horace Gray und Joseph Wheelwright entwickelten den Gray-Wheelwright Type

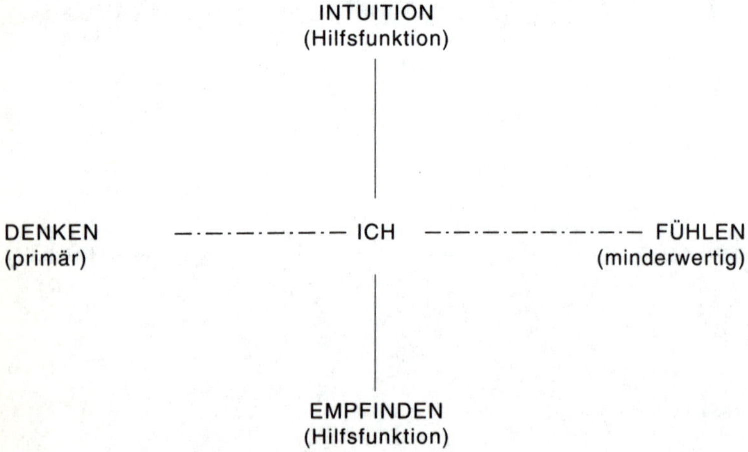

Indicator, der viele Jahre von Jungianischen Analytikern benutzt wurde, um den Typ ihrer Analysanden zu bestimmen.

Der Gray-Wheelwright, das meistbenutzte Inventar der Vergangenheit, ist heute weitgehend durch den Myers-Briggs Type Indicator (MBTI) ersetzt worden, entwickelt vom Mutter-Tochter-Team Katherine Briggs und Isabel Briggs Myers. Der MBTI schätzt nicht nur die individuelle Typologie ein, sondern zeigt auch den relativen Grad, in dem jede Komponente zum Gesamttyp beiträgt. Der Grad der Extraversion beispielsweise kann zwischen Individuen von leicht bis extrem variieren.

In den letzten etwa dreißig Jahren ist der MBTI zur Hauptquelle typologischer Forschung geworden. Er wurde benutzt, um individuelle psychologische Entwicklung, Beschäftigungen, persönliche Bezüge, persönliche Beziehungen und die verschiedenen Arten zu untersuchen, in der wir die Welt sehen und erfahren. Das Center for Applications of Psychological Type wurde 1975 als Service- und Forschungslabor organisiert. Es forscht weiterhin mit Hilfe des MBTI und stellt eine ständig wachsende Datenbasis aus den Millionen von Typenprofilen zusammen, die jedes Jahr aufgenommen werden.

Es gibt auch noch einen neueren, wenn auch noch nicht umfassend standardisierten Test, der als Singer-Loomis Type Inventory bekannt ist.

Urteilen und Wahrnehmung: die Lebensstil-Präferenz

Die Hauptbestandteile von Jungs Typologie sind also: Introversion oder Extraversion, bezeichnet als *Einstellung*; der Gebrauch von Intuition oder Empfinden als Modus der *Wahrnehmung*; und der Gebrauch von Denken oder Fühlen als Modus des *Urteilens* über diese Wahrnehmungen. Isabel Briggs Myers fügte diesen später die *Lebensstil-Präferenz* hinzu und machte so Jungs implizite Vorstellungen von Wahrnehmung und Urteil expliziter.

Die Lebensstil-Präferenz – oder die UW-Einstellung – beschreibt, wie ein Individuum mit der Außenwelt fertigzuwerden versucht - die Manier, in der es mit dieser umzugehen versucht.

Diese Anpassung an die Außenwelt kann in erster Linie durch eine urteilende Einstellung (U = Denken oder Fühlen) oder überwiegend durch eine wahrnehmende Einstellung (W = Intuition oder Empfinden) bei der Beobachtung der Welt erfolgen.

Die Person, die *urteilt*, lebt also auf eine strukturierte, geplante, kontrollierte, organisierte und entscheidungsorientierte Weise. Sie mag keine ›losen Enden‹, sondern möchte, daß Dinge rasch mittels Entscheidungen oder ›Urteilen‹ zu einem Schluß kommen. Sie benutzt daher eine Urteilsfunktion, um den Abschluß zu suchen oder um über die ihrer Wahrnehmung angemessene Handlung zu beschließen. Man könnte sagen, daß sie Schlußfolgerungen in erster Linie durch Denken oder Fühlen erreicht.

Dagegen zieht jemand, der eine *wahrnehmende* Disposition hat, einen leichten Fluß der Ereignisse vor und genießt Flexibilität und Offenheit für das Neue, Unbekannte, Spontane und Unerwartete. Diese Person wird wahrscheinlich nicht so schnell Entscheidungen treffen müssen wie ihr urteilender Gegenpol, sondern kann Zweideutigkeit besser ertragen. Sie nimmt die Welt mittels einer wahrnehmenden Funktion in sich auf und empfindet oder intuiert, um die Situation zu beobachten oder zu erfassen.

Wie die dominante Händigkeit, bei der wir beide Hände benutzen, einer von beiden aber mehr vertrauen, sie mehr entwickelt haben und daher bevorzugt verwenden, zeigt auch unser Typenprofil unsere Präferenzen oder Neigungen und weniger eine absolute Seinsweise. Wir alle benutzen sowohl eine gewisse Introversion als auch eine gewisse Extraversion, und das gilt in einem bestimmten Maße für alle Funktionen.

Grade der Typenpräferenz

Nicht jeder von uns benutzt alle Komponenten des Typs in gleichem Maße. Die Zuordnung zu einem bestimmten Typ ist also immer eine Sache der Neigung und des relativen Gebrauchs. Deshalb sind einige von uns einer bestimmten Typzuordnung ›getreuer‹ als andere. Beim Myers-Briggs Type Indicator sind die Komponenten des Typs unterteilt nach dem Grad, in dem bestimmte

Individuen die verschiedenen Komponenten ihres Typs zum Ausdruck bringen.

So gibt es beispielsweise extrem Introvertierte oder solche Personen, deren Werte anzeigen, daß sie die Introversion fast unter Ausschluß der Extraversion bevorzugen. Für sie ist nicht nur alles gültig, was über Introvertierte gesagt werden kann, sondern es scheint auch wesentlich mehr den Punkt zu treffen als bei jemandem, dessen Werte im mittleren Bereich liegen.

Dann gibt es manche Personen, deren Werte bei einer oder mehreren Komponenten in der Mitte der Skala liegen. Jemand, der beispielsweise in der Mitte der Introversion-Extraversion-Skala liegt, könnte als ›ambivertiert‹ betrachtet werden. Die Wertung als ambivertiert mag daher rühren, daß Introversion und Extraversion gleich stark entwickelt sind oder daß es an Differenzierung zwischen den beiden fehlt. Mit anderen Worten, Ambivertierte können gleichen Zugang zu introvertierten und extravertierten Neigungen haben oder nicht genau wissen, welche sie vorziehen.

Ein Mangel an Differenzierung zwischen Funktionen kann auch aus frühen Lebenserfahrungen herrühren, bei denen die Eltern eine oder mehrere Typuskomponenten verstärkten, die jedoch nicht der Natur des Kindes entsprachen. Zwei extrem extravertierte Eltern beispielsweise, die ein introvertiertes Kind haben, können extravertiertes Verhalten verstärken und introvertiertes Verhalten herunterspielen oder sogar bestrafen. Ohne Verständnis der Typologie können solche Eltern das introvertierte Kind sogar als pathologisch schüchtern oder zurückgezogen wahrnehmen.

Wenn zu viele der natürlichen Komponenten des Typs eines Kindes negativ verstärkt werden, so kann ein ›Wendetyp‹ entstehen. Wendetypen sind Individuen, die sich verhalten, als seien sie ein Typ, der sie gar nicht sind. Dies kann mit einer oder allen Komponenten eines Typs geschehen.

Kombination der Bestandteile

Jedes Typenprofil führt zu einer Kurzbeschreibung dieser acht Möglichkeiten, die durch die jeweiligen Anfangsbuchstaben repräsentiert werden. Jeder Buchstabe steht hierbei für die Funktion, die er darstellt. Ausnahmen sind die Intuition, die durch den Buchstaben N repräsentiert wird, um sie von der Introversion zu unterscheiden, und das S (sensation) für Empfinden, um es von der Extraversion zu unterscheiden. Wir haben also:

I für Introversion	D für Denken
E für Extraversion	F für Fühlen
N für Intuition	U für Urteilen
S für Empfinden	W für Wahrnehmen

Jedes individuelle Typusprofil weist eine Paarung dieser Möglichkeiten auf. Das Typusprofil repräsentiert also eine Kombination aus vier Buchstaben, die die bevorzugte Einstellung einer Person beschreiben (I oder E), den bevorzugten Wahrnehmungsmodus (N oder S), den bevorzugten Urteilsmodus (D oder F) und die bevorzugte Lebensstil-Präferenz (W oder U). Die verschiedenen möglichen Kombinationen dieser Bestandteile ergeben insgesamt sechzehn Viererkombinationen oder Typen:

ESDU	ESFU	ENDU	ENFU
ESDW	ESFW	ENDW	ENFW
ISDU	ISFU	INDU	INFU
ISDW	ISFW	INDW	INFW

Wir haben also sechzehn (durch Buchstaben markierte) Typen, die die Einstellungen und Funktionen repräsentieren, welche einem durch diesen Typ gekennzeichneten Individuum am bewußtesten oder verfügbarsten sind. Jeder, der eine ausreichende Vertrautheit mit der Typologie entwickelt, wird sich in einem dieser sechzehn Typen mehr oder weniger genau dargestellt finden.

Wie der Typ wirkt

Gewöhnlich kann man Individuen durch Beschreibungen ihres Persönlichkeitstyps besser verstehen, denn dieser zeigt an, was sie wahrscheinlich am besten können. Rückschlüsse auf den psychologischen Typ kann man auch ziehen, wenn man beobachtet, was ihnen am schwersten fällt.

Man könnte Individuen ferner klassifizieren, indem man sich ihre ›Schattentypen‹ ansieht - andere Typen, die ihre am wenigsten entwickelten oder minderwertigen Funktionen verkörpern. Jeder Typ hat wahrscheinlich einige deutliche Stärken sowie spezifische Schwächen. Niemand ist vollkommen, und niemand ist ›besser‹; die Menschen sind einfach verschieden.

Die Elemente der Typologie sind zwar in einigermaßen hierarchischer Ordnung dargestellt, doch im wirklichen Leben geht es nicht so sauber zu. Unter allen Typen gibt es Individuen, denen es nicht gelungen ist, irgendeinen Aspekt ihrer typologischen Ausstattung zu entwickeln oder zu differenzieren. Dies sind oft minder funktionierende Individuen, die wahrscheinlich keine adäquate Anpassung an andere oder an die Welt vorgenommen haben.

Dann gibt es andere, die mit viel innerer psychologischer und emotionaler Arbeit die meisten ihrer psychologischen Funktionen erfolgreich entwickelt haben. Indem sie das Potential der meisten ihrer Funktionen maximiert haben, ist es diesen Typen gelungen, ein gesundes, produktives Leben zu führen. Jung bezeichnete diesen Prozeß als ›Individuation‹. Ziel der Individuation ist nicht nur die eigene größtmögliche Entwicklung, sondern auch alles zu werden, was unsere einzigartige Individualität zu bieten hat.

Geschlechterrolle und Typologie

Ich habe alle sechzehn in diesem Buch dargestellten Typen getroffen und mit ihnen gearbeitet, und dabei ist mir aufgefallen, daß diese sechzehn möglichen Typen in einer Stichprobenpopulation von Männern alles andere als gleichmäßig verteilt sind. Auf etwas andere Weise gilt das auch für das Vorkommen von Typen in einer Population von Frauen. So benutzen beispielsweise 61 Prozent der Männer die Denkfunktion, während 68 Prozent der Frauen die Fühlfunktion anwenden. Diese Denken-Fühlen-Polarität ist ein wesentlicher und wichtiger Unterschied zwischen Männern und

Frauen aus typologischer Sicht. (Für weitere Informationen hierüber siehe Tafeln 1 bis 6 im Anhang, S. 205 bis 208)

Diese Unterschiede zwischen Männern und Frauen sind fruchtbar sowohl für psychologische Spekulationen als auch für zukünftige Forschungsarbeiten. Es gibt beispielsweise nicht nur Unterschiede zwischen den Geschlechtern, was Denken und Fühlen betrifft; auch innerhalb der Männergruppe selbst haben wir es mit einer außerproportional großen Anzahl von Denktypen zu tun. Der häufigste männliche Typ, extravertiertes Denken, tritt *siebzehnmal* häufiger auf als der seltenste männliche Typ, die introvertierte Intuition. Daraus sieht man sofort, daß selbst unter Männern die Verteilung der Typen sehr variabel ist.

Um einen allgemeinen Überblick über die Typen von Männern und Frauen und deren Häufigkeit in der amerikanischen Bevölkerung zu bekommen, versuchen Sie doch einmal, sich eine Versammlung von einhundert Männern vorzustellen. Stellen Sie sich vor, daß die verschiedenen Persönlichkeitstypen aller Männer proportional zu ihrer Häufigkeit in der allgemeinen Bevölkerung vertreten sind. Die Gruppe wäre vermutlich ziemlich ausgelassen, denn es wären dreimal mehr Extravertierte als Introvertierte versammelt. Etwa sechzig dieser Männer würden ihre Denkprozesse höher bewerten als ihre Gefühlsprozesse. Einundvierzig von ihnen hätten einen Kern von SD in ihrem Typ. Zwanzig weitere hätten einen Kern von ND in ihrem Typ. Fünfundzwanzig hätten SF im Nukleus ihres Typs. Der Rest der Männer, nur dreizehn, hätten als Nukleus NF. Sie würden auch beobachten, daß die Berufe dieser Männer eine hohe Korrelation mit dem Kern ihres Persönlichkeitstyps aufweisen würden.

Eine Gruppe von Frauen dagegen, die die Häufigkeit ihres Typs repräsentierten, wäre ganz anders zusammengesetzt. Nur dreiundzwanzig der Frauen wären SDs; siebenundvierzig Frauen wären SFs, nur neun wären NDs und neunundzwanzig Frauen NFs.

Der Vergleich zwischen Männern und Frauen hinsichtlich der Typenverteilung zeigt, daß es in der Typologie eine starke entweder genetische oder geschlechtsbedingte Voreingenommenheit gibt. Dies führt zu einem großen Unterschied zwischen Männern und Frauen; weit über 60 Prozent der Männer haben das Denken als starke Komponente in ihrem Typ, während weit über 60 Prozent der Frauen das Fühlen als starke Komponente ihres Typs aufweisen.

Diese Denk- oder Fühlkomponente, kombiniert mit einer Wahrnehmungsfunktion (S oder N), bildet den Nukleus oder Kern der Persönlichkeit eines Mannes oder einer Frau. Die Kombination einer der Wahrnehmungsfunktionen mit einer der Urteilsfunktionen führt zu vier Nuklei.

Der Nukleus jedes Typs manifestiert sich in einem einzigartigen Effekt interaktiven Verhaltens. Die Hauptkapitel dieses Buches sind so angelegt, daß sie den Nachdruck auf den Kern jedes Typs legen; um diesen Kern herum aufgebaut sind nicht-geschlechtsbezogene Komponenten, die den individuellen Charakter weiter ausfüllen oder verschönern.

Um das weiter auszuführen: Die Empfindensfunktion (S) ist geschlechtsneutral und tritt bei Männern und Frauen bei 70 Prozent der Population in gleichem Maße auf. Bei Männern ist die Denkkomponente am häufigsten mit Empfinden kombiniert (SD), und ähnlich ist Empfinden bei Frauen am häufigsten mit Fühlen assoziiert (SF). Die Tatsache, daß sich in der Empfinden-Fühlen-Gruppe doppelt so viele Frauen wie Männer befinden, trägt auch zu einer Erklärung dessen bei, daß man in den ›helfenden Berufen‹ traditionell mehr Frauen antrifft.

Ähnlich geschlechtsneutral ist auch die Extraversion, die bei 70 Prozent der Population vorliegt. Introversion ist ebenfalls geschlechtsneutral und tritt nur bei 30 Prozent der Population auf. Wichtig ist hier, daß die Verhaltenskorrelate von Denk- oder Fühlprozessen oft eine stärkere Fehlwahrnehmung der Geschlechtsunterschiede als der Typenunterschiede hervorrufen. Typologisch am ›männlichsten‹ ist extravertiertes Denken-Empfinden, und typologisch am ›weiblichsten‹ ist extravertiertes Fühlen-Empfinden. Wahrscheinlich kommt man der Wahrheit näher, wenn man sagt, daß die Polarität zwischen Denken und Fühlen zuerst und vor allem ein typologischer und kein wirklicher Geschlechtsunterschied ist.

Trotz der Tatsache, daß bestimmte Typen bei Männern oder bei

Frauen häufiger vorkommen, wäre es anmaßend und irrig, diese Typunterschiede nur mit dem respektiven Geschlecht in Verbindung zu bringen. Frauen vom extravertierten Denken-Empfinden-Typ können psychologisch ebenso ›maskulin‹ sein wie Männer dieses Typs, und Männer, die extravertierte Fühlen-Empfinden-Typen sind, können ebenso ›feminin‹ sein wie Frauen dieses Typs. Wenn wir das akzeptieren, sind wir frei, über ein faszinierenderes Thema zu spekulieren: Warum treten typologische Charakteristika bei den beiden Geschlechtern so auf, wie sie es tun?

In diesem Sinne werden konventionelle Begriffe von Männlichkeit und Weiblichkeit als Geschlechtszuordnung sehr viel relativer oder kontextgebundener, als früher angenommen. Die Frage, ob irgendein Mann oder eine Frau die soziale Freiheit hat, die vollen Verzweigungen seiner beziehungsweise ihrer typologischen Ausstattung zum Ausdruck zu bringen, ist noch komplexer.

Trotz dieser hochsignifikanten Unterschiede haben sich sehr wenige Forschungsarbeiten mit der Erkundung der spezifischen Gründe für eine solche Divergenz zwischen Männern und Frauen beschäftigt. Die meisten typologischen Autoren und Forscher nehmen zwar an, daß der Typ des Individuums angeboren ist, doch die unausgewogene Verteilung der Typen wirft einige interessante Fragen bezüglich dessen auf, was ›angeboren‹ ist. Ob der Typ also angeboren ist oder nicht, das Begreifen dieser Polarität zwischen Denken und Fühlen könnte einen wichtigen Beitrag zum Verständnis der Unterschiede zwischen Mann und Frau leisten.

Die dominante Funktion

Jeder der sechzehn Typen ist durch eine Rangordnung von Funktionen beschrieben. Wir alle besitzen eine gewisse Fähigkeit, jede Funktion zum Ausdruck zu bringen, doch dieser Ausdruck hängt davon ab, wie häufig wir diese Funktion benutzen, also davon, wie verfügbar sie für das Bewußtsein ist. Jeder von uns hat eine *dominante* Funktion, eine *Hilfs*funktion, eine *tertiäre* Funktion und eine *minderwertige* Funktion.

Die dominante Funktion ist einfach das, was man am häufigsten tut. Extravertierte und Introvertierte benutzen sie auf unterschiedliche Weise. Extravertierte wenden ihre dominante Funktion in der Außenwelt an, denn dort ›sind‹ sie die meiste Zeit. Introvertierte wenden die dominante Funktion in der Innenwelt an, weil sie dort den größten Teil der Zeit verbringen.

Der Unterschied zwischen Introvertierten und Extravertierten hat wichtige Verhaltensfolgen, da beide mit der Außenwelt umgehen müssen, ob sie das nun wollen oder nicht. Wir kommen später darauf zurück.

Was irgendeiner von uns ›am häufigsten tut‹, wird teilweise davon bestimmt, ob er introvertiert oder extravertiert ist, sowie von seiner Außenweltpräferenz, U oder W. Bei Extravertierten geschieht das auf folgende Weise: Ted ist beispielsweise ein Extravertierter, dessen Typusprofil durch die Buchstabenkombination ESDU bestimmt wird. Das E am Anfang des Profils sagt uns, daß dieser Mann ein Extravertierter ist, doch es sagt uns nicht automatisch, *welche* der Funktionen seines Profils, S (Empfinden) oder D (Denken), er am häufigsten benutzt.

Um Teds dominante Funktion herauszufinden, müssen wir wissen, ob seine Orientierung zur Außenwelt urteilend, U, oder wahrnehmend, W, ist. Der Buchstabe U am Ende verrät uns, daß Ted sich urteilend in der Außenwelt orientiert. Das bedeutet, daß das, was Ted ›am häufigsten tut‹, entweder durch Denken oder durch Fühlen geäußert wird, da dies die urteilenden Funktionen sind. Ted zieht das Denken dem Fühlen vor - er ist ein ESDU. Darum sagen wir, daß Teds dominante Funktion extravertiertes Denken ist.

Bei einem Extravertierten wie Jake (ESDW) dagegen, der ein W am Ende seines Profils hat, ist die dominante Funktion etwas anders determiniert. Auch er ist extravertiert, doch da am Ende seines Profils ein W steht und kein U, wissen wir, daß Jake das Wahrnehmen als Orientierungsmittel in der Außenwelt benutzt. In Jakes Fall wie bei anderen Extravertierten, deren Profil am Ende ein W hat, muß die dominante Funktion entweder Intuition oder Empfinden sein, da dies die wahrnehmenden Funktionen sind. Da Empfinden zum Nukleus von Jakes Profil gehört, sagen wir, daß Jake ein extravertierter Empfindungstyp ist.

Die Funktionen U oder W bestimmen auch die dominante Funktion von Introvertierten, aber auf etwas andere Weise als bei Extravertierten. U und W haben mehr mit der Beziehung zur Außenwelt zu tun, und Introvertierte verbringen mehr Zeit mit der Hinwendung zur Innenwelt. Darum leiten wir bei Introvertierten die dominante Funktion anders ab.

Richard, ein ISDU, kann uns als Beispiel dienen. Wenn wir uns sein Profil anschauen, wissen wir, daß er ein Introvertierter ist. U steht am Ende seines Profils, *aber* es bezieht sich auf die Außenweltorientierung, und die meidet er nach Möglichkeit. Seine dominante Funktion wird von dem bestimmt, was er am häufigsten tut. Daher ist Richards dominante Funktion introvertiertes Empfinden statt introvertiertes Denken. Ähnlich wird bei dem Introvertierten Harry, einem ISDW, die dominante Funktion durch die Lebensstil-Präferenz W und seine Introversion bestimmt. Seine dominante Funktion ist introvertiertes Denken.

Die sekundäre Funktion

Nachdem wir den dominanten Typ bestimmt haben, möchten wir wissen, welche Funktion wohl die zweitwichtigste Rolle spielt. Wie weit die sekundäre Funktion entwickelt ist, ist individuell verschieden.

Die sekundäre oder Hilfsfunktion kann man ableiten, indem man einfach die introvertierte oder extravertierte Einstellung nimmt, die das Gegenteil der dominanten Funktion ist, und die übrigbleibende Funktion aus dem ›Kern‹ der aus vier Buchstaben bestehenden Zuordnung hinzufügt. Also ist für Ted, einen ESDU (extravertiertes Denken), introvertiertes Empfinden die sekundäre oder Hilfsfunktion.

Die dominante Funktion hilft uns bei der Bestimmung der Hilfsfunktionen. Die Hilfsfunktionen sind theoretisch die, die uns am zweit- und drittleichtesten zur Verfügung stehen.

Als Extravertierter, dessen dominante Funktion das Denken ist, braucht Ted beispielsweise ein sekundäres Mittel des Zugangs zu seiner inneren Welt. Dieser sekundäre Zugang Teds ist weniger entwickelt als sein extravertiertes Denken. Weil es ihm weniger verfügbar ist, bezeichnen wir es als seine »Hilfsfunktion«.

In unseren Beispielen wären die Hilfsfunktionen introvertiertes Empfinden für ESDU und introvertierte Intuition für ENDU. Im Falle von ESDW und ESFW, deren dominante Funktionen beide Male extravertiertes Empfinden sind, wären die Hilfsfunktionen introvertiertes Denken und introvertiertes Fühlen.

Im Fall von Richard, dem ISDU, bestimmen wir die Hilfsfunktion, indem wir festellen, daß er ein urteilender Typ ist und sein Denken sich daher auf die Außenwelt richtet. Und weil er ein Introvertierter ist, ist seine Außenweltorientierung seine Hilfsfunktion, extravertiertes Denken.

In Harrys Fall, also bei einem ISDW, wird die Hilfsfunktion von der Tatsache bestimmt, daß er ein wahrnehmender Typ ist. Und weil er außerdem introvertiert ist, ist seine Außenweltorientierung auch seine Hilfsfunktion, nämlich extravertiertes Empfinden.

Wenn eine dieser sekundären Funktionen gut entwickelt ist, gibt sie dem Introvertierten oder Extravertierten ein gewisses Gleichgewicht zwischen seiner Innen- und Außenwelt. Das heißt, ein extravertierter Denker wie Ted kann durch introvertiertes Empfinden einen gewissen Zugang zu seiner Innenwelt finden. Und ein introvertierter Empfindungstyp wie Richard gewinnt durch extravertiertes Denken Zugang zur Außenwelt.

Die Bedeutung der Hilfsfunktion für jeden Typ ist also die Herstellung eines Gleichgewichts zwischen den Lebensstil-Präferenzen von Wahrnehmung und Urteil und den Einstellungen von Introversion und Extraversion.[16]

Im allgemeinen ist die dominante Funktion des Extravertierten für andere offensichtlicher als seine Hilfsfunktion. Extravertierte sind von Natur aus bereits ›in der Welt‹, wenden dafür die meiste Zeit und Energie auf und treten primär mit ihrer dominanten Funktion in Beziehung zu ihr. Bei ihnen handelt es sich eher um einen Fall von »Wysiwyg« (»What you see is what you get«– »Du bekommst, was du siehst«).

Bei Introvertierten dagegen kann die Hilfsfunktion für andere deutlicher sichtbar sein als die dominante Funktion. In gewissem Sinne liegt das daran, daß andere oft nur schwer zu sehen vermögen, was Introvertierte ›am besten können‹. Doch da die Außenwelt ihre Forderungen genauso an Introvertierte stellt wie an Extravertierte, kann der Introvertierte gezwungen sein, seine Hilfsfunktionen noch stärker zu entwickeln als der Extravertierte. Aus diesem Grunde können Introvertierte mehr durch ihre Hilfsfunktionen geprägt erscheinen und mit deren Hilfe kommunizieren als durch ihre dominanten Funktionen. Wie wir später sehen werden, bezeichnet man dies als ihren Kommunikations- oder Beziehungs*stil.*[17]

Die tertiäre Funktion

Die dritte oder tertiäre Funktion ist theoretisch noch weniger zugänglich als die Hilfsfunktion, da sie gewöhnlich noch weniger entwickelt ist. Sie hat dieselbe Einstellung wie die Hilfsfunktion und ist dieser entgegengesetzt. Weil Teds Hilfsfunktion introvertiertes Empfinden ist, wäre seine tertiäre Funktion daher introvertierte Intuition.

Einige Theoretiker meinen, da Introvertierte ihre Hilfsfunktion möglicherweise stärker entwickeln als Extravertierte, könne es für sie ein Problem sein, die tertiäre Funktion im Tandem mit der am wenigsten entwickelten Funktion arbeiten zu lassen. Wir werden dies später untersuchen.

Die minderwertige Funktion

Die am wenigsten entwickelte Funktion wird als minderwertige Funktion bezeichnet. Es handelt sich einfach um den der dominanten Funktion entgegengesetzten Funktionspol und die entgegengesetzte Einstellung. Im Falle von ESDU (extravertiertes Denken ist dominant) ist die minderwertige Funktion introvertiertes Fühlen.

Wie wir in den Diagrammen weiter oben im vorliegenden Kapitel sahen, konzipierte Jung ursprünglich jede der Funktionen als einen Pol eines bipolaren Paars. Die Entwicklung eines Pols geht oft auf die *mangelnde Entwicklung* des anderen Pols zurück, fast so, als würden sie sich gegenseitig ausschließen.[18] Aufgrund dieses gegensätzlichen Aspekts wohnt der Typentheorie der wichtige Gedanke psychischer Gegensätze inne, die ausgewogen sein und differenziert werden müssen. So muß beispielsweise überlegenes (oder dominantes) extravertiertes Denken im Idealfall durch eine gewisse Fähigkeit zu introvertiertem Fühlen ausgewogen oder ausgeglichen werden.

In dieser Weise ist die Typologie ein struktureller Ansatz, ein konkreter beschreibender Rahmen zur Definition und Benennung der verschiedenen Funktionen des Bewußtseins. Sie ist auch eine dynamische Methode zur Bewertung des Maßes an Entwicklung und Integration der verschiedenen und entgegengesetzten Funktionen innerhalb der Persönlichkeit. Wenn wir gewisse bewußte und unbewußte Merkmale unseres speziellen Typs verstehen, so können wir unsere naturgegebene Persönlichkeit identifizieren. Wenn wir die dynamischen Aspekte dieses Modells benutzen, können wir jene Teile unserer selbst entwickeln, die gestärkt werden müssen, und ein gewisses Gleichgewicht zwischen unseren leicht verfügbaren und den weniger entwickelten Eigenschaften herstellen. Das Ideal besteht darin, möglichst guten Zugang zu allen Funktionen zu entwickeln.

Hieran sehen wir, daß die minderwertige Funktion diejenige ist, die als letzte ins Bewußtsein aufsteigt – und bei vielen tut sie das überhaupt nie! Die Entfernung der minderwertigen Funktion vom aktiven Bewußtsein (da sie ins Unbewußte eingebettet ist) ist der Grund, warum wir sie als ›minderwertig‹ bezeichnen. Da sie das völlige Gegenteil der dominanten Funktion ist, trägt sie auch die entgegengesetzte Einstellung. Das bedeutet, wenn ein Mann wie Ted primär extravertiertes Denken benutzt, ist seine am wenigsten entwickelte Funktion introvertiertes Fühlen - introvertiertes Fühlen ist der dominanten Funktion sowohl als Einstellung wie auch in der Funktion entgegengesetzt. Wir werden in Kapitel 7 detaillierter auf die minderwertige Funktion zurückkommen.

Für Ted, den ESDU, ist daher die dominante Funktion extravertiertes Denken, die Hilfsfunktion introvertiertes Empfinden, die tertiäre Funktion introvertierte Intuition und die minderwertige Funktion introvertiertes Fühlen.

Bei Richard, dem ISDU, ist die dominante Funktion introvertiertes Empfinden, die Hilfsfunktion extravertiertes Denken, die tertiäre Funktion extravertiertes Fühlen und die minderwertige Funktion extravertierte Intuition.

(Für eine komplette Liste aller Typen und ihrer entsprechenden Einstellungen und Funktionen siehe Tafel 1 im Anhang S. 205)

Sechzehn Männer

Vieles von dem, was ich bis hierher beschrieben habe, repräsentiert das ›harte‹ theoretische Fundament des psychologischen Typs. Die Grundtheorie der Typologie bietet uns ein Substrat oder einen Rahmen, mit dessen Hilfe wir beginnen können, die Herkunft gewisser spezifischer Nuancen des sichtbaren Verhaltens einzuschätzen und besser zu verstehen.

Um die komplexe und abstrakte typologische Theorie konkreter und signifikanter zu machen, habe ich ein Ensemble von Charakteren geschaffen, sechzehn Männer, die gewisse verhaltensmäßige Annäherungen an die sechzehn verschiedenen Typenprofile in den folgenden Kapiteln repräsentieren. (Eine Zusammenfassung siehe Tafel 6 im Anhang S. 208)

Diese Porträts entstammen zum Teil bestimmten Individuen, zum Teil meiner persönlichen und klinischen Erfahrung und zum Teil der typologischen Forschung. Auf jedes Portät folgt ein ›Prototyp‹, der die allgemeineren Charakteristika darstellt, die uns bei dem speziellen Typ wahrscheinlich begegnen. Diese Charaktere werden innerhalb des ganzen Buches benutzt, um jeden der Typen zu personifizieren. Ich hoffe, das macht die Gedankengänge klarer und die Theorie etwas lebendiger.

Zunächst einmal handelt es sich um acht Extravertierte und acht Introvertierte (bedenken Sie, daß in der allgemeinen Bevölkerung dreimal so viele Extravertierte vorkommen wie Introvertierte). In unserem Ensemble von Charakteren sind Ted, Jake, Phil, Wally, Paul, Jerry, Sheldon und Pablo die Extravertierten. Die Introvertierten sind Richard, Harry, Teddy, Cal, Brian, Alexander, Eliot und Dean.

Ich hoffe, indem ich jeden Typ in das Gewand einer bestimmten Figur kleide, werden die Beschreibungen etwas von der Essenz des jeweiligen Typs vermitteln sowie eine Vorstellung davon, wie sich spezifische Typenmerkmale bei Individuen unterschiedlich manifestieren können.

Manche Merkmale jedes Typs habe ich mit einem Kommentar sowie mit einigen Informationen über mögliche Interaktionen mit anderen mittels seines Kommunikations- und Beziehungsstils versehen.

Wichtig ist, sich daran zu erinnern, daß weder die Figuren noch die Prototypen erschöpfende oder umfassende Definitionen aller Verhaltensmerkmale jedes Typs sind. Sie sind eher zusammengesetzte, beschreibende *Möglichkeiten* von Persönlichkeit und Verhalten, entnommen den individuellen typologischen Bestandteilen und ihren Interaktionen, die zusammen einen bestimmenden typologischen Charakter ergeben.

Indem ich sowohl eine Figur als auch einen Protoyp vorstelle, möchte ich den häufigen Fehler vermeiden, der in der wachsenden Literatur über Typologie gemacht wird, nämlich eine allzu starke Vereinfachung der individuellen Typen durch Kästchendenken oder aber eine so große Generalisierung eines individuellen Typs, daß vieles von seinem einzigartigen »Aroma« in unangemessenen und irreführenden Verallgemeinerungen untergeht.

Der Versuch, jeden Typ zu beschreiben, ist kompliziert, weil das Typenprofil möglicherweise nicht die einzigartigen Elemente der Lebenserfahrung eines Individuums widerspiegelt. Adäquate Typentwicklung resultiert aus dem optimalen Gebrauch unserer individuellen Fähigkeiten und Lebenschancen, um unser gesamtes psychologisches Wachstum zu maximieren. Bei jedem Individuum reicht die mögliche Entwicklungsspanne der Funktionen von geringer Entwicklung einiger bis zu voller Entwicklung aller Funktionen, was seltener ist.

Also Vorsicht: Weil jemand einem bestimmten Typ zugeordnet wird, muß er nicht unbedingt eine hohe oder auch nur angemessene Entwicklung dieser Funktion erreicht haben. Hier liegt der Schlüssel in der Fähigkeit eines Individuums, bewußt zwischen den verschiedenen Funktionen zu unterscheiden.

Noch komplizierter wird die Sache dadurch, daß der interaktive Effekt von Typ und Geschlechtsrolle den offenen Ausdruck des eigenen Typs beeinflußt. Die Freiheit, einige oder alle Elemente des eigenen Typs zur vollen Entwicklung zu bringen, hängt auch von dem Maß ab, in dem man der Geschlechterrolle anhängt, in der man erzogen worden ist. So haben es beispielsweise Männer vom fühlenden Typ vielleicht sehr schwer, sich so auszudrücken und zu verhalten, wie sie es tun würden, wenn es keine sozialen Zwänge gäbe, die sie daran hindern. Verhalten und Einstellungen von Männern des denkenden Typs dagegen sind wahrscheinlich freier und werden umfassender ausgedrückt, da sie typischer für die konventionellen männlichen Geschlechterrollen sind.

Wie wir später sehen werden, können diese sozialen Zwänge der Entwicklung unseres vollen Potentials entgegenstehen und auch die Wahrscheinlichkeit verringern, daß wir psychologisch androgyn werden.

Bevor wir die sechzehn Männer kennenlernen, möchte ich zuerst beschreiben, wie der psychologische Typ mit dem Kommunikations- und Beziehungsstil von Männern zusammenhängt.

2. Psychologischer Typ und Kommunikationsstile von Männern

Unser psychologischer Typ ist eng verbunden mit unserer Sprache und drückt sich durch diese aus. Da Sprache das konventionelle Medium der Kommunikation ist, spielt sie eine bedeutende Rolle sowohl bei gelungener als auch bei gestörter Kommunikation. Psychologen und Linguisten haben Kommunikationsstile und -muster untersucht. Das Gebiet der Soziolinguistik bietet oft hilfreiche Leitlinien, wenn man nach den sozialen, kulturellen und geschlechtsbedingten Hintergründen des Kommunikationsstils sucht. Trotzdem finden wir in diesen Forschungsarbeiten wenig zur Erklärung der Rolle des psychologischen Typs bei der Kommunikation.

Ein großer Teil der zeitgenössischen Literatur neigt dazu, Kommunikationsunterschiede in zu hohem Maße Geschlechtsunterschieden zuzuschreiben. Dabei ist, wie wir sehen werden, der psychologische Typ eine wichtige Dimension beim ›Wie‹ und beim ›Was‹ unserer Kommunikation. Dieses Kapitel ist eine kurze Erklärung der Rolle des Typs in der Kommunikation.

Die überwältigende typologische Präferenz des Denkens bei Männern ist das fundamentalste Merkmal, das sozialen und psychologischen Definitionen konventioneller ›Männlichkeit‹ zugrundeliegt. Diese Präferenz hat weitreichende Konsequenzen für das Verhalten, die Kommunikationsstile und die Beziehungen von Männern. Ähnlich ist die Funktion des Fühlens bei Frauen das Hauptmerkmal in konventionellen Definitionen von ›Weiblichkeit‹. Die jeweilige Häufigkeit dieser *typologischen* Präferenzen bei Männern und Frauen bewirkt, daß sie leicht mit Geschlechtsunterschieden verwechselt werden. Aber sowohl Männer als auch Frauen können entweder Denk- oder Fühltypen sein und sind dies auch.

Die gegenwärtig populäre linguistische Marotte von ›er sagte/sie sagte‹ ist ein Beispiel für die Übergeneralisierung, bei der Kommunikationsstile aus Geschlechtsunterschieden heraus begründet werden. Deborah Tannens Beststeller ›Du kannst mich einfach nicht verstehen‹ ist eines von mehreren neuen Büchern, die viele der Kommunikationsprobleme zwischen Männern und Frauen auf Geschlechtsunterschiede schieben. Doch ihre Beschreibung, wie Männer und Frauen kommunizieren, läßt sich viel umfassender verstehen, nämlich als unterschiedliche Typologie, die unterstützt wird von geschlechtsbezogener Sozialisation.

Ich zitiere hier ausführlich aus Tannens Buch, um die Voreingenommenheit zu demonstrieren, die in der linguistischen Interpretation geschlechtsbezogener Kommunikationsstile liegt. Tannen benutzt Jack Sattels Analyse eines Dialogs aus Erica Jongs Buch ›Angst vorm Fliegen‹. Sattel führt diesen Dialog als Beispiel für die Art an, wie ein Mann sein Schweigen »als Waffe benutzt, um Macht über Frauen auszuüben«.[1]

»Warum mußt du mir das immer wieder antun? Ich fühle mich dann so allein.«

»Das ist deine eigene Schuld.«

»Wie meinst du das? Ich wollte heute abend froh und glücklich sein. Es ist Weihnachten. Warum bist du böse? Was habe ich getan?«

Schweigen.

»Was habe ich getan?«

Er sieht sie an, als sei die Tatsache, daß sie das nicht weiß, eine zusätzliche Kränkung.

»Gehn wir schlafen. Vergessen wir das Ganze.«

»Was soll ich vergessen?«

Er sagt nichts.

»Soll ich vergessen, daß du böse mit mir bist? Vergessen, daß du mich strafst - für nichts? Vergessen, daß ich einsam bin und friere, daß Weihnachten ist und daß du mir diesen Abend wieder mal verdorben hast? Ist es das, was ich vergessen soll?«

»Ich will nicht darüber reden.«

»Worüber? *Worüber* willst du nicht reden?«

»Sei still. Ich will nicht, daß du hier im Hotel so rumschreist.«

»Es ist mir scheißegal, was du willst oder nicht willst. *Ich* will anständig behandelt werden. Vielleicht hättest du zumindest die Güte, mir mitzuteilen, warum du so 'ne Scheißlaune hast. Und sieh mich nicht so an...«

»Wie?«

»Als ob es die schwerste Sünde sei, daß ich deine Gedanken nicht lesen kann. Ich *kann* deine Gedanken nicht lesen. Ich *weiß* nicht, warum du so 'ne Wut im Bauch hast. Ich kann nicht jeden Wunsch von dir erraten. Wenn du das von einer Frau verlangst, dann hast du die falsche Frau.«

»Das dürfte stimmen.«

»Was ist es denn? Sag es mir doch bitte.«

»Das solltest du auch so wissen.«

»Großer Gott! Erwartest du im Ernst von mir, daß ich Gedanken lesen kann? Ist das die Bemutterung, die du dir vorstellst?«

»Wenn du auch nur eine Spur von Einfühlungsvermögen hättest...«

»Aber ich geb mir doch Mühe. Mein Gott, du gibst mir ja gar keine Gelegenheit.«

»Du schaltest ab. Du hörst nie zu.«

»Es war irgendwas im Film, nicht wahr?«

»Was war im Film?«

»Wieder eine Gegenfrage. Mußt du mich eigentlich immer verhören wie so 'nen Verbrecher. Mußt du ein *Kreuzverhör* mit mir anstellen? ... Es war die Beerdigungsszene... Wie der kleine Junge seine tote Mutter ansah. Das hat dich irgendwie... Seitdem bist du so deprimiert.«

Schweigen.

»Nicht wahr, das *war*'s doch?«

Schweigen.

»Los, Bennett, du machst mich *rasend*. Bitte sag es mir. Bitte.«

»Was war mit der Szene im Film, die mich ›irgendwie‹...?« (Die Worte kommen einzeln wie kleine Almosen. Wie kleine, harte Kotstückchen.)

»Frag nicht, Bennett. *Sag* es mir!«

(Sie schlingt die Arme um ihn. Er macht sich los. Sie fällt zu Boden und umklammert sein Bein. Es sieht weniger nach einer Umarmung als nach einer Rettungsszene aus: Sie droht zu er-

trinken, und er überläßt ihr widerstrebend sein Bein als Halt.)
»Steh auf!«
(Sie weint.) »Nur, wenn du es mir sagst.«
Er macht sein Bein frei. »Ich geh' schlafen.«

Tannen ist auch der Meinung, diese Szene bestätige Sattels Überzeugung, daß Bennett sein Schweigen als Waffe gegen seine Frau benutzt. Ferner sagt sie, selbst wenn man das Geschlecht der Figuren umkehre, könne man sich »schwer vorstellen, daß ein Mann seine Frau anfleht, ihm zu sagen, was er falsch gemacht hat«. Ich glaube jedoch, daß es eine Fehldeutung ist, wenn man diesen Dialog so betrachtet, als versuche Isadora, Bennett dazu zu bringen, ihr zu sagen, »was sie falsch gemacht hat«. Das war die Auswirkung des Dialogs auf die Beziehung, nicht sein Inhalt. Der Inhalt bezog sich auf das, was Bennett fühlte, und seine Schwierigkeit, es zu äußern. Isadora interpretierte sein Schweigen idiosynkratisch als Bestrafung. Doch obwohl sich das sicherlich für Isadora so angefühlt hat, war Bennetts Unfähigkeit, sein Gefühl auszudrücken, sein Problem, nicht ihres.

Ich habe in der Therapie viele Male eine genaue Umkehrung eines solchen Dialogs von Paaren gehört. Dieses Gespräch könnte ebensogut einen Unterschied im Kommunikationsstil entgegengesetzter Typen beschreiben, ungeachtet ihres Geschlechts.

Wenn wir diesen schmerzhaften Dialog aus der Perspektive des vermuteten Typs der beiden Beteiligten betrachten, ist er leichter zu verstehen. Es sieht so aus, als sei Isadora ein extravertierter Gefühlstyp und Bennett ein introvertierter Denktyp oder sogar ein introvertierter Gefühlstyp. (Ich bezweifle stark, daß er extravertiert ist.) Als extravertierter Gefühlstyp möchte Isadora natürlich wissen, was Bennett fühlt. Doch da sie die Natur oder Bedeutung seines Typs nicht kennt, besteht sie darauf, daß er *äußert*, was er fühlt. Wüßte sie etwas über Typologie, so würde sie vielleicht anders vorgehen. Sie würde möglicherweise begreifen, daß es für ihn das Allerschwierigste ist, über seine Gefühle zu diskutieren. Ihr Beharren macht die Dinge nur schlimmer.

Mit ein wenig Psychotherapie und einigem Wissen über Typologie hätte Bennett seinerseits vielleicht verstehen können, warum er wieder einmal in einem Dilemma steckte, das ihm nur allzu vertraut war. Es ist sowohl für introvertierte männliche Denktypen als auch für introvertierte männliche Gefühlstypen charakteristisch, daß es ihnen widerstrebt, über ihre Gefühle zu diskutieren. Außerdem sind die meisten von ihnen dazu sozialisiert worden, *nicht* über ihre emotionale Verwundbarkeit zu sprechen.

Diese emotional gehemmten introvertierten Typen werden oft als ›passiv-aggressiv‹, ›vorenthaltend‹ und sogar ›anal‹ etikettiert (besonders von Extravertierten). Vielleicht ist das der Grund, warum Erica Jong Bennetts Worte als ›kleine Kotstückchen‹ bezeichnet. Extravertierte Gefühlstypen fühlen sich mit großer Wahrscheinlichkeit zum Opfer gemacht, wenn sie Introvertierte so erleben, als enthielten sie ihnen etwas vor, das sie eigentlich leicht geben könnten.

Ebenso einfach könnte man argumentieren, daß Bennett durch sein Schweigen nicht versucht, Macht über Isadora auszuüben, sondern vielmehr, sich davor zu schützen, von seiner eigenen emotionalen Verwundbarkeit überwältigt zu werden. Sein Schutzbedürfnis ist nicht ›minderwertiger‹ als ihr Bedürfnis, ihn zu einer Äußerung zu zwingen.

Am einzigen Punkt in dem Dialog, an dem er zu sprechen beginnt (interessanterweise über ihren Mangel an Einfühlung), unterbricht sie ihn. Wir könnten auch sagen, daß Isadora aufgrund ihrer Unsensibilität für Bennetts Dilemma einen Redeschwall einsetzt, um Bennett zu zwingen, das zu tun, was *sie* von ihm will. Man könnte sie auch als kontrollierend, aufdringlich und verbal aggressiv betrachten. Wären die Geschlechter umgekehrt, so würden wahrscheinlich die meisten Frauen Bennett als aufdringlich und kampflustig ansehen.

Ich schlage nicht nur diese andere Sichtweise der Situation vor, sondern frage mich auch nach Isadoras und Bennetts beiderseitiger unbewußter Motivation, einen so entgegengesetzten Typ zu heiraten. Der geschilderte Dialog zwischen ihnen war offensichtlich nicht der erste dieser Art, sondern vermutlich ein wiederkehrendes Problem. Außerdem war er auf stark negative Weise geeignet, ihre kommunikativen Gegensätze zu verstärken und dauerhaft zu machen.

Vielleicht sollte man das, was Deborah Tannen »Genderlekt« nennt, verständlicher und angemessener als »Typolekt« bezeichnen.

Andere Bücher über Linguistik machen den gleichen Fehler und schreiben Sprachmuster zu stark Geschlechtsunterschieden statt einer Kombination aus Geschlecht und Typ zu. In ›Sex Differences in Human Communication‹ beispielsweise schildern Barbara und Gene Eakins Geschlechtsunterschiede in der Sprache wie die folgenden:

»Die Sprache von Männern tendiert dazu, mehr um äußere Dinge zu kreisen, und eignet sich besser für direkte, faktenbezogene Kommunikation. Sie ist nüchterner, gerader und auf den Punkt gerichtet. Sie verwendet stärker Feststellungen und Formen, die den Zuhörer zu Willfährigkeit, Zustimmung oder Glauben drängen sollen.«

Die gleichen Autoren beschreiben die Sprache von Frauen so:

»Die Sprache von Frauen tendiert dazu, stärker auf Personen und interpersonale Angelegenheiten bezogen zu sein. Sie ist geeignet, mit den Gefühlen anderer und denen der Sprecherin umzugehen. Sie ist höflicher, indirekter und verwendet die Methode des Implizierens. Sie benutzt Einschränkungen und oft abmildernde Vorkehrungen, um zu vermeiden, daß anderen durch übertrieben starke Feststellungen, Fragen oder Befehle Glauben, Zustimmung oder Gehorsam abgenötigt wird.«

Im gleichen Buch stellen die Autoren fest, der Sprachstil von Männern sei »direkt, relativ stark im Ton, faktenbezogen und dem Augenschein folgend … Argumentative Verhaltensweisen werden … vorwiegend als männliche Charakteristika betrachtet statt als Standardverhalten beider Geschlechter. Männlicher Dialog erhält sein Gewicht oft durch das Beharren darauf, daß Aussagen auf geradlinigen Überlegungen basieren müssen.«

Über die Sprache von Frauen schreiben sie:

»Persönliche Meinung, Einstellungen und Persönlichkeit sind für Frauen wichtiger als faktengebundene Information. Vermutlich bevorzugen sie Gespräche, die intim und persönlich sind und sich darum drehen, wie sie denken und fühlen ..., sie haben mit geringerer Wahrscheinlichkeit einen harten Tatsachenhintergrund oder sind mit der Welt des Wissens in Kontakt.«

Über Männer und Frauen zusammen schreiben die Autoren:

»Frauen ... können den argumentativen Stil von Männern als ermüdend oder zu konkurrierend betrachten ... Einigen Männern erscheint die Sprache von Frauen manchmal peripher oder nicht themenbezogen: ›Sie ist total unlogisch!‹ Männer betrachten die Dialoge von Frauen oft als geistlos oder oberflächlich, als bloßes Rezitieren von Gefühlen. Frauen erleben das Gespräch von Frauen als Mitteilung einer Art emotionaler Lösung und eines Trostes ... Jede Frau kommentiert die Gefühle der anderen, indem sie sie in ihren Antworten widerspiegelt.

Wenn sie untereinander sprachen, neigten Männer zum Argumentieren, während die Frauen die Tendenz hatten, die Äußerungen der jeweils anderen auszuarbeiten ... Männer bestritten oder ignorierten die Äußerungen der anderen, während Frauen sie zur Kenntnis nahmen und oft darauf aufbauten.

Frauen benutzten Anpassungsstrategien, Männer solche der Ausbeutung ... Frauen verwendeten eine verbindliche, wohlwollende oder anpassende Taktik, Männer eine eher egoistische, die auf den eigenen Vorteil oder Profit gerichtet war ... Frauen strebten ein faires, für alle akzeptables Ergebnis an, während Männer in erster Linie gewinnen wollten.«[2]

Trotz der ausgedehnten linguistischen Forschungen der beiden Autoren sieht es nach den obigen Zitaten so aus, als seien sie niemals Männern begegnet, die Fühlen als Kommunikationsstil benutzen, oder Frauen, die Denken als Kommunikationsstil verwenden. In den angeführten Zitaten könnte man häufig den Ausdruck ›Sprache von Frauen‹ durch ›Gefühlssprache‹ und ›Sprache von Männern‹ durch ›Denksprache‹ ersetzen. Vieles von dem, was hier als Sprache von Männern oder Frauen beschrieben wird, ist buchstäblich austauschbar mit dem, was man in der Typologie als Komminikations- und Beziehungsstil des Denkens beziehungsweise Fühlens bezeichnen würde.

Geschlechtsrollen haben einen starken Einfluß auf den Kommunikationsstil von Männern und Frauen. Man hat angenommen, die

Typologie sei Teil der Konstitution eines Menschen. Ob Männer und Frauen auch sozial frei genug sein können, um das volle Ausmaß ihres natürlichen Typs zu äußern und zu entwickeln, kann man nur mutmaßen. Wie wir weiter oben bei Bennett sahen, finden es beispielsweise manche Männer, die Gefühlstypen sind, vielleicht sozial nicht angemessen, sich auf Arten zu äußern, die eigentlich ganz natürlich für sie wären. Es würde ihnen leichter fallen, in ihrem bevorzugten Stil zu kommunizieren, wenn es nicht rigide soziale Sanktionen dagegen gäbe, daß Männer sich auf als ›weiblich‹, ›weich‹ oder ›gefühlsduselig‹ beschriebene Arten verhalten. Ähnlich können auch Frauen, die eigentlich lieber im Denkstil kommunizieren würden, soziale Mißbilligung ernten, wenn sie dies tun. Starre soziale Geschlechterrollen entmutigen den vollen Ausdruck der jeweiligen natürlichen typologischen Präferenzen.

Die vier Indizes im Nukleus eines Typs, SD, SF, ND und NF, sind verantwortlich für spezielle Kommunkationseigenschaften oder -stile bei den Mitgliedern jeder Gruppe. Der *Kommunikationsstil* beschreibt die Art und Weise, wie ein bestimmter Typ bestimmte Inhalte einer Kommunikation übermittelt. Jeder der Indizes hat vier Typmitglieder. Wenn man den Nukleus der Gruppe kennt, so kann man den Kommunikationsstil ihrer Mitglieder leichter vorhersagen. Die SDs trifft man häufiger unter Männern an, die SFs unter Frauen.

Der Kommunikationsstil der meisten Männer ist aus S und D zusammengesetzt. Denken ist der typischste und häufigste Kommunikationsstil von Männern. Verschiedene Kombinationen des Typenkerns ergeben verschiedene Grade von Ähnlichkeit.

Männer der Typen ESFU, ENFU, ISFU oder INFU benutzen mit hoher Wahrscheinlichkeit den Kommunikationsstil, der oben als ›weiblich‹ beschrieben ist. Männer der Typen ESFW, ENFW, ISFW und INFW haben vermutlich einen Stil, der Fühlen zusammen mit einem Wahrnehmungsprozeß verwendet. Alle Männer, in deren Typ FU vorkommt, benutzen Fühlen als dominanten Kommunikationsmodus, aber immer in einem gewissen Maße kombiniert mit einem Wahrnehmungsprozeß, entweder Empfindung oder Intuition.

FW-Männer dagegen benutzen ebenfalls Gefühlskommunikation, aber ihre primäre oder sekundäre Präferenz – Empfindung oder Intuition – hat einen größeren Einfluß. Der INFW beispielsweise benutzt Fühlen in Verbindung mit seinem dominanteren Kommunikationsstil, Intuition, wobei die Intuition gewöhnlich stärker sichtbar ist. Fühlen dient als Gegengewicht zu seiner Intuition. Der Grund hierfür ist, daß der bevorzugte Urteilsmodus, Denken oder Fühlen, immer im Kontext dessen auftritt, ›was‹ beurteilt wird. Wenn es sich um *Möglichkeiten* handelt, die durch Fühlen beurteilt werden, wird der Stil NF sein. Wenn es sich um *Fakten* handelt, die durch Denken beurteilt werden, wird der Stil SD sein.

Frauen vom Typ ESDU, ENDU, ISDU oder INDU dagegen werden mit ziemlicher Wahrscheinlichkeit den mehr ›männlichen‹ – mit anderen Worten, denkenden – Kommunikationsstil verwenden, der oben beschrieben wurde. In geringerem Maße können Frauen, die ESDW, ENDW, ISDW und INDW sind, ebenfalls einen denkenden Stil benutzen, aber überschattet von ihrer dominanteren Intuition oder Empfindung.

Unterschiede der Typusverteilung zwischen Männern und Frauen

Wir haben gesehen, daß es entgegen der landläufigen Meinung mehrere Faktoren und nicht schlichte Geschlechtsunterschiede sind, die Schwierigkeiten bei der effizienten Kommunikation und in Beziehungen erklären. Die Unterschiede in der Häufigkeit spezifischer Typen unter Männern wie auch die Verteilung der Typen sowohl unter Männern als auch unter Frauen haben beträchtliche Folgen für die gesamte Effizienz von Kommunikation.

Diese Unterschiede sind für viele Kommunikationsschwierigkeiten zwischen Männern und Frauen verschiedenen Typs verantwortlich. Kommunikationsprobleme tauchen zwischen Männern und Frauen von verschiedenen Typen, aber auch bei Interaktionen von gleichgeschlechtlichen Personen verschiedenen Typs auf.

So ist beispielsweise unter Männern der häufigste Typ der extravertierte Denktyp ESDU, unter Frauen der extravertierte Fühltyp

ESFU. Fast 50 Prozent der Frauen haben den SF-Nukleus, und SF-Frauen sind doppelt so häufig wie SF-Männer. Weil es doppelt so viele SF-Frauen wie SF-Männer gibt, treffen Frauen natürlich viel mehr Frauen als Männer, die ihnen typologisch ähnlich sind und mit denen sie deshalb wirksam kommunizieren können. Daraus ersehen wir, daß für Frauen die Chancen, mit ESDU-Männern schlecht zu kommunizieren, ungefähr gleich häufig sind wie die Chancen, effizient mit anderen Frauen zu kommunizieren. Dasselbe gilt natürlich für Männer. Für SD-Männer sind die Chancen, effizient mit anderen Männern zu kommunizieren, ebenso häufig wie die Chancen, schlecht mit Frauen zu kommunizieren.

Eine ISDU-Frau dagegen wird sehr wenige andere Frauen dieses Typs treffen und mit ihnen kommunizieren. Und Männer vom Typ INFW und INFU werden nur wenige andere Männer wie sie selbst treffen und effizient mit ihnen kommunizieren. Aus diesen Tatsachen können wir entnehmen, daß Kommunikationsprobleme nicht so sehr geschlechtsbezogen als vielmehr typbezogen sind. Aufgrund der gesamten Präferenzmuster in der Typologie können sie allerdings leicht geschlechtsbezogen *erscheinen*. Typologische Unterschiede führen zu vielen Variationen im Kommunikations- und auch im Beziehungsstil zwischen Männern und Frauen.

Kommunikationsstil

In größerem oder geringerem Maße benutzen alle von uns jede der Typenfunktionen. Eine spezielle Typuspräferenz jedoch führt zu einem bestimmten Kommunikationsstil. Dieser Kommunikationsstil wird durch den Kern oder Nukleus des Typs repräsentiert. Es ist unwahrscheinlich, daß es ›reine‹ Kommunikationsstile gibt, die auf nur einer Präferenz basieren. Denken oder Fühlen werden eher Seite an Seite mit Empfindung oder Intuition benutzt.

Aus der Typenverteilung unter den Geschlechtern können wir schließen, daß viele Männer Kommunikationsstile verwenden, die um Denkprozesse herum angeordnet sind, und viele Frauen Kommunikationsstile, die sich um das Fühlen drehen. Doch beide Stile existieren bei beiden Geschlechtern.

In typologischen Begriffen kann sich ein Kommunikationsstil in erster Linie durch Denken, Empfinden, Intuieren oder Fühlen äußern. Wie Radiosignale kann die Kommunikation in einer Funktion ›gesendet‹ und entweder im gleichen oder in einem anderen Stil ›empfangen‹ werden. Kommunikationsinhalte, die im gleichen Stil gesendet und empfangen werden, sind wahrscheinlich effizient, diejenigen dagegen, bei denen sich die Stile von »Sender« und »Empfänger« unterscheiden, werden leicht fehlinterpretiert oder mißverstanden. Effizientes Kommunizieren zu erlernen bedeutet daher, fähig zu sein, die Kommunikationsstile zu wechseln. Doch dieses Lernen muß auf dem Verständnis des eigenen Typs sowie dem des Zuhörers basieren.

Damit eine wirksame Kommunikation möglich ist, müssen sowohl der Sprecher als auch der Zuhörer in der Lage sein, zumindest eine der typologischen Funktionen zu verwenden, die auch der andere benutzt. Es geht darum, ein gewisses Maß an von beiden geteilter Bedeutungszuordung herzustellen. Das Ideal wäre natürlich, daß jeder der Beteiligten zum angemessenen Zeitpunkt jede der vier Funktionen verwenden kann. Die ineffizienteste Kommunikation ist solche zwischen Individuen, die sehr unterschiedliche Stile haben und auch unfähig sind, auf den Stil des jeweils anderen umzuschalten oder wenigstens im Stil des Sprechers zuzuhören.

So kommunizieren beispielsweise Individuen mit SD im Kern des Typs entweder mit Denken oder mit Empfinden. Sie kommunizieren am besten mit anderen SDs, weil dann beide nur sehr geringe Verschiebungen ihres Stils vornehmen müssen. SDs, die mit NDs kommunizieren, müssen sich wahrscheinlich stärker umstellen als bei anderen SDs, vor allem, wenn der eine das Denken und der andere das Empfinden dominanter benutzt. SDs, die bei der Kommunikation mit SFs keine größere Umstellung vornehmen, werden häufig nicht gehört. Den SDs fällt es im allgemeinen am schwersten, mit NFs zu kommunizieren, weil in den Kernen beider Typen keine gemeinsame Funktion vorliegt. Dasselbe gilt für SFs und NDs.

Eine Beschreibung der jeweiligen Kommunikationsstile der Haupttypengruppen erfolgt in den entsprechenden Kapiteln.

Flavil Yeakley ist ein Psychologe, der die verschiedenen Kommunikationsstile in ihrer Zugehörigkeit zum jeweiligen psychologischen Typ untersucht hat. Für jeden der sechzehn Typen hat er ›Kommunikationsstil-Präferenzen‹ entwickelt, und zwar auf der Grundlage ähnlicher Funktionen, die jeder dieser Typen auf extravertierte Weise benutzte.

Aus seinen vorbereitenden Recherchen hat er geschlossen, daß »effiziente Kommunikation« der Prozeß ist, bei dem »Menschen ein akzeptables Maß an gemeinsamer Bedeutungszuordnung teilen«.[3] Um die gegenseitige Verständigung zu erleichtern, entwickelte er deskriptive Stile des Zuhörens, die als Leitlinien für effiziente Kommunikation benutzt werden sollen.

Yeakley hat die spezifischen Fragen umrissen, die ein Zuhörer zu jedem der mit der Typfunktion verbundenen Kommunikationsstile stellen soll. Er schlägt die folgenden Fragen vor, wenn man verschiedene Stile hört.

Zuhören im empfindenden Stil bedeutet, auf einer sehr praktischen Ebene zu *interpretieren* und Fragen zu stellen wie:
Was sagt der Sprecher?
Wie sollten die Worte entziffert werden?
Wie sollte die Botschaft wahrgenommen werden?

Zuhören im intuitiven Stil bedeutet, auf einer viel tieferen Ebene zu *verstehen* und Fragen zu stellen wie:
Was meint der Sprecher wirklich?
Welche Annahmen liegen der Botschaft zugrunde?
Was impliziert die Botschaft?
Welche Möglichkeiten schlägt die Botschaft vor?

Zuhören im denkenden Stil bedeutet, zu *analysieren* und zu *organisieren*, während man Fragen stellt wie:
Was ist die Struktur der Botschaft?
Was ist der zentrale Gedanke?
Welches sind die Hauptpunkte?

Welches sind die Unterpunkte?
Wie hängen die verschiedenen Punkte zusammen?

Gibt es angemessene Nachweise, um jede Behauptung zu rechtfertigen?
Ist die Überlegung logisch?
Sind die Behauptungen richtig oder falsch?

Zuhören im fühlenden Stil bedeutet *bewerten* und *einschätzen*, während man Fragen stellt wie:
Welche Werte legt die Botschaft nahe?
Sollten diese Werte akzeptiert oder zurückgewiesen werden?
Was fühle ich bezüglich der Botschaft?
Was fühle ich bezüglich des Sprechers?[4]

Aus den hier vorgeschlagenen Arten des Zuhörens geht klar hervor, daß Kommunikationsstile komplexe psychologische Typunterschiede und nicht einfach Geschlechtsunterschiede widerspiegeln.

Beziehungsstil

Kommunikationsstile rufen das hervor, was ich *Beziehungs*stile nenne. Die Kommunikationsstile übermitteln Inhalt, während der Beziehungsstil den *Eindruck* des Kommunikationsstils auf den Zuhörer übermittelt.

Genau wie der Kommunikationsstil entsteht der Beziehungsstil aus dem Nukleus des Typs. Probleme in der Kommunikation ergeben sich aus dem Gesamteindruck, den die Kommunikation auf den Zuhörer macht, nicht nur aus dem Inhalt dessen, was mitgeteilt wird. Wie beim Kommunikationsstil ist der Eindruck des Beziehungsstils auch mit Unterschieden im Kerntyp von Sender und Empfänger verbunden. Kommunikationen in unterschiedlichen Stilen haben mit größerer Wahrscheinlichkeit eine negative Wirkung. Kommunikationen in ähnlichen Stilen haben eher eine positive Wirkung, weil sie wahrscheinlich größere ›Syntalität‹

haben - das heißt, daß die geistig-seelischen und Verhaltensmerkmale der Gruppe, mit anderen Worten: der Kerntyp, der Persönlichkeit des Individuums besser entspricht.

Im allgemeinen haben von den möglichen Kerntypen SD, ND, SF und NF jene Kommunikatoren, deren Kerne identisch sind, die stärkste Verbindung. Solche, die nur in einer Funktion variieren, beispielsweise SDs und NDs oder SFs und NFs, haben die nächstbeste Verbindung. Am schwächsten ist die Verbindung zwischen jenen, die völlig entgegengesetzt sind, SDs und NFs oder SFs und NDs. Theoretisch sind die Schwierigkeiten also am größten, wenn SDs mit NFs kommunizieren und NDs mit SFs.

Wie wir später sehen werden, haben die anderen Komponenten des Typs, Extraversion und Introversion sowie Urteilen und Wahrnehmen, ebenfalls einen Einfluß auf die Verbindung.

Wir sehen also, wie Ähnlichkeiten oder Unterschiede in den Typenstilen die Qualität und das Maß von Überzeugungskraft, Verbindung und Einfühlungsvermögen zwischen Menschen beeinflussen können. Ähnlichkeit im Kommunikations- und Beziehungsstil erzeugt ein Gefühl von ›wie ich‹ zwischen Menschen, was zu unbefangenem Zusammensein führt. In dem Beispiel von Isadora und Bennett ist dieses ›wie ich‹ -Gefühl nur in geringem Maße vorhanden, vor allem im Bereich des Denkens und Fühlens. Tatsächlich nehmen sie einander dort wahrscheinlich als fremdartig wahr. Keiner kann sich in den anderen einfühlen, und so fühlt sich auch keiner verstanden oder gemocht.

Wenn Isadora und Bennett in eine Paarberatung kämen, würden wir bemerken, daß ein großer Teil ihrer Meinungsunterschiede und ihrer Unzufriedenheit in der Kommunikation sich aus ihren unterschiedlichen Beziehungsstilen ergibt – dem Eindruck oder der Auswirkung der Art, wie sie sprechen – und auch aus dem, was sie sagen. Diese Eindrücke können machtvoll und dennoch subtil sein. Sie sind schwer zu identifizieren, weil sie nicht von Worten getragen werden, sondern unterschwelliger von Emotionen, nichtverbaler Sprache und Andeutungen. Diese sind bei jeder der Haupttypengruppen, deren Beziehungsstile in den entsprechenden Kapiteln beschrieben werden, unterschiedlich.

3. Die Denker: Ted, Richard, Jake und Harry

Häufigkeit der Denker

Es ist faszinierend, daß unsere erste Gruppe von Männern, diejenigen, bei denen Empfinden-Denken im Kern des Typs steht, die Mehrheit der amerikanischen Männer repräsentiert. Diese vier SD-Typen - zwei Denktypen und zwei Empfindungstypen - machen über 40 Prozent der männlichen Bevölkerung der Vereinigten Staaten aus. Die annähernde Häufigkeit individueller SD-Typen beträgt: ESDU 17 Prozent, ISDU 9 Prozent, ESDW 9 Prozent, und ISDW 6 Prozent.

Männer, die im Kern ihres Typs SD haben, sind fast doppelt so häufig wie SD-Frauen (siehe Tafel 4 im Anhang S. 207). Es ist die Präferenz des Denkens bei dieser speziellen Typengruppe, die die unverhältnismäßig große Zahl von SDs unter Männern erzeugt. Die Präferenz des Empfindens kommt unter Männern und Frauen gleich häufig vor, und diejenigen, die ND statt SD im Kern ihres Typs haben, machen nur 20 Prozent der Männer aus. Zusammengenommen jedoch ergeben SD- und ND-Männer mindestens 60 Prozent der männlichen Bevölkerung. Einige Forschungsquellen nehmen an, daß die Gesamthäufigkeit der Denkpräferenz bei Männern sich bis auf 65 bis 70 Prozent beläuft .[1]

Überblick über die Denker

In diesem Kapitel werden wir den ESDU Ted kennenlernen, Bankangestellter und Vater von Teddy (diesen treffen wir später); Richard, einen ISDU, Buchhalter und Mitarbeiter von Ted; Jake, ESDW, einen Tischler, der an Teds Küche arbeitet; und Harry, einen ISDW, der als Bauingenieur für die Instandhaltung von Teds Bank zuständig ist. (Eine Zusammenfassung der dominanten und Hilfsfunktionen jedes der Männer und seines Kommunikationsstils findet sich auf Tafel 8 im Anhang S. 209). Der Beschreibung jedes dieser Charaktertypen folgt eine Prototyp-Analyse, die die allgemeineren Merkmale jedes Typs in der SD-Gruppe schildert. (So sind auch die drei folgenden Hauptkapitel angelegt.)

Von den vier Typen, die ich als die Denker bezeichnet habe, sind zwei – Ted und Jake – Extravertierte. Ted (ESDU) wird als extravertierter Denktyp bezeichnet, Jake (ESDW) als extravertierter Empfindungstyp. Die beiden anderen, Richard und Harry, sind introvertiert. Richard (ISDU) wird introvertierter Empfindungstyp genannt, Harry (ISDW) introvertierter Denktyp. Wie wir sehen, nenne ich die SD-Gruppe zwar die Denker, doch es gibt einen extravertierten und einen introvertierten Denker und auch einen extravertierten und einen introvertierten Empfindungstyp. Die Gruppe der Denker besteht also tatsächlich aus zwei Denktypen und zwei Empfindungstypen.

Was alle Männer in dieser Gruppe ›am besten können‹, ist eher mit dem SD-Nukleus ihres Typs als mit der ihnen zugewiesenen Typenbezeichnung verbunden. Alle SDs haben ein gewisses Maß an gesteigertem Denken und Empfinden. Alle diese Männer scheinen sich auf objektive Tatsachen zu konzentrieren und zu verlassen, die sie mittels ihrer *Sinne* verifizieren: ›Sehen, Hören, Berühren, Zählen, Wiegen, Messen‹.[2]

Als SDs benutzen sie alle Empfinden und nicht Intuieren als Wahrnehmungsmodus und Denken statt Fühlen als Modus, das, was sie wahrnehmen, zu beurteilen oder einzuschätzen. Infolgedessen haben sie alle auch ein gewisses Maß an unentwickeltem Fühlen und Intuieren. Bei den beiden Denktypen dieser Gruppe, Ted und Harry, ist die Fühlfunktion die am geringsten entwickelte Fähigkeit, und Intuition ist ihre tertiäre Funktion, sekundär zu ihrer am wenigsten entwickelten Funktion. Bei den beiden Empfindungstypen Jake und Richard ist Intuition die am wenigsten entwickelte Fähigkeit und Fühlen die tertiäre Funktion.

Alle SDs haben eine Vorliebe für die Benutzung von Denkprozessen, kombiniert mit Empfinden. Ihre Präferenz ist, Empfinden als Wahrnehmungsprozeß und Denken als Bewertungsprozeß zu benutzen. Diese SD-Präferenz gibt ihren gesamten mentalen Prozessen eine Qualität, die durch Konkretheit, Objektivität und praktische Eigenschaften charakterisiert ist. Ob introvertiert oder extravertiert, die ›unpersönliche Analyse konkreter Tatsachen‹ ist die starke Seite der SD-Gruppe.

»SD-Menschen verlassen sich zum Zwecke der Wahrnehmung hauptsächlich auf das Empfinden, zum Zwecke des Urteils auf das Denken. Ihre Hauptinteressen konzentrieren sich auf Tatsachen, weil Tatsachen direkt mit den Sinnen aufgenommen und verifiziert werden können – durch Sehen, Hören, Berühren, Zählen, Wiegen und Messen. Die SD-Typen gehen an ihre Entscheidungen über Fakten im charakteristischen Fall durch unpersönliche Analyse heran, denn ihr Vertrauen gehört dem Denken mit seinem verstandesmäßigen, Schritt für Schritt erfolgenden logischen Prozeß von Ursache zu Wirkung, von Prämisse zu Schlußfolgerung.«[3]

Jede Funktion des Bewußtseins hat auch eine spezielle Orientierung bezüglich der Zeit. Empfindungstypen beziehen ihre Zeitorientierung weitgehend aus der Gegenwart. Bei Denktypen ist diese Beziehung zur Zeit ebenfalls linear – das heißt, sie verbinden Vergangenheit mit Gegenwart und Zukunft.[4]

Es ist die Kombination von Empfinden und Denken, die die spezielle Eigenschaft von Männern ausmacht, welche »ihre Aufmerksamkeit auf Fakten konzentrieren und diese mittels unpersönlicher Analyse handhaben. Sie neigen dazu, praktisch und sachlich zu sein, und benutzen ihre Fähigkeiten erfolgreich bei technischen Fertigkeiten, die mit Fakten, Objekten und Geld umgehen«.[5]

Alle Denker operieren also mittels eines objektiven Prozesses; sie sieben alle Fakten durch und ordnen sie, um die Nachweise für die speziellen Entscheidungen, die sie zu treffen haben, abzuwägen. Sie suchen nach kausalen Erklärungen, warum etwas so ist, wie es ist.

Wenn es um Entscheidungen geht, wird ihre Natur buchstäblich ›regiert‹ von Logik, Rationalität und Objektivität. Ihre dominanten mentalen Prozesse sind meist charakterisiert durch Festigkeit und Aufmerksamkeit für die logische und konsequente Entwicklung von Denkfähigkeit und Präzision. Wenn diese Festigkeit überentwickelt ist, führt sie zu Rigidität und einer Tendenz zum Dogmatismus.

SD-Typen neigen dazu, sich bei den Emotionen anderer sowie auch bei ihren eigenen unwohl zu fühlen. Oft leugnen sie emotionale Reaktionen, wehren sie ab oder unterdrücken sie zugunsten ›logischerer‹ Reaktionen. Diese speziellen Denker und Empfindungstypen haben häufig ein unterentwickeltes zwischenmenschliches Bewußtsein, das zu mangelnder Sensibilität für die Gefühle und emotionalen Bedürfnisse anderer führen kann.

Kommunikationsstil

Wie wir sehen werden, schaffen die Interaktionen der verschiedenen Kombinationen aller Elemente des Typenprofils das einzigartige »Aroma« jedes Typs. Aus diesen Interaktionen ergeben sich auch charakteristische Kommunikations- und Verhaltensunterschiede. Was dieser SD-Kern also jedem der vier Denker leiht, ist eine zwischenmenschliche Qualität, die man am besten als ihren Kommunikations- und Beziehungsstil beschreiben kann.

Der Kommunikationsstil der SDs ist charakterisiert durch unpersönliches, logisches Überlegen, das sich im wesentlichen auf faktische Inhalte konzentriert. Der Gehalt des Stils bezieht direkte Botschaften über die realistischen, konkreten Aspekte des Subjekts ein. Die Sprache von SDs ist hochspezifisch und neigt zu emotionalem Abblocken. Infolgedessen ist der Gefühlsausdruck für den Zuhörer abgeschwächt, kontrolliert oder gar nicht sichtbar. SDs trennen auch emotionale Aspekte von Botschaften ab, die vom Sprechenden kommen, oder minimieren diese. Sie bemerken oder äußern vielleicht sogar, die emotionale ›Ladung‹ dessen, was ein Sprecher ihnen mitteilt, sei irrelevant oder den Fakten der Kommunikation nicht angemessen. Dieser spezielle Kommunikationsstil ist einer, der am häufigsten stereotyp als die ›Art, wie *Männer* reden‹ identifiziert wird - obwohl er, wenn auch seltener, von SD-Frauen ebenfalls benutzt wird.

Der Kommunikationsstil ist ein Mittel, Ähnlichkeiten und Unterschiede zwischen den verschiedenen Typen und Typengruppen zu verstehen. Alle SDs bevorzugen irgendeine Kombination von Denken und Empfinden. Wie sie die beiden ausbalancieren, variiert je nach dem Gesamttyp. Die beiden DUs, Ted (ESDU) und Richard (ISDU), kommunizieren weitgehend mittels Denken; die beiden DWs, Jake (ESDW) und Harry (ISDW), kommunizieren meist durch Empfinden.

Weil Ted extravertiert ist, läuft sein Kommunikations- und Beziehungsstil direkt über seine dominante Funktion, das Denken, ist aber auch mit Empfinden kombiniert. Deswegen neigt Ted dazu, durch logische, objektive Prozesse zu kommunizieren, die irgendeine praktische Funktion haben.

Auch Richard benutzt sein Denken auf eine äußere Weise. Er ist ein ›Prinzipiensucher‹. Doch statt andere in der Außenwelt zu organisieren, wie Ted das tut, versucht er, Informationen und Ideen eher innerlich zu organisieren. Da er ein introvertierter Empfindungstyp ist, benutzt er Empfinden gewöhnlich nicht als dominanten Kommunikations- oder Beziehungsstil. Wie alle Introvertierten kommuniziert er häufiger über seine zweite Präferenz – in diesem Falle extravertiertes Denken. Wie bei Ted läuft sein Kommunikationsstil auch über das Denken, aber indirekt mittels seiner zweitbesten Funktion. Wir sagen also, daß der Kommunikationsstil von Ted wie auch von Richard Denken ist, aber kombiniert mit Empfinden.

Jakes ESDW-Kommunikationsstil und Harrys ISDW-Kommunikationsstil dagegen ist Empfinden. Wie Ted, der andere Extravertierte in der Gruppe, kommuniziert Jake (ESDW) direkt über seine bevorzugte Funktion, für ihn also das Empfinden. Als Extravertierter neigt er auch dazu, objektiv und mit einem Auge auf Praktizierbarkeit zu kommunizieren.

Der andere SD-Introvertierte, Harry (ISDW), benutzt das Denken dagegen auf eine innere Weise. Sekundäres extravertiertes Empfinden ist sein primärer Kommunikationsstil. Die Qualität von Harrys Kommunikationsstil ist nicht nur von seinen Denkprozessen gefärbt, sondern sichtbarer durch Empfinden. Ein Beispiel hierfür kann man in Harrys Reaktion auf die tränenreiche Geschichte seiner Frau sehen, wie sie beim Abwaschen ein Stück ihres Lieblingsporzellans zerbrochen hat. Harry übergeht ihre Gefühle und sagt: »Nun, du hättest es besser festhalten sollen (Empfinden). Außerdem ist dieses glitschige Spülmittel, das du benutzt, sowieso nicht der beste Reiniger (Denken).«

Daraus sehen wir, daß die dominante und die Hilfsfunktion

zusammen einen Kommunikationsstil erzeugen, den man noch genauer identifizieren kann, als wenn man ihn einfach als Denkstil bezeichnen würde. Die Art, wie Denktypen ihre Denkfähigkeiten in der Kommunikation einsetzen, ist also nicht immer gleich. Sheldon (ENDU) beispielsweise, ein extravertierter Denker, den wir später kennenlernen werden, hat im Kern seines Typs nicht SD, sondern ND. Obwohl wir Sheldon als extravertierten Denktyp bezeichnen, werden wir in Kapitel 3 sehen, daß sein Kommunikationsstil anders ist als beispielsweise der von Ted oder Jake.

Beziehungsstil

SDs betrachten Beziehungen auf eine traditionelle, konservative Weise. Realismus und manchmal Pessimismus durchdringen ihre Einstellung zu Beziehungen. Oft suchen sie nach ausdrücklichen Zeichen von Verpflichtung und erwarten solche auch. Ihre Fürsorge für andere wird weitgehend durch materielle Dinge demonstriert, indem sie beispielsweise ein sicheres, bequemes Heim und Besitz schaffen. Sie bevorzugen Beziehungen, die stabil und vorhersagbar sind. Ihre Erwartungen an Partner sind gewöhnlich klar. Wenn ihre Erwartungen nicht auf eine von ihnen für vernünftig gehaltene Weise erfüllt werden, verhalten sie sich ihrem Partner gegenüber kritisch.

Ihr Kommunikationsstil mag dem Zuhörer unpersönlich, distanziert, emotional kühl oder überintellektuell vorkommen, natürlich je nachdem, wie ähnlich oder verschieden der Kommunikations- und Beziehungsstil des Zuhörers ist. So fühlen beispielsweise zwei Menschen, die beide einen SD-Nukleus im Typ haben, sich im allgemeinen verbundener und verstehen sich eher, als wenn sie anderen Personen gegenüberstehen, die einen anderen Typenkern haben.

Im allgemeinen haben Typen mit gleichem Nukleus eine bessere Chance zu effizienter Kommunikation als solche, deren Kerne nicht so gut zusammenpassen. Es ist sogar möglich, das relative Maß an Kommunikationsschwierigkeiten nach den Nuklei der jeweiligen Typen abzustufen. SDs fällt die Kommunikation mit

NDs ein wenig schwerer als mit anderen SDs. Noch mehr Schwierigkeiten haben SDs mit SFs, am meisten mit NFs. Gelingen oder Mißlingen der Kommunikation ist noch komplexer, wenn diese zwischen Männern und Frauen mit verschiedenen Typennuklei erfolgt.

Ted: ein extravertierter Denktyp, ESDU

Ted ist ein gutes Beispiel für einen ESDU. Er ist extravertiert und zieht das Urteilen (spezifisch Denken vor Fühlen) dem Wahrnehmen vor; daher bezeichnen wir ihn als extravertierten Denktyp. Das bedeutet, daß er meistens extravertiert denkt und dies am besten kann. Das gibt seinem Kommunikationsstil eine spezifische Qualität. Wir sagen also, daß extravertiertes Denken sein dominanter Prozeß ist. Introvertiertes Empfinden dagegen ist das, was er am zweitbesten kann. Diese sekundäre Funktion verschafft ihm einen gewissen Zugang zu seiner inneren Welt und hilft ihm dabei, sein primär extravertiert urteilendes Herangehen an die Außenwelt auszugleichen. Daher bezeichnen wir seine zweitbeste Funktion, introvertiertes Empfinden, als seine Hilfsfunktion.

In vieler Hinsicht ist das Leben eines ESDU-Kindes überaus strukturiert und geordnet. Schon als Junge wirkte Ted erwachsen. Er lernte die Bedeutung von Verantwortung praktisch bereits, als er spielen lernte. Das Spiel kam häufig erst an die Reihe, nachdem er seine Pflichten erfüllt hatte. Seine Eltern belohnten ihn für harte Arbeit und Selbstdisziplin, und so spielte Leistung bald eine wichtige Rolle für sein Selbstwertgefühl. Er lernte früh, daß eng zusammenhing, wer er war und was er schaffte. Er war der Pfadfinder mit den meisten Auszeichnungen und gewann häufig wissenschaftliche Wettbewerbe in der Schule.

Heute ist Ted ein erfolgreicher höherer Bankangestellter von neunundvierzig Jahren, der seit dem Abschluß seines Studiums für dieselbe Bank gearbeitet hat. Seine Effizienz, sein Sinn für Details und seine Fähigkeit, Pläne aufzustellen und auszuführen, sowie seine natürlichen Führungsqualitäten haben ihm geholfen, innerhalb der Bank schnell aufzusteigen.

Er hat hohe Leistungserwartungen an sich selbst und an seine Mitarbeiter. Er kann zwar umgänglich und kontaktfreudig sein, doch er fordert Respekt als ›nüchterner‹ Manager, dessen Prioritäten bei der Arbeit jedem in seiner Umgebung klar sind. Was ihn am meisten aufbringt, sind Nachlässigkeit und Unaufmerksamkeit für Details. Ted kann ungeduldig werden, wenn andere ihre Ideen nicht gründlich durchdacht haben, ehe sie sie ihm vortragen, und er hat Schwierigkeiten, vorbehaltlos auf Standpunkte und Gefühle einzugehen, die anders sind als seine eigenen. Er zieht es vor, daß andere mit seinem Standpunkt übereinstimmen.

Ziemlich trocken beschreibt Ted seine fünfundzwanzig Jahre bestehende Ehe als ›befriedigend und stabil‹. In seinem Familienleben gibt es wenige Hochs und Tiefs; er ist stolz darauf, die finanzielle Sicherheit und Stabilität bieten zu können, die er für das Fundament des Ehelebens hält. Ted möchte, daß sein Haus mit der gleichen Effizienz, Routine und Aufmerksamkeit für Details geführt wird, die er in seinem Beruf an den Tag legt.

Er gehört mehreren Clubs an, ist Vorstandsmitglied seiner Kirche und genießt seine mäßig aktive Teilnahme am Familienleben. Oft geht er mit seinen Söhnen zu Ballspielen und beteiligt sich an ihren Aktivitäten als Pfadfinder. Er verstärkt bei seinen Söhnen eine konformistische Einstellung und ist mit Kritik an ihrer mangelhaften Aufmerksamkeit für ihre eigenen Sachen, für Einzelheiten ihrer Umgebung und für ihre Pflichten schnell bei der Hand.

Teds Frau sieht ihren Mann als emotional kühl, da er nicht dazu neigt, Zuneigung oder Zärtlichkeit offen zu zeigen. Ted ist zwar besonders empfindlich gegen Kritik und emotionale Zurückweisung, aber er äußert selten verletzte Gefühle oder Verwundbarkeit. Statt dessen versucht er lieber, solche Gefühle zu ignorieren und so zu tun, als sei alles in Ordnung. Er betrachtet Emotionalität als Form von Schwäche und potentiellen Kontrollverlust.

Wenn er unter Streß steht, greift Ted im allgemeinen auf erprobte Methoden zurück, Dinge zu erledigen, und ignoriert häufig Informationen, die eigentlich hilfreicher wären. Infolgedessen ist sein Herangehen an ein neues Problem unter Umständen rigide. Unter anhaltendem emotionalem Druck verliert er manchmal doch die Kontrolle und erleidet vorübergehende emotionale Ausbrüche, weil er seine Gefühlsseite dauernd vernachlässigt. Vielleicht mehr als jeder andere Typ repräsentiert Ted die konventionelle Männlichkeit in der westlichen Welt. Seine Einstellungen und Werte werden am häufigsten sowohl von Männern als auch von Frauen als Standard dessen betrachtet, was ›männlich‹ ist.

Der ESDU-Prototyp (17 Prozent)

Denken → Empfinden → Intuieren → Fühlen

Der ESDU-Typ repräsentiert den häufigsten Typ des amerikanischen Mannes. Würde man eine Versammlung aus einhundert Männern aus der allgemeinen Bevölkerung einberufen, so wäre dieser Typ theoretisch siebzehnmal vertreten. Weil er der häufigste Typ ist, können wir den Einfluß seiner Persönlichkeit auf unsere Vorstellungen von Männlichkeit erkennen.

Die extravertierten Denker richten ihre Denkfähigkeit auf die Außenwelt statt auf die Innenwelt persönlicher Ideen und Ideale. Sie sind vermutlich die härtesten aller Typen. Sie sind intellektuell aktiv, emotional jedoch passiv. Bei der Arbeit verschafft ihnen das einen entscheidenden Vorteil in Produktivität und Effizienz. Sie sind stark über ihre Rolle definiert, sensibel für Hierarchien und haben gern klare Erwartungen und Leitlinien für das, was sie in ihrem Beruf leisten sollen. Sie sind autoritär, selbstbehauptend, entschlußfreudig und konkurrierend.

ESDUs sind extrem ziel- und aufgabenorientiert. Sie richten ein hohes Maß an aggressiver Energie auf Planung und Durchführung von Aufgaben und das Erreichen von Zielen. Oft sind sie Experten für Effizienz, Experten darin, den Job auf möglichst praktische, logische und zeitsparende Weise zu erledigen. Sie lieben Struktur, Organisation und vorhersagbare Routineabläufe. Anerkennung und die Belohnung von Leistung hält sie auf der Suche nach neuen Aufgaben, die sie meistern können.

Beim Umgang mit anderen neigen sie zur Direktheit. Sie haben eine nüchterne Einstellung und können daher emotional kühl, wenn nicht distanziert wirken. Unglücklicherweise gehen sie an Beziehungen ähnlich heran wie an ihre Arbeit: Sie wollen die Sache erledigen und richtig machen, und zwar beim ersten Versuch. Anderen Menschen, vor allem solchen, die ihnen emotional nahestehen, erscheinen sie vielleicht als anspruchsvoll, aggressiv, unsensibel und zeitweise sogar intolerant.

Als Väter und Ehemänner sind sie häufig loyal, hingebungsvoll und fühlen sich ihren Partnerinnen und Kindern verpflichtet. Sie spüren eine starke Verantwortung, ihrer Elternrolle gerecht zu werden. Ihre Fürsorge äußert sich darin, daß sie angemessene, ausreichende Besitztümer und Eigentum für das Wohlergehen der Familie beschaffen. Da materieller Besitz für sie überaus anziehend ist, wollen sie wahrscheinlich für ihre Familien auch die ›besten‹ Dinge bereitstellen.

Das Zuhause ist ein weiterer Ort, wo der ESDU sein Bedürfnis ausleben kann, zu organisieren, zu planen und Ziele zu erreichen. Doch zu Hause ist dieser »Arbeitsstil« natürlich unproduktiv und führt oft zu Groll bei Partnerin und Kindern. Der ESDU-Vater wendet auf seine Kinder oft dieselben Maßstäbe und Regeln an wie auf sich selbst. Er erwartet von seinen Kindern, daß sie Bemühen, Kompetenz, Ausdauer und Entschlußkraft zeigen. Er verabscheut Launen, Ineffizienz und halb erledigte Dinge. Aus diesen Gründen kann er sogar zu Hause ein strenger, hartnäckiger Lehrmeister sein.

So gut es diese Väter auch meinen, ihre Kinder können sie als streng, kontrollierend und fordernd erleben. ESDU-Väter haben häufig keine rechte Vorstellung davon, was für sie selbst wirklich »gut genug« ist. Infolgedessen versäumen sie es oft, ihren Kindern, vor allem ihren Söhnen, genau dies zu übermitteln. Während der ESDU-Vater Nachdruck darauf legt, wie notwendig Erfolg ist, gelingt es ihm unter Umständen nicht, seinen Söhnen mitzuteilen, was die spezifischen und vernünftigen Ziele des Erfolgs wirklich beinhalten, insbesondere die jenseits des Materiellen und Monetären. Söhne von ESDU-Vätern lernen gewöhnlich, daß Erfolg von ihnen erwartet wird, aber oft wissen sie nicht, wann oder wo sie aufhören müssen.

ESDUs haben von ihren *eigenen* Vätern selten gelernt, wieviel »gut genug« ist, und dieser Mangel an Grenzen scheint durch die Generationen hinweg von den Vätern an die Söhne weitergegeben zu werden. Ohne realistische Grenzen erreichen sie jedoch selten zu ihrer vollen Zufriedenheit die Ziele, die sich sich selbst gesetzt haben. Sie können sehr frustriert sein, wenn sie noch immer keine Erfüllung verspüren, obwohl sie allem Anschein nach ihre Ziele erfolgreich verwirklicht haben.

Die Kehrseite des ESDU ist mit der minderwertigen (unentwickelten) Funktion des Typs, nämlich minderwertigem Fühlen verbunden. Wenn das zwanghafte Herangehen der ESDUs sowohl an die Arbeit als auch an ihr Zuhause nicht relativiert wird, so sind sie zunehmend mit überhöhten Anforderungen belastet. Das Leben kann zu einer endlosen Reihe äußerer Aufgaben verkommen, die gemeistert werden müssen, mit wenig Freude aus der Erfüllung individueller innerer Ziele. Ihr hohes Erwartungsniveau ist direkt mit ihrem Selbstwertgefühl verbunden. Von anderen werden sie oft als kompromißlose, undankbare Zuchtmeister erlebt, die die Bemühungen, ihnen zu gefallen, selten schätzen. Doch die Anforderungen, die sie an sich selbst stellen, sind mitunter genauso kompromißlos.

Weil der Verstand eines ESDU so beschäftigt ist, fällt es ihm schwer, sich zu entspannen, sich Zeit für sich selbst zu nehmen, loszulassen. Wenn er sich nicht die Zeit gönnt, seine zwanghaften Erwartungen durch Muße und Entspannung auszugleichen, können sich auf Streß beruhende Symptome und physische Probleme entwickeln. Doch selbst wenn ein ESDU schon am Rande des Zusammenbruchs steht, fällt es ihm noch schwer, seine Verletzlichkeiten und Grenzen einzugestehen. Folglich wartet er vielleicht zu lange, ehe er Hilfe bei anderen sucht. Hilfe zur Lösung seiner eigenen Probleme zu brauchen kann sich für ihn wie ein persönliches Versagen anfühlen.

Oft erst am Ende ihres Lebens, wenn sie endlich Zeit haben, introspektiv zu werden, wenden sich ESDUs ihren emotionalen und spirituellen Bedürfnissen zu. Ihre späte Selbsteinschätzung führt sie vielleicht zu der Erkenntnis, daß sie viel mehr zwischenmenschliche Optionen und Möglichkeiten hatten, als sie während ihrer ›tätigen‹ Jahre zu sehen vermochten. Im Alter haben sie trotz ihrer Leistungen in der Außenwelt oft keine Erfüllung in ihren wichtigsten Beziehungen gefunden. Wenn das der Fall ist, gehören sie zu den am meisten desillusionierten von allen Typen.

ESDU-Männer haben traditionell die konventionellste männliche Einstellung zu sich selbst wie auch zur Außenwelt. Von allen Männertypen sind es die extravertierten Denker mit Empfindung, die es am nötigsten haben, für sich selbst realistische Erwartungen und Grenzen zu definieren. Das liegt daran, daß sie höchstwahrscheinlich Erfolg und Glück davon ableiten, wer sie sind, was sie ansammeln und was sie in der äußeren Welt tun. Daß sie sich selbst wegen ihrer emotionalen oder spirituellen Qualitäten schätzen, ist unwahrscheinlich.

Häufige Berufe von ESDUs

Bankangestellter
Finanzmanager
Buchprüfer
Manager
Vorarbeiter
Richter
Rechtsanwalt
Soldat
Polizist
Detektiv
Handelsvertreter
Verkaufsmanager
Lehrer für Handel und Technik
Schulverwalter
Fabrik- und Baustellen-Aufseher
Chirurg
Pathologe
Berater im öffentlichen Dienst
Regierungsangestellter
Versicherungsagent

Richard: ein introvertierter Empfindungstyp, ISDU

Richard ist ein ISDU – einer der Typen, deren dominante Funktion, introvertiertes Empfinden, Teds Hilfsfunktion ist. (Wie wir oben sahen, ist Teds primäre Funktion – extravertiertes Denken – auch Richards Hilfsfunktion.) Er urteilt mit Empfinden und Denken.

Als Kind war Richard ein ›Musterschüler‹, der in den meisten Fächern häufig Einser erhielt. Er war ordentlich, organisiert und unabhängig und mußte nicht dauernd gedrängt werden, seine

Hausaufgaben zu erledigen. Zwar wollte er gern wissen, was von ihm erwartet wurde, doch ihm mißfielen unnötig lange oder überflüssige Erklärungen. Er schien es wirklich zu genießen, den Herausforderungen und Erwartungen des Schülerlebens zu entsprechen.

Mathematik und Naturwissenschaften lagen ihm besonders. Zu Hause konnte man ihn oft in seinem Zimmer finden, wo er lernte, sich mit seiner Briefmarkensammlung befaßte oder Radio hörte. Sein Zimmer verriet einige Eigenschaften seiner Persönlichkeit – ordentlich, organisiert, sogar ein wenig unpersönlich. Er schien seinen Eifer darauf auszurichten, seinen Eltern zu gefallen, und wählte Projekte, von denen er annahm, daß sie ihre Billigung finden würden.

Als Teenager machte Richard ziemlich genau in dem Stil weiter, den er als kleiner Junge entwickelt hatte. Im Sport war er häufig eher Zuschauer als Teilnehmer. Im Umgang mit anderen fühlte er sich ungeschickt, vor allem mit Mädchen. Er war scheu, und es verursachte ihm Unbehagen, Mädchen zum Ausgehen einzuladen, obwohl er sich das sehr wünschte. Schließlich traf er ein ziemlich kluges und extravertiertes Mädchen, das zu wissen schien, wie man ihn aus der Reserve lockte. Diese Beziehung dauerte während der ganzen High-School-Zeit und bis in sein erstes College-Jahr.

Richards intellektuelles Leben erscheint im Vergleich zu seiner emotionalen Entwicklung beinahe frühreif. Als Kind und Teenager gab er starken Gefühlen selten Ausdruck, und es war ihm kaum anzumerken, wann er emotional bewegt war. Ob dies auf die Tatsache zurückzuführen ist, daß sein Vater selten emotionale Reaktionen zeigte, oder ob Richard einfach weniger emotional veranlagt war, ist unklar.

Heute arbeitet Richard mit Ted in der Bank, und zwar in der Buchhaltung. Obwohl er introvertiert ist, kommt Richard wahrscheinlich mit Ted besser zurecht als jeder andere Typ. Von allen Typen scheinen diese beiden sich in bezug auf Werte, Ziele und Sichtweisen am nächsten zu stehen. In der amerikanischen Gesellschaft wirken sie wahrscheinlich am konservativsten und ›machohaftesten‹ von allen männlichen Typen.

Es besteht eine natürliche Kompatibilität zwischen vielen der

Typen, bei denen die dominante Funktion des Extravertierten die sekundäre Funktion des Introvertierten ist. Dies liegt weitgehend daran, daß bei dieser Kombination der Kommunikationsstil der beiden Typen der gleiche ist. Ted respektiert Richard und kommt gut mit ihm aus, weil bei beiden die am leichtesten zur Verfügung stehenden Funktionen dieselben sind, auch, wenn sie sie etwas unterschiedlich gebrauchen. Das heißt, sie verwenden beide introvertiertes Empfinden und extravertiertes Denken. Ted kommuniziert mittels Denken, da er ein extravertierter Denktyp ist; weil er introvertiert ist, benutzt Richard ebenfalls das Denken als Mittel, nach außen zu kommunizieren.

Wie Ted ist Richard sehr gut organisiert und plant gerne voraus. Er ist verantwortungsbewußt, ergebnisorientiert und nicht sehr an abstrakten Denkthemen interessiert. Ted weiß, daß er sich auf Richard verlassen kann, wenn es darauf ankommt. Wenn Richard die Bücher prüft, entgehen ihm selten die Details, die Ted leicht übersieht. Ted schätzt Richards Gründlichkeit, wenn er auf diese Details aufmerksam gemacht wird. Beide legen großen Wert auf Genauigkeit.

In der Bank ist Richard als zuverlässig, verantwortungsbewußt und engagiert bekannt. Er weiß um die Regeln und Vorschriften der Organisation und hält sich daran, oft buchstabengetreu. Meist ist er von konventionellen Erwartungen beherrscht, wie seine Arbeit getan werden sollte; er erwartet auch von anderen, daß sie solche Normen respektieren und sich danach richten.

Richards dominante Introversion ist einer der wenigen Züge, die er nicht mit Ted teilt. Aufgrund seiner ziemlich ruhigen, reservierten Art verhält er sich tolerant gegenüber Teds Autorität, solange dieser ihn weitgehend nach eigenem Gusto arbeiten läßt. Wie bei anderen ISDUs verbirgt sein ruhiges Äußeres oft eine innere Intensität.

Obwohl er es vorzieht, introvertiert zu bleiben, kann Richard aus sich herausgehen, wenn die Situation es erfordert. Er besitzt viel gesellschaftliche Gewandtheit und verbale Fähigkeiten, die ihm helfen, auf persönlich und beruflich angemessene Weise mit anderen zu interagieren. Er hat zwar eine gut angepaßte äußere Persona, doch wie Ted ist er im Grunde emotional reserviert und anderen gegenüber gewöhnlich nicht spontan. Aufgrund dessen ist es eigentlich nicht leicht, Richard gut zu kennen, bevor man nicht Zeit hatte, eine gewisse Vertrautheit herzustellen und Freundschaft aufzubauen.

Der ISDU-Prototyp (9 Prozent)

Empfinden → Denken → Fühlen → Intuieren

Männer mit introvertiertem Empfinden und extravertiertem Denken tun das, was sie zu tun haben, mit Hingabe, solange es ihnen logisch und sinnvoll erscheint. Sowohl ihre Logik als auch ihre Aufmerksamkeit für Details machen sie zu den gewissenhaftesten, engagiertesten und organisiertesten Menschen. Sie fühlen sich an ihre Pflichten gebunden. Ihr Leistungsgefühl richtet sich darauf, die Ziele, die sie sich gesetzt haben, auf die beste ihnen mögliche Weise zu erreichen. Sie können durch perfektionistische Tendenzen belastet sein. In dieser Hinsicht haben sie ein ähnliches Problem wie die ESDUs - sie kennen oft die Bedeutung von ›gut genug‹ nicht.

Aufgrund ihrer Introversion haben ISDUs den gleichen Beziehungsstil wie ESDUs. Das heißt, sie benutzen meistens extravertiertes Denken - das ihre Hilfsfunktion ist -, um in Beziehungen zu treten und zu kommunizieren. Deshalb kommen sie besonders gut mit ESDUs aus. Obwohl sie Introvertierte sind, besitzen sie oft eine ungewöhnliche soziale Gewandtheit. Sie sind verbal sehr geschickt und können sogar kontaktfreudig sein, weil sie häufig eine wohlentwickelte Persona haben. Wie die ESDUs können sie hinter dieser Persona machohaft, streng und nicht so spontan sein, wie sie auf den ersten Blick wirken.

Theorie macht sie ungeduldig, und mit Abstraktionen können sie nicht viel anfangen. Sie ziehen greifbare, pragmatische Anwendungen konkreter Fakten auf eine spezifische Aufgabe oder ein Problem vor. Sie sammeln Informationen und objektive Daten und setzen diese gemäß der anstehenden Aufgabe um. Ihre innere Konzentration ist auf das Hier und Jetzt gerichtet.

In ihrer Arbeit sind sie organisiert, systematisch und analytisch und setzen sich einen Zeitplan. Sie ziehen es vor, allein zu arbeiten. Obwohl sie vernünftig sind, können sie auch getrieben und ungeduldig sein. Sie sind handlungsorientiert, mögen routinemäßige Abläufe und jedes Ding an seinem Platz.

Der ISDU ist ein loyaler, pflichtbewußter und verantwortungsvoller Vater, der sich stark dazu verpflichtet fühlt, für die Sicherheit und Unversehrtheit seiner Familie zu sorgen. Doch selbst Familienmitgliedern gegenüber neigt er zu emotionaler Zurückhaltung. Seine Fürsorge drückt sich oft darin aus, daß er die Verantwortung für seine Familie im allgemeinen und für ihre einzelnen Mitglieder im besonderen übernimmt. Dies kann er tun, ohne allzuviel Zuneigung oder Wärme zu demonstrieren.

Der ISDU hat es gern, wenn sein Haushalt ordentlich, effizient, organisiert und nach verläßlichen Regeln geführt wird. Deswegen kann er zu Hause anspruchsvoll sein und das Verhalten seiner Familie mit einer Reihe von ›Vorschriften‹ bestimmen, die jenen ähneln, die er sich selbst macht. Oft stellt er Regeln und Bestimmungen auf und erwartet von seinen Kindern, daß sie diese buchstabengetreu befolgen. Weil er so handlungsorientiert ist, hat er eine starke Abneigung gegen Apathie, Müßiggang, Desorganisation und Nachlässigkeit.

Hat ein ISDU-Vater Kinder, die weniger ausdauernd sind und geringere Ansprüche an sich selbst stellen als er, so kann es zu Problemen kommen. Kinder, die unbekümmerter sind und lässig wirken, werden von einem ISDU-Vater möglicherweise als faul, undiszipliniert oder unmotiviert betrachtet. Ein ISDU-Vater, der sich selbst stark antreibt, häufig mit unrealistischen Erwartungen, kann einen Groll auf ein Kind, vor allem einen Sohn, entwickeln, das nach den Maßstäben des Vaters einfach gleichgültig zu sein scheint.

Die Kehrseite ist also die Schwierigkeit des ISDU-Vaters, sich selbst Zeit für Entspannung und Muße zu gönnen, und das kann zu kompensatorischen Haltungen bei seinen Kindern führen, die sie ins andere Extrem treiben. Die Kinder widersetzen sich vielleicht nicht nur seinen als unrealistisch erlebten Forderungen, sondern werden auch noch selbstgefälliger.

Diese Kinder nehmen ihre Väter gewöhnlich als rigide, kontrollierend, fordernd und ganz allgemein als ›stockkonservativ‹ wahr. Die Folge kann sein, daß weder Vater noch Kind sich vom anderen geschätzt, geachtet oder verstanden fühlt. Dies wird weiter verkompliziert durch die Tatsache, daß der ISDU-Vater emotional nicht darauf vorbereitet ist, seinen Kindern Zuneigung offen zu zeigen. Weil er einen Beziehungsstil benutzt, der auf Denken basiert, kann er seine objektiven, faktischen Erwartungen äußern, ist aber gehemmt, wenn es darum geht, seinen Kindern gegenüber Wärme und Zärtlichkeit zum Ausdruck zu bringen.

Häufige Berufe von ISDUs

Buchhalter
Buchprüfer
Verwalter
Manager
Zahnarzt
Polizist
Detektiv
Elektriker
Vorarbeiter
Mathematiklehrer
Lehrer für Handel und Technik
Ingenieur
Stahlarbeiter
Techniker
Arbeiter im Reinigungsdienst

Jake: ein extravertierter Empfindungstyp, ESDW

Jake, ein ESDW, hat die gleiche Typuseinstellung (Extraversion) und die gleichen Funktionen (Empfinden und Denken) wie Ted, der ESDU, aber seine Lebensstil-Präferenz ist gelassen wahrnehmend und weniger urteilend. Seine Präferenz für die wahrnehmende Art des Umgangs mit der Außenwelt bedeutet, daß er Empfinden dem Denken vorzieht. Weil er extravertiert ist, ist seine dominante Funktion extravertiertes Empfinden. Jakes Hilfsfunktion ist introvertiertes Denken.

Als Kind war Jake ziemlich rastlos und hatte es in der Schule schwer. Er war das Kind, das sagte: »Was hat es für einen Sinn, das zu lernen? Ich werde es nie brauchen!« Oft mußte man ihm die

Bedeutung von Schulfächern auf sehr praktische, konkrete Art zeigen. Deswegen hieß es oft, er habe eine geringe Frustrationstoleranz, sei leicht abzulenken und ›hyperkinetisch‹. Einmal wurde er sogar mit Ritalin, einer Droge für hyperaktive Kinder, medikamentös behandelt, obwohl sich später herausstellte, daß er keine Lernstörung hatte und nicht wirklich hyperaktiv war. Die Schulumgebung hatte wenig Toleranz für sein hohes Aktivitätsniveau, und das führte zu einer negativen Etikettierung Jakes. Situationen wie diese sind vielleicht der Grund, warum es Typen wie Jake schwerfällt, in der Schule Erfolg zu haben.

Möglicherweise schien Jake sich darum mehr dafür zu interessieren, in der Pause und nach der Schule mit seinen Freunden zusammenzusein. Manchmal brauchte er einen Nachhilfelehrer, vor allem in Fächern, die eher theoretisch als praktisch waren. Er hatte auch viel Hilfe nötig, um seine Arbeit zu organisieren, Details nicht aus den Augen zu verlieren und sich an Aufgaben zu erinnern. Mit greifbaren Materialien schien er besser umgehen zu können als mit Begriffen.

Seine besten Leistungen zeigte er, wenn ein Klassenprojekt erforderte, etwas zu machen, um ein zugrundeliegendes Prinzip zu demonstrieren. In der High School zeichnete er sich in technischen und handwerklichen Kursen aus. Jake begann zwar eine College-Ausbildung, ließ sie aber bald wieder fallen, weil ihm das, was unterrichtet wurde, nicht praktisch genug war.

Heute ist Jake Tischler und renoviert Teds Küche. Wie Ted (ESDU) trifft er Entscheidungen lieber auf der Grundlage von Denken als von Fühlen. Im Unterschied zu Ted jedoch ist er unbekümmerter in seinen Entscheidungen. Im allgemeinen ist Jake spontaner und handlungsorientierter als Ted. Außerdem macht es ihm seine wahrnehmende Eigenschaft leichter, sich zu entspannen und Spaß zu haben. Wenn er nicht arbeitet, genießt er Aktivitäten, die für ihn den Reiz von Aufregung, Abenteuer und sogar von Risiko besitzen.

Gelegentlich lassen diese Eigenschaften Jake einem Ted mit seiner Neigung zu Sicherheit und Stabilität als sehr fernstehend erscheinen. Manchmal denkt Ted, Jake sei übermäßig spontan und denke Dinge nicht gründlich genug durch. Gleichzeitig schätzt Ted

Jakes scheinbar verblüffende Fähigkeit zu wissen, was beim Entwurf der neuen Küche funktionieren wird und was nicht, und er verläßt sich darauf. Jakes scharfe Detailbeobachtung gestattet ihm, spontane Planungsentscheidungen zu treffen, ohne viel Zeit mit unwichtigen Informationen zu vergeuden. Da er zu den findigeren Typen gehört, scheint Jake auch immer zu wissen, wo man genau die richtigen Fliesen, Schrankgriffe, Werkzeuge und Geräte bekommt.

Ted betrachtet Jake manchmal als ziemlich ›locker‹, wenn nicht geradezu als hedonistisch. Aus Teds Sicht scheint Jake impulsiv und, verglichen mit ihm selbst, viel weniger organisiert zu sein. Da er der geselligere von beiden ist, hält Jake auch gern einen Schwatz mit Ted oder mit jedem, der sonst gerade in der Küche ist, während er arbeitet.

Jake hat Teds Sohn besonders ins Herz geschlossen, weil sie anscheinend beide gern darüber reden, wie Dinge gemacht werden. Obwohl Teddy schüchtern ist, schätzt er Jakes ausgelassene, freundliche Persönlichkeit und seine Bereitschaft, ihm zu erklären, wie Dinge funktionieren. Das irritiert Ted manchmal, der glaubt, daß Jake über dem vielen Reden vergißt, seine Arbeit zu tun. Doch am Ende des Tages ist der Job irgendwie erledigt, auch wenn Jake anscheinend mehr Zeit mit Plaudern als mit Arbeiten verbracht hat. Für Ted hat Jake auch eine Neigung, es an Diplomatie fehlen zu lassen. Er stellt Teds Ideen in Frage und kritisiert sie gelegentlich sogar unverblümt. Abgesehen von diesen Unterschieden haben sie aber eine Menge gemeinsam.

Ted und Jake sind beide extravertiert. Was sie trennt, ist die Art und Weise, wie sie auf die Außenwelt reagieren und wie ihre Hilfsfunktionen beschaffen sind. Jakes dominante Funktion ist extravertiertes Empfinden, Teds dominante Funktion ist extravertiertes Denken. Jakes Hilfsfunktion dagegen ist introvertiertes Denken, während Teds Hilfsfunktion introvertiertes Empfinden ist. In einem gewissen Maße gleicht die Hilfsfunktion ihr jeweiliges extravertiertes Herangehen an die Welt aus, indem sie einen gewissen Zugang zum Innenleben und zur Welt der Ideen liefert.

Daß Ted sich beispielsweise zu Werkzeugen und Geräten hingezogen fühlt und gern im Haus herumbastelt, rührt teilweise von seinem introvertierten Empfinden her. Jake schätzt diese Eigenschaft an Ted. Sie haben nicht nur gemeinsam die Neueinrichtung von Teds Küche geplant, sondern auch andere Heimwerkerprojekte im Haus diskutiert. Was Jake angeht, so ist er eigentlich präziser und mehr an den zugrundeliegenden Prinzipien seiner Arbeit orientiert (introvertiertes Denken), als sein extravertiertes Empfinden glauben machen würde. So überraschte Jake Ted beispielsweise mit der methodischen und präzisen Art, wie er die Küche plante und entwarf.

Jake und Ted haben auch etwas mit anderen Männern gemeinsam, deren dominante Funktion ihrer Hilfsfunktion entspricht. Ted hat zum Beispiel einige innere Merkmale mit Richard gemeinsam, seinem Buchhalter, ebenso wie mit Brian, seinem Arzt. Sowohl Richards als auch Brians dominante Funktion ist introvertiertes Empfinden. Jake dagegen hat Eigenschaften gemeinsam mit Harry, einem für Instandhaltung zuständigen Bauingenieur, und Teds Bruder Cal, einem Mathematikprofessor. Sowohl Harrys als auch Cals dominante Funktion ist introvertiertes Denken.

Obwohl Ted und Jake fast die gleichen Komponenten in ihren Typen haben, sind sie sich in einigen wichtigen Hinsichten nicht so ähnlich, wie es auf den ersten Blick erscheint. Tatsächlich unterscheiden sie sich stärker voneinander als von anderen Typen, deren dominante Funktion eine Parallele ihrer Hilfsfunktion ist. Was Ted, Richard und Brian außerdem gemeinsam haben, ist die urteilende Eigenschaft (U): Sie sind alle organisierter und entschlußfreudiger und planen gerne voraus. Jake, Harry und Cal haben die wahrnehmende Eigenschaft (W) gemeinsam: Sie sind spontaner, weniger entscheidungsfreudig und gewöhnlich weniger organisiert. Diese UW-Eigenschaften gelten natürlich auch für Introvertierte.

Der ESDW-Prototyp (9 Prozent)

Empfinden → Denken → Fühlen → Intuieren

ESDWs sind realistische, praktische und handlungsorientierte Menschen. Sie sind vollkommene Pragmatiker. Sie verlassen sich auf ihre Fähigkeit zur Beobachtung und sinnlichen Wahrnehmung von Informationen, um zu einer verläßlichen Weltsicht zu gelangen. Sie haben starke mechanische Fertigkeiten und begreifen schnell, wie Dinge funktionieren. Sie sind exzellent im Aufspüren und Lösen von Problemen und gehen flexibel und findig an solche Aufgaben heran.

Wie die ESDUs treffen ESDWs ihre Entscheidungen auf der Grundlage von Denken. Weil ihr Denken aber introvertiert ist, treten sie mittels ihrer dominanten Funktion, dem extravertierten Empfinden, in Beziehung zur Welt. Infolgedessen bedeuten ihnen abstrakte Ideen und Theorien nicht viel. Obwohl sie zugrundeliegende Prinzipien verstehen können, konzentrieren sie sich lieber auf die anstehenden praktischen Aufgaben, statt sich darauf einzulassen, Dingen auf den Grund zu gehen oder sie anderen zu erklären.

Um Neues zu lernen, verlassen sie sich eher auf ihr Gedächtnis als auf theoretisches Verstehen. Ihr Mangel an Toleranz für das Theoretische ist einer der Gründe, warum eine formelle Ausbildung für sie so wenig anziehend ist und sie akademisch oft keine guten Leistungen erbringen.

Im Umgang mit anderen sind ESDWs freundlich, kontaktfreudig, scharf beobachtend, erregbar und sogar provozierend. Sie können auch direkt und manchmal sogar unverblümt sein. ESDWs sind lebhaft, spontan und lieben Spaß. Sie leben viel mehr im Augenblick als ihre ESDU-Vettern und sind auch unbekümmerter. Im Unterschied zu ESDUs scheinen ESDWs keine Schwierigkeiten zu haben, Zeit für Entspannung oder Spaß zu finden. Tatsächlich scheinen sie ihre Arbeit zu beenden, damit sie endlich spielen können, wozu für sie Abenteuer und ein gewisses Risiko gehören.

Das Familienleben kann für ESDWs eine große Quelle von Vergnügen sein, wenn die Aktivitäten anregend sind und die ganze Familie einbeziehen. Als Väter nehmen sie gern und unmittelbar an den Aktivitäten ihrer Kinder teil. Sie sind gute Trainer und Pfadfinderführer.

Als Partner sind sie aufregend, immer auf der Suche nach Neuem, das sie ausprobieren können. Sie laufen Gefahr, ihre introvertierteren Partnerinnen mit ihrem Streben nach der nächsten, noch aufregenderen Tätigkeit zu erschöpfen. Als extravertierte Empfindungstypen haben sie ein besonderes Bedürfnis, in ihren Beziehungen das Sinnliche, Lustvolle und Erdhafte zu finden. Gelegentlich können ihre Partnerinnen sie abrupt, zu sehr das Körperliche betonend und unsensibel finden.

ESDWs schätzen zwar das Neue und Spontane, aber sie haben auch eine Neigung zum Vertrauten und Vorhersagbaren. Gleichzeitig sind sie keine besonders guten Planer und tendieren dazu, unorganisiert zu sein. Doch so unorganisiert sie auch sein mögen, sie werden immer tun, was getan werden muß.

Eine wichtige Kehrseite der ESDWs ist, daß sie eine starke Abneigung gegen Routine, Vorhersagbarkeit und buchstäblich alles haben, was sich nicht verändert. Ihre Impulsivität und die Tendenz, zu sehr in der äußeren, konkreten Welt zu leben, hält sie von Introspektion, Reflektivität und langfristigem Planen ab. Ihr Widerwille gegen und ihre Mißachtung von Regeln, Vorschriften und konventionellen Vorgehensweisen kann ihnen den Ruf einbringen, unkooperativ und sogar rebellisch zu sein.

ESDWs müssen die Fähigkeit entwickeln, ihre Aufmerksamkeit auf die gewöhnlichen Aufgaben zu konzentrieren, die vor ihnen liegen. Oftmals verlockt es sie, den Anforderungen des Augenblicks zu widerstehen und nach etwas zu suchen, das ihnen anregender oder persönlich interessanter erscheint.

Häufige Berufe von ESDWs

Tischler	Verkäufer
Kunsthandwerker	Markthändler
Landwirt	Servicearbeiter
Arbeiter	Spediteur
Polizist	Buchprüfer
Detektiv	Manager
Handelsvertreter	Verwalter

Harry: ein introvertierter Denktyp, ISDW

Harry, der Bauingenieur und Instandhaltungsmann der Bank, ist ein ISDW. Seine dominante Funktion ist introvertiertes Denken, seine Hilfsfunktion extravertiertes Empfinden.

Als Kind wollte Harry immer die logischen Gründe dafür wissen, warum Dinge so waren, wie sie waren – für sich selbst. Er war fasziniert von Geräten, Werkzeugen und allen Arten mechanischer Vorrichtungen. Er konnte lange Stunden damit verbringen, kaputte Dinge auseinanderzunehmen und wieder zusammenzusetzen. Es machte ihm auch große Freude, Dinge zu berühren, zu fühlen und einfach zu begreifen, »wie sie funktionieren«. Er war willig, solange er die Gründe für Regeln verstand.

Sein Kindheitsbedürfnis, das Funktionieren von Dingen zu verstehen, ging im erwachsenen Leben in sein Interesse an Mechanik und Reparaturarbeiten verschiedener Art ein.

Harry ist sehr stolz auf seine handwerklichen Fähigkeiten. Ein großer Teil seines Selbstwertgefühls rührt daher, daß er in der Lage ist, mit seinen Händen zu arbeiten. Er ist ein unabhängiger Denker, der gern die Prinzipien versteht, nach denen Dinge funktionieren.

Er neigt zum Einzelgängertum. Er hat wenig Achtung vor der Hierarchie der Bank, sieht sich selbst als unabhängig von ihrer Organisation und ist manchmal fast aufsässig. Andere betrachten ihn häufig als distanziert. Bei der Arbeit richtet er seine Aufmerksamkeit darauf, das, was getan werden muß, rasch zu erledigen, und nicht auf die Interaktion mit anderen. Seine persönliche Philosophie und sein Verhalten sind ein gutes Beispiel für den Spruch »leben und leben lassen«.

An einem besonders heißen Sommernachmittag fiel die Klimaanlage der Bank aus. Ted forderte Harry in seinem typischen Managerstil auf, sie so schnell wie möglich wieder zum Laufen zu bringen. Er wollte auch detailliert wissen (sein extravertiertes Denken), warum die Anlage überhaupt ausgefallen war. War sie nicht letzten Sommer auch ausgefallen, und hätte man den erneuten Ausfall nicht verhindern können? Teds autoritäres Fragen ärgerte Harry, weil die Situation einfach das Auswechseln des beschädigten Teils erforderte. (Das illustriert sein extravertiertes Empfinden.)

Obwohl Harry sehr genau wußte, warum das System zusammengebrochen war, fand er, Ted solle ihn nicht damit belästigen, das auch noch erklärt haben zu wollen. Er war zwar stolz auf seine Fähigkeit zu verstehen, was mit der Anlage passiert war, aber er fühlte sich nicht gedrängt, diese Information mit anderen zu teilen. Weil er introvertiert denkt, meint er, das einzig Wichtige sei, daß *er* wisse, worin das Problem besteht. Ted ärgerte sich, weil er annahm, Harry wisse überhaupt nicht, warum die Anlage ausgefallen war, und weiche nur aus.

Die Situation wurde noch dadurch verschärft, daß Harry das Gefühl hatte, Teds Verlangen, die Gründe zu erfahren, sei nur eine andere Form, seine höhere Position auszuspielen, was ihm nicht paßte. Wie bei anderen introvertierten Denkern führt Harrys am wenigsten entwickelte Funktion, das extravertierte Fühlen, oft dazu, daß er launisch und reizbar wird und sich von anderen zurückzieht.

Harrys modus operandi ist logisch und praktisch: Finde das zugrundeliegende Prinzip heraus, finde heraus, wie es anzuwenden ist, und erledige die Sache, und all das so schnell wie möglich. Weil er nichts von abstraktem Denken hält, legt er wenig Wert darauf, über das zu theoretisieren, was er tut. Sobald er begriffen hat (in erster Linie für sich selbst), wie etwas zu reparieren ist, geht er vor, als müsse er die kürzeste Entfernung zwischen zwei Punkten überbrücken.

Andere finden ihn vielleicht emotional kühl und als Mitarbeiter frustrierend, weil er sich oft nicht die Mühe macht zu erklären, was er tut; er tut es einfach. Im Unterschied zu einem extravertierten Denker führt er anderen seine mentale Maschinerie nicht vor. Geschwindigkeit, nicht Information um ihrer selbst willen ist seine oberste Priorität.

Harrys größtes Interesse gilt eigentlich nicht seinem Beruf. Er baut und fährt Rennwagen. Damit verbringt er den größten Teil seiner Freizeit,und auch alle seine Freunde sind genauso daran interessiert, ihre Intelligenz und ihre herausragenden mechanischen Fertigkeiten dafür einzusetzen, ihre Rennwagen an die höchste Grenze ihrer Leistungsfähigkeit zu bringen. In solchen Situationen ist Harry am lebhaftesten, freundlichsten und enthusiastischsten.

Am Beispiel der Interaktion zwischen Harry und Ted können wir sehen, wie leicht es zu Mißverständnissen kommt, selbst wenn beide Männer Denktypen sind. Was bei dieser Begegnung an Harry auffällt, ist nicht sein überlegenes introvertiertes Denken, sondern sein extravertiertes Empfinden. Das Ergebnis ist ein Zusammenprall der Kommunikationsstile. Es illustriert, was passieren kann, wenn die dominanten Funktionen von zwei Menschen nicht angemessen zu kommunizieren vermögen - die gemeinsame unentwickelte Funktion erzeugt das Potential für Probleme.

Der ISDW-Prototyp (6 Prozent)

Denken → Empfinden → Intuieren → Fühlen

Der ISDW ist anfangs schwer zu einzuschätzen. Von außen wirkt er fast träge, passiv und nicht sehr spontan. Um den Typ zu mögen, muß man ihn in Aktion sehen. *Wann* er jedoch in Aktion tritt, ist nicht immer vorhersagbar, da er dazu neigt, nur dann aktiv zu sein, wenn etwas zu tun ist. Wie der ESDW kann er manchmal sogar spontan sein. Seine Aktivitäten sind niemals ziellos, sondern immer aufgaben- und lösungsorientiert. Sorgfältig und präzise bemißt er die Energie, die für die Aufgabe erforderlich ist.

Im zwischenmenschlichen Bereich ist der ISDW passiv, vorsichtig, reserviert und schweigsam. Seinem ökonomischen Handeln entspricht sein ökonomisches Sprechen. Obwohl er oft nicht mehr sagt als das, was notwendig ist, um die Fakten mitzuteilen, ist das, was er sagt, gewöhnlich korrekt. Wegen dieses Kurzangebundenseins kann er als verweigernd oder sogar passiv-aggressiv wahrgenommen werden. Er genießt seine persönliche Freiheit und kann losgelöst und in sich selbst vertieft sein, wenn er an Projekten beteiligt ist, die sein Interesse reizen. Wenn aber ein Problem zu lösen oder etwas zu reparieren ist, gehört er zu den am schnellsten reagierenden und außengerichtetsten Typen.

Der ISDW ist neugierig, zweckorientiert und praktisch. Intellektuelle Auseinandersetzungen und theoretische Abstraktionen interessieren ihn nicht sonderlich, und deshalb bringt er es akademisch selten weit. Doch er mag Tatsachen, besonders solche, die er integrieren und zu irgendeinem Zweck benutzen kann. Er neigt jedoch zu einem Widerwillen gegen Routine, feste Termine und starre Vorgehensweisen und zieht es vor, Dinge unstrukturiert zu lassen.

ISDWs sind nicht nur geschickt in Mechanik, sondern verstehen sich auch sehr gut darauf, große Mengen von Daten in verständliche Einheiten zu gliedern. Sie sind analytisch begabt, beobachten gut und halten nach Ursachen und Wirkungen Ausschau. Am liebsten sind ihnen konkrete Anwendungen der Informationen, die sie sammeln oder ordnen. Obwohl sie manchmal eine Tendenz zur Desorganisation haben, können sie systematisch sein, wenn Informationen zu einem bestimmten Zweck organisiert werden müssen. Da sie sekundär extravertiert empfinden, haben sie einen starken Tastsinn und sind exzellente Beobachter. Deswegen lernen sie am besten aus praktischer, greifbarer Erfahrung.

Als Partner ist der ISDW oft emotional verschlossen und läßt nicht direkt erkennen, wieviel ihm an dem anderen liegt. Seine Zuneigung äußert sich eher in dem, was er tut, als in dem, was er sagt. Er erweist Gefälligkeiten, repariert Dinge, kauft Geschenke und erwartet immer, daß seine Partnerin diese Gesten als Ausdruck seiner Liebe versteht. Wenn seine Gesten nicht in dem Sinne zur Kenntnis genommen werden, in dem er sie gemeint hat, kann er mißmutig werden, weil er sich ungeschätzt und falsch verstanden fühlt. Er mag eine Partnerin, die seine Interessen und Aktivitäten teilt.

Der ISDW ist ein aktiver, vertrauensvoller und großzügiger Vater. Er mag es, wenn die Interaktionen mit seinen Kindern auf eine Aktivität und ein Ziel gerichtet sind. Er drückt seine Fürsorge durch praktische Hilfsbereitschaft und Problemlösung aus, weniger durch offene Zuneigung oder spontane Aufmerksamkeit. Deswegen erleben seine Kinder ihn häufig als emotional kühl, sogar distanziert. Doch seine Wärme wird sichtbar, wenn er abenteuerliche Ausflüge organisiert und mitmacht, vor allem solche, die sein eigenes Interesse erregen. Solche Ausflüge entzünden die Spontaneität des ISDW und bieten ihm auch Gelegenheit, seine Väterlichkeit und Liebe auszudrücken.

Das Bedürfnis des ISDW nach Unabhängigkeit und praktischem Realismus macht ihn nicht nur zu einem starken Individualisten, sondern verstärkt diese Eigenschaften auch in seinen Kindern. Er scheint Abhängigkeit und praktisches Unvermögen zu beklagen. Deshalb hat er es gewöhnlich viel leichter mit seinen SD-Söhnen als mit seinen Töchtern. Töchter, die den Erwartungen eines ISDW-Vaters entsprechen möchten, müssen wahrscheinlich selbst SD-Typen sein oder zumindest zeitweilig den Wildfang spielen können. Söhne von ISDWs, die NF-Typen sind, werden ihre Väter als schwierig erleben, und oft haben sie letztlich wenig Respekt vor ihnen, wenn ihre Väter sie in übermäßig praktische Situationen und Aufgaben zwingen.

Weil ISDWs zwischenmenschlich so vorsichtig oder indifferent sind, müssen sie lernen, mehr aus sich herauszugehen und in Beziehungen zu größerer Offenheit zu gelangen. Sie haben eine Tendenz zum Zaudern und schieben wichtige Entscheidungen oft bis zur letzten Minute auf. Sie können sich auch so sehr in ihre Projekte versenken, daß wenig Zeit für genußvollere Aktivitäten übrigbleibt.

Häufige Berufe von ISDWs

Handwerker
Tischler
Bauarbeiter
Dentalhygieniker
Elektroingenieur
Elektrotechniker
Landwirt
Mechaniker
Bewährungshelfer
Stahlarbeiter
Spediteur

Zusammenfassung

Mit diesen Beschreibungen der SD-Typen haben wir die Denkkomponente erklärt, wenn sie kombiniert mit Empfinden auftritt, entweder als dominante oder als Hilfsfunktion im Typ des Mannes. Wir haben gesehen, daß die SDs besonders geeignet sind, mit dem *unpersönlichen* Bereich der Analyse von Problemen in Vorgehensweise, Mechanik, Methodologie und Organisation umzugehen. Ihre Orientierung der Welt gegenüber ist weitgehend praktisch, faktisch und logisch. Die Präsenz der Denkfunktion in ihrer Interaktion mit dem Empfinden gibt dieser Typengruppe eine stereotype maskuline Voreingenommenheit.

Männer mit SD im Kern ihres Typs sind mindestens dreimal häufiger als Männer mit NF im Typenkern. Hauptsächlich aufgrund ihrer Anzahl wie auch ihrer sozialen und ökonomischen Dominanz bestimmen SD-Männer die konventionelle Vorstellung davon, was in unserer Gesellschaft die angemessene männliche Kommunikationsweise ist. Deswegen wird ihr Kommunikations- und Beziehungsstil allgemein als die sozial angemessenste Kommunkationsweise für Männer *und* für Frauen akzeptiert. Wie wir gesehen haben, wird diese spezielle Kombination von über 40 Prozent der Männer bevorzugt. Nur halb so viele Frauen gehören der SD-Gruppe an.

In der individuellen Ausprägung der Typen gibt es hier noch dramatischere Unterschiede zwischen Männern und Frauen. Richards Typ beispielsweise, der ISDU, ist der zweithäufigste unter Männern, kommt aber bei Frauen vergleichsweise selten vor; nur eine von dreiundzwanzig Frauen hat diese typologische Konfiguration. Wie wir später sehen werden, besteht die den Empfindern und Denkern unähnlichste Gruppe, die der Intuitiven und Fühlenden, nur zu 14 Prozent aus Männern. Dagegen sind mehr als 20 Prozent der Frauen NFs. Der größte typologische Gesamtunterschied zwischen Männern und Frauen besteht darin, daß 65 bis 70 Prozent der Männer das Denken vorziehen, während bis zu 68 Prozent der Frauen das Fühlen bevorzugen.

Wir können die männliche SD-Gruppe noch genauer unterteilen, wenn wir uns ihre Lebensstil-Präferenz ansehen, U oder W.

Der U- oder W-Faktor ist für einige weitreichende Unterschiede zwischen den männlichen SDs verantwortlich.

SDUs wie Ted und Richard machen 25 Prozent der Männer aus und unterscheiden sich signifikant von ihren SDW-Gegenpolen, Jake und Harry. Männer mit extravertiertem Denken und introvertiertem Empfinden sind von der Fühlfunktion am weitesten entfernt. Ihre Gruppe ist stärker auf bürgerliche, politische oder soziale Funktionen ausgerichtet, die durch Regeln oder Rituale fest umschrieben sind. Der Umgang zwischen den einzelnen Gruppen ist meist auf faktische, praktische Angelegenheiten beschränkt und umfaßt nicht viel emotionale Kameraderie. Deswegen gibt es oft nicht viel direkten und mühelosen emotionalen Austausch mit anderen Männern oder mit Frauen.

Tatsächlich sind die tiefsten Gefühle der SDUs häufig so weit von ihrem äußeren Erscheinen und ihrem Verhalten entfernt, daß man sie für emotional flach halten könnte. Emotionale Reaktionen von SDU-Vätern auf ihre Söhne sind besonders gehemmt, und es ist unwahrscheinlich, daß sie ihre Wertschätzung, Bewunderung und Liebe für ihre Söhne leicht zeigen können. Söhne von SDUs sind oft verwirrt, wenn sie sehen, daß ihre Väter müheloser mit äußeren Dingen – einem Footballspiel oder einer Beförderung bei der Arbeit – umgehen können als mit den Gefühlen des Sohnes.

Weil sie so weit von ihrer Fühlfunktion entfernt sind, ist diesen Männern der spielerische, regressive Teil ihrer selbst meistens nicht bewußt. Ihr eigenes »inneres Kind« wird oft früh im Leben unterdrückt, nämlich dann, wenn sie anfangen, verantwortlich und gewissenhaft zu handeln. Tatsächlich ist die Erfüllung persönlicher Verantwortung ein charakteristisches Zeichen dieses Typs.

SDUs sind häufig vertreten unter Geschäftsleuten, Managern und leitenden Angestellten, die berufliche Leistungen mehr schätzen als fast alles andere, was sie tun. Möglicherweise machen sie die Mehrheit der ›Workaholics‹ und Typ-A-Persönlichkeiten aus. All diese Männer brauchen gewisse regressive Eigenschaften, um sich selbst oder ihre Arbeit nicht so ernst zu nehmen.

SDWs unterscheiden sich erheblich von SDUs, weil sie auf Wahrnehmung hin orientiert sind. Während beispielsweise Ted und Richard als SDUs Verantwortung und Struktur repräsentieren, sind für Jake und Harry als SDWs ebenso ihre Desorganisation und ihr Mangel an Disziplin oder Ausdauer charakteristisch. Jeder von beiden hat eine geringere Toleranz für Regeln und Vorschriften und fühlt sich von Standard-Vorgehensweisen eher eingeengt.

Doch ein großer Unterschied zwischen Jake und Harry wird in ihren Beziehungen zu anderen offensichtlich. Als Introvertierter neigt Harry eher zum Einzelgängertum und wirkt unsensibler für andere. Jake ist erregbarer, geht üblicherweise auf andere zu und ist ihnen gegenüber geselliger und herausfordernder. Er ist direkter und kann gelegentlich sogar unverblümt sein. Harry bleibt emotional oft ruhig, bis man ihn zu weit treibt, und dann kommt es zu aller Überraschung zu einem plötzlichen und unerwarteten Ausbruch von Wut oder Groll.

SDWs nehmen ihre Arbeit vielleicht nicht so ernst wie SDUs. Sie bevorzugen eher materielle Besitztümer, die mit ihren riskanten Freizeitaktivitäten wie Rennbootfahren, Wildwasserfahren oder Autorennen verbunden sind. Verglichen mit SDUs, ziehen SDWs es gewöhnlich vor, daß ihre Arbeitssituationen und ihr häusliches Leben vernünftiger organisiert, anpassungsfähiger und flexibler sind. Aber sie können auch impulsiv sein und mehr daran interessiert, die einzigartige Lösung eines Problems zu finden, statt durch Versuch und Irrtum weiterzukommen.

SDW-Väter sind ihren Söhnen gegenüber wahrscheinlich emotional nicht offener als SDUs, aber sie können ihre Söhne direkter in ihre »männlichen« Freizeitaktivitäten einbeziehen. Obwohl sie häufig sehr gute Beobachter sind, werden diese Fähigkeiten nicht immer auf das Gefühlsleben ihrer Söhne angewendet. SDW-Väter betrachten die gemeinsamen Aktivitäten als wichtigstes Mittel, ihre Beziehungen zu ihren Söhnen zu entwickeln. Sie sehen sie als »gut« für ihre Söhne an. Und selbst wenn sie das nicht sind, ist es für die Söhne schwer, das zu sagen, weil sie schließlich Zeit mit ihren Vätern verbringen können, und das ist das Wichtigste. Erst wenn ein Sohn erwachsen ist, wird er manchmal zugeben, daß er die Aktivitäten seines Vaters nicht wirklich genossen hat.

Wenn der Sohn ein anderer Typ ist als sein Vater, willigt er vielleicht in Tätigkeiten ein, die ihm keinen Spaß machen, empfindet aber später Groll, weil er das Gefühl gehabt hatte, keine Wahl zu haben, oder seinen Vater nicht hatte kränken wollen. Als Beispiel kann hier ein Patient von mir dienen, ein Fühltyp, dessen Vater ein begeisterter Jäger war. Er erinnerte sich, wie er mit seinem Vater auf die Jagd ging und zutiefst traumatisiert war, weil er bei seinem ersten Jagdausflug ein Reh erschießen mußte. Er konnte seinem Vater niemals sagen, daß er hinterher um das Reh geweint hatte. Ein anderer Mann meiner Bekanntschaft spielte in der High School nur deshalb Football, weil sein Vater Trainer war und das so wollte. Als Fühltyp nahm er die Tatsache übel, daß das Footballspiel ihn zwang, gewalttätig und aggressiv zu sein.

Als nächstes werden wir die zweite Gruppe von Männern betrachten, die NDs. Diese »Ideenmenschen« die intuitiven Denktypen, sind jene, bei denen das Denken wieder entweder die dominante oder die Hilfsfunktion ist. Doch bei den NDs steht das Denken in Verbindung mit Intuition und nicht mit Empfinden. Wie wir sehen werden, erzeugt dies einige interessante Variationen in Verhalten, Einstellungen und Interessen dieser Männer im Gegensatz zu den SDs.

4. Die Ideenmenschen: Sheldon, Alexander, Cal und Paul

Häufigkeit der Ideenmenschen

Wenn wir zu unserer Versammlung von einhundert Männern zurückkehren, so finden wir darin zwanzig, bei denen Intuition und Denken (ND) im Kern des Typs stehen. Diese Ideenmenschen sind charakterisiert durch verstärktes Denken, kombiniert mit verstärkter Intuition. Ihre im typischen Fall am wenigsten entwickelten Funktionen sind Fühlen und Empfinden.

Es gibt nur halb so viele ND-Männer (20,2 Prozent) wie SD-Männer. Wenn diese ND-Gruppe mit der SD-Gruppe kombiniert würde, so machten sie zusammen über 60 Prozent aller Männertypen aus. Wie bei der SD-Gruppe spiegelt die Überrepräsentation von Männern mit dem Typenkern ND die männliche Präferenz der Denkfunktion wider. Dieses Übergewicht der Denkpräferenz bei beiden Gruppen gibt ihnen auch ihre konventionell männliche Färbung.

Die »Schattengruppe« der NDs sind die SFs. Obwohl die meisten Männer mehr Denken als Fühlen in ihrem Typ haben, ist das Empfinden bei Männern soviel dominanter als das Intuieren, daß es mehr SF-Männer als ND-Männer gibt. Die SF-Männer umfassen etwa 26 Prozent der Männer. Dagegen sind fast die Hälfte der Frauentypen SF. Nur 9 Prozent der Frauen haben ebenfalls den ND-Kern.

NF-Männer, bei denen die Fühlfunktion die Denkfunktion und die Intuition das Empfinden ersetzt, sind die eigentliche Minderheit bei den Männern - sie machen nur 13 Prozent aller Männer aus. Unter Frauen dagegen gibt es *doppelt* so viele NFs.

Überblick über die Ideenmenschen

In diesem Kapitel werden wir Sheldon kennenlernen, den Direktor von Teddys Schule, einen ENDU; Alexander, einen Neuropsychologen und INDU; Cal, einen Professor und Teds Bruder, einen INDW; und Paul, Cals Sohn, einen ENDW. (Eine Zusammenfassung der dominanten und Hilfsfunktionen jedes Mannes findet sich auf Tafel 9 im Anhang S. 209) Wie im vorhergehenden Kapitel folgt auf die Beschreibung eines jeden dieser Charaktertypen ein Prototyp, der die allgemeineren Charakteristika jedes Typs in der ND-Gruppe darstellt.

Von den vier Typen, die ich als Ideenmenschen bezeichne, sind zwei, Sheldon und Paul, Extravertierte. Sheldon ist ein extravertierter Denktyp, Paul ist ein extravertierter Intuitionstyp. Die beiden anderen, Alexander und Cal, sind introvertiert. Alexander ist ein introvertierter Intuitionstyp, Cal ein introvertierter Denktyp. Ich nenne diese ND-Gruppe zwar Ideenmenschen, doch wir sehen, daß sie nicht nur einen extravertierten und einen introvertierten Denker umfaßt, sondern auch einen extravertierten Intuitiven und einen introvertierten Intuitiven. Die ND-Gruppe besteht also aus zwei Denktypen und zwei Intuitionstypen.

Was alle Männer in dieser Gruppe »am besten können«, hängt mit dem ND-Nukleus ihres Typs zusammen und weniger mit dem sie beschreibenden Typennamen. Alle NDs haben ein gewisses Maß an verstärktem Denken und verstärkter Intuition, und folglich haben sie auch ein gewisses Maß an unentwickeltem Fühlen und Empfinden. Alle NDs ziehen es vor, Denkprozesse in Verbindung mit Intuition zu benutzen. Ihre Präferenz besteht darin, als Wahrnehmungsprozeß in erster Linie Intuition und als Bewertungsprozeß in erster Linie Denken zu verwenden.

Die zeitliche Orientierung intuitiver Typen bezieht sich weitgehend auf die Zukunft. Doch wie wir bei den SDs sahen, ist die Beziehung der Denktypen zur Zeit eine lineare – das heißt, sie neigen dazu, Vergangenheit mit Gegenwart und Zukunft zu verbinden.[1] Hier eine Zusammenfassung der gesamten mentalen Prozesse der ND-Gruppe:

»ND-Menschen ziehen zu Wahrnehmungszwecken die Intuition vor, aber zum Urteilen bevorzugen sie die Objektivität des Denkens. Auch sie konzentrieren sich auf Möglichkeiten, theoretische Beziehungen und abstrakte Muster, aber sie beurteilen diese mittels unpersönlicher Analyse. Oft ist diese Linie, die sie verfolgen, eine technische, wissenschaftliche, theoretische oder ausführende, und das menschliche Element ist dieser untergeordnet.«[2]

Ich habe mich entschlossen, die NDs Ideenmenschen zu nennen, weil sie die unermüdlichen Innovatoren sind, die ständig neue Herausforderungen oder neue Probleme suchen, die zu lösen sind. Sie gedeihen mit neuen Ideen; neue Möglichkeiten ausfindig zu machen ist der Treibstoff ihrer Inspirationen. Die konkreten, »weltlichen« und übermäßig praktischen Routinevorgänge im Leben erscheinen ihnen wie ein Fluch.

Die Extravertierten unter den Ideenmenschen, Paul und Sheldon, verlassen sich auf einen stetigen Fluß von immer neu gestellten Aufgaben, der sie beschäftigt und interessiert. Sie sind immer im Aufbruch, halten Ausschau nach neuen Territorien, die zu erforschen sind, und neuen Lösungen für alte und neue Probleme. Ihr Enthusiasmus ist oft eine Quelle der Inspiration für andere. Die Kehrseite ihrer Typen ist, daß sie in den meisten Fällen ihre eigenen Ideen nicht in die Tat umsetzen können, sondern dazu eine Armee von Helfern brauchen.

Die introvertierten Ideenmenschen, Alexander und Cal, sind ebenfalls sehr innovativ, aber auf zurückhaltendere oder enger umschriebene Weise. Sie haben eine verblüffende und oft unbeirrbare Fähigkeit, sich auf spezifische Projekte zu konzentrieren, die ihr besonderes Interesse auslösen. Haben sie diese Interessengebiete erst einmal gefunden, so arbeiten sie entschlossen, um sie zu konkretisieren. Ihre eigenen Ideen finden sie aufregender als die anderer. Sie neigen dazu, äußerst individualistisch zu sein, und wenn sie nicht aufpassen, kann es passieren, daß sie sich ihrem innovativen Streben allzusehr widmen, sich isolieren und die Interessen anderer nicht zur Kenntnis nehmen.

NDs bevorzugen eine kurze, prägnante und deutlich artikulierte Kommunikation, und zwar so sehr, daß sie pedantisch werden können. Wie die SDs ziehen sie Objektivität vor und möchten nicht, daß die Kommunikation durch Gefühlsthemen ›verwässert‹ wird. Sie haben nichts gegen alternative Arten, ein Problem begrifflich zu fassen, und vermeiden Methoden von Versuch und Irrtum. Sie diskutieren gern die vielen Seiten eines Problems und vertreten oft die Position des ›advocatus diaboli‹, und sei es nur um der Debatte willen.

Sie sind fähig, entgegengesetzte Standpunkte zu begreifen, ziehen aber meistens ihren eigenen vor. Sie zeigen sich zwar objektiv, sind aber immer geneigt, die Ideen anderer zu kritisieren. Oft sind sie in Art und Stil ihrer Sprache sehr mitreißend, wenn nicht überzeugend. Ein großer Teil des Inhalts ihrer Kommunikation dreht sich um Ideen, Formeln, Aufgaben und unpersönliche Geschehnisse. Je neuer, desto besser.

Wie bei der SD-Gruppe kommunizieren die beiden DUs dieser Gruppe, ein Extravertierter, Sheldon (ENDU), und ein Introvertierter, Alexander (INDU), im wesentlichen mittels Denken. Zusammen mit den beiden DUs aus der SD-Gruppe, Ted und Richard, haben wir hier vier Typen, die Denken als Kommunikationsstil benutzen. Diese vier DUs bilden eine separate Gruppe von Männern, die sämtlich über das Denken kommunizieren. Doch nicht alle Männer, die dies tun, tun es auf die gleiche Weise.

So sind zwar Ted (ESDU) und Sheldon (ENDU) beide extravertierte Denker, doch sie benutzen ihr Denken sehr unterschiedlich. Als Extravertierte verwenden sowohl Ted als auch Sheldon ihre Denkprozesse in Beziehung zur Außenwelt. Sie genießen es, diese zu organisieren, zu leiten und effizient zu verwalten.

Jedoch unterscheiden sie sich im wesentlichen darin, daß Ted das Denken in Verbindung mit Empfinden gebraucht (SD) – also im Hinblick auf die Fakten als solche. Aufgrund seiner Vorliebe für Empfinden hat er Freude daran, Fakten zu manipulieren, zu arrangieren und als solche sinnvoll zu machen. Abstrakte Ideen sind in seinem Denken weniger wichtig. Deshalb ist wahrscheinlich der

SD-Nukleus bei Buchhaltern überwältigend häufig. Es ist auch der Grund, warum Ted als Denker und nicht als Ideenmensch bezeichnet wird.

Sheldons Denken dagegen steht im Dienste der Intuition (ND). Er ist nicht daran interessiert, mittels logischer Analyse zu den Tatsachen selbst zu gelangen, sondern will eher sehen, wie diese Fakten sich eignen, neue Möglichkeiten, neue Handlungsmodelle oder neuartige Wege zu entdecken, an das Gewohnte heranzugehen. Für Sheldon sind abstrakte Ideen also extrem wichtig, einzelne Details dagegen weit weniger. Deshalb findet man ND so häufig als Kerntyp abstrakter Denker wie Naturwissenschaftler, Philosophen und Mathematiker.

Ich betrachte die ND-Gruppe als Ideenmenschen, weil das abstrakte Denken der NDs einen so starken Gegensatz zu dem konkreten, detaillierten Denken der SDs bildet. Unterschiede zwischen den Denkern und den Ideenmenschen manifestieren sich aber weitgehend darin, was diese Männer *tun*, weniger worüber sie *reden*.

Richard (ISDU) und Alexander (INDU) sind Introvertierte, die das Denken als Kommunikationsstil benutzen, aber weil der eine ein Denker und der andere ein Ideenmensch ist, tun sie dies auf verschiedene Weise. Der Unterschied zwischen ihnen liegt in ihren verschiedenen Wahrnehmungsstilen. Richard ist in gewisser Weise Ted ähnlich, weil er sein Denken benutzt, um zu kommunizieren, sein Innenleben wird hingegen vom Empfinden dominiert. Er ist also wie Ted praktisch und sachlich. Er interessiert sich dafür, seine faktischen Informationen auf konkrete Realitäten anzuwenden. Alexander benutzt ebenfalls das Denken zum Kommunizieren, doch sein Innenleben wird von der Intuition dominiert. Die Kombination macht ihn in gewisser Weise Sheldon ähnlich, doch er benutzt seine abstrakte Denkfähigkeit auf eine individualistischere Weise. Und weil Alexander im Unterschied zu Richard Intuition und nicht Empfinden als Wahrnehmungsstil benutzt, ist er weniger an der konkreten Realität als an abstrakten Möglichkeiten interessiert. Dies macht ihn innovativer und sogar erfinderisch bei den Mitteln, die er sucht, um Anwendungen für seine kreativen Ideen zu finden.

Die beiden DWs, Paul (ENDW) und Cal (INDW), kommunizieren meist mittels Intuition. Ihr Kommunikationsstil übermittelt ihr Interesse daran, originelle, durchführbare Ideen zu diskutieren und zu entwickeln. Der einzige offensichtliche Unterschied zwischen ihnen ist der zwischen Introversion und Extraversion, doch wie wir später sehen werden, erzeugt diese scheinbar kleine Variation ihrer Typen einen beträchtlichen Unterschied in ihren Persönlichkeiten.

Beziehungsstil

Menschen mit ND im Kern sind innovative Denker und übermitteln ihre kreativen Ideen mit unpersönlicher Logik. Sie können wie intellektuelle Narzißten wirken, die ihre Vorstellungen mit solcher Präzision vorbringen, daß sie als unsensible Besserwisser wahrgenommen werden. Ihr Mangel an verfeinertem Fühlen trägt dazu bei, daß sie die Gefühle und Gedanken anderer mißachten. Wenn sie einen gewissen Takt entwickelt haben, können sie beredte und anregende Lehrer sein.

Die Beziehungen von NDWs sind eher experimentell als traditionell. NDUs jedoch neigen oft stärker dazu, traditionellere Beziehungen aufzubauen. Im Vergleich zu SDs sehen NDs Beziehungen optimistischer, weniger konkret und als Quelle beiderseitig anregender Vorstellungen, wie man sein und wohin man gehen soll. Sie schätzen subtile Anzeichen von Bindung mehr als offensichtliche und konkrete Zeichen von Fürsorge. Sie sehen Veränderung als integralen Bestandteil von Beziehungen und wünschen sich, daß ihre Partnerinnen anregend und herausfordernd sind.

Sheldon: ein extravertierter Denktyp, ENDU

Als ENDU benutzt Sheldon ebenfalls extravertiertes Denken, doch anstelle des Empfindens von Teds Typ (ESDU) steht bei ihm die Intuition. Sheldon ist zwar ein extravertierter Denktyp, der urteilt, doch seine Hilfsfunktion ist introvertierte Intuition. Deswegen ist er viel mehr an den Möglichkeiten interessiert, die mit den Fakten zusammenhängen, als bloß an den Fakten als solchen. Sheldons Kontaktfreude war schon früh im Leben für jedermann sichtbar. Er war ein geistig freies Kind, das die Gründe für alles verstehen mußte, besonders für die Anordnungen seiner Eltern. Seine natürliche und unersättliche Neugier war eine Freude für seine Eltern, die, da sie selbst extravertierte Denker waren, keine Schwierigkeiten hatten, seinen Forschungsdrang zu verstärken.

Sheldon ist ein natürlicher Anführer, respektiert wegen seiner Kompetenz, Effizienz und der innovativen Art, das zu erreichen, was er sich vornimmt. Er ist ein Meister des Überblicks. Er ist der Direktor der von Teds Sohn Teddy besuchten Schule.

Als Teddys Lehrer Phil (ESFU) berichtete, Teddy habe Probleme, aufzupassen und seine Arbeiten rechtzeitig zu erledigen, wurde sein Vater zu einem Gespräch in die Schule gebeten. Die Unterredung erwies sich als angespannt, sowohl für Phil als auch für Ted. Weil er mit Phils Empfehlungen unzufrieden war, suchte Ted Sheldon auf. Ted wollte sehen, ob man etwas Spezifischeres tun könne, um Teddys Fortkommen zu sichern.

Statt zuerst zu diskutieren, wie er Teddys Problem wahrnahm, gab Sheldon sofort zu verstehen, daß es von seiten der Schule nicht mehr Hilfestellungen für Teddy gäbe, als er bereits bekam, daß aber vielleicht einige andere Leistungsgebiete von Teddy genauer untersucht werden müßten. Er war auch darum bemüht, eine zusätzliche Hilfsquelle für Teddy zu finden; er sah ihn als ansonsten klugen Schüler, der unerklärlicherweise eine schwierige Zeit durchmachte.

Sheldon hat gern die Kontrolle und vertritt oft eine Einstellung, bei der er die Verantwortung übernimmt. Er ist handlungs-, ziel- und aufgabenorientiert. Seine unpersönliche Logik sowie sein Bedürfnis nach Effizienz flößen ihm den Wunsch ein, andere Möglichkeiten zur Lösung eines Problems zu erforschen. Teds Klage war auch eine Bedrohung von Sheldons Stolz und Kompetenz; er fühlte sich herausgefordert, schnell die bestmögliche durchführbare Lösung anzubieten.

Er identifiziert sich persönlich stark mit seiner Rolle als Schuldirektor; ein großer Teil seines Selbstwertgefühls rührt daher, daß er beständig das Empfinden hat, seine Arbeit bestmöglich zu erledigen. Er vertraut auch auf das Ausbildungssystem und meint, alle Probleme innerhalb dieses Systems seien letztlich lösbar. Zu seiner Bestürzung dauert das oft länger, als es seiner Meinung nach dauern sollte.

Nachdem er sich alle Fakten angehört hatte, die Ted vortrug, schlug Sheldon vor, Teddy zuerst zu einem Neuropsychologen zu schicken und auf eine mögliche Lernstörung untersuchen zu lassen. Falls Teddy eine solche aufweise, gebe es besondere schulische Hilfsangebote für ihn.

Als extravertierte Denker kümmern sich weder Ted noch Sheldon um die Ursachen für das, was sie bei anderen als Ineffizienz oder nachlässiges Denken wahrnehmen. Da bei Ted und auch bei Sheldon die Fühlfunktion am wenigsten entwickelt ist, fand keiner von ihnen, daß Phils mehr fühlendes Herangehen an Teddys Problem sehr praktisch oder funktionell sei. Aufgrund des minderwertigen Fühlens bei beiden hielt auch keiner von ihnen viel von einem emotionalen Problem als Erklärung für Teddys Schwierigkeiten, obwohl beide es oberflächlich erwähnten.

Da Ted und Sheldon dazu neigen, bei zwischenmenschlichen Beziehungen eher kritisch als hilfreich zu sein, wirkte ein extravertierter Gefühlstyp wie Teddys Lehrer Phil auf beide wie jemand, der zwar wohlmeinend, aber ziemlich inkompetent ist. Weil sie so zielorientiert und analytisch sind, ist für Ted und Sheldon das Wichtigste, daß Dinge erledigt werden, manchmal sogar um den Preis, dabei jemandem auf die Füße zu treten.

Extravertierte Denker wie Ted und Sheldon haben Beziehungsstile, die Wert auf Härte, Organisation und ein rasches analytisches Herangehen an Probleme legen. Sie sind gerne fair, aber sie können anderen gegenüber ungeduldig sein, wenn Dinge nicht so laufen, wie sie sich das gedacht haben. Weil sie so unabhängig sind und es vorziehen, autonom zu funktionieren, geben sie unter Umständen auch nicht viel auf die Meinungen anderer.

Der ENDU-Prototyp (5 Prozent)

Denken → Intuieren → Empfinden → Fühlen

Der ENDU ist ein redegewandter, mutiger, extravertierter Denktyp, in vieler Hinsicht dem ESDU ähnlich. ENDUs sind energisch, ehrgeizig, antriebsstark und hart. Sie sind robust und im Erledigen von Dingen aggressiv, sowohl zu Hause als auch im Beruf.

In ihrem Berufsleben streben ENDUs oft durch Handeln Machtpositionen an, und sie sind extrem ergebnis- und zielorientiert. Erfolgreiche ENDUs haben oft das Auftreten und die Art von »Überfliegern«, die endlos Gelegenheiten zu schaffen scheinen, um auf den Gipfel ihrer Fähigkeiten zu gelangen.

ENDUs neigen zu fester Strukturierung und Planung. Sie arbeiten nach dem Effizienzprinzip, mit Standardregeln dafür, wie Geschäft, Verstand und Zuhause zu funktionieren haben. Zusammen mit ihren Gegenpolen, den ESDUs, gehören sie zu den am stärksten konkurrierenden unter allen Typen. Sie sind von Natur aus redegewandt und haben einen überzeugenden Führungsstil. Sie besitzen die ungewöhnliche Fähigkeit, andere anzuregen und zu ermutigen, ihrer Führung bei fast allem zu folgen, was sie tun.

Intellektuell sind ENDUs logisch, klar denkend, objektiv, analytisch, schnell von Begriff und entscheidungsfreudig. Sie sind Meister der globalen und umfassenden Perspektive. Sie haben Freude an geistigen Abstraktionen; komplexe Probleme sind ihre starke Seite. Deswegen sind sie vollendete Strategen und Planer. Sie können funktionierende Taktiken für fast jede Situation und jedes Problem entwickeln, vorausgesetzt, es interessiert sie. Herausforderungen lassen sie wachsen, und in ihrem Bemühen, Dinge zu erledigen, wirken sie unerschöpflich.

ENDUs haben auch die einzigartige Fähigkeit, viele Seiten und Nuancen von Problemen zu sehen, und sind ferner in der Lage, effiziente Pläne für die Verwirklichung ihrer facettenreichen Visionen dessen zu entwickeln, was getan werden muß. Langfristiges Planen gehört zu ihrer Gesamtperspektive, und deshalb können sie meist auch Unvorhergesehenes einbeziehen.

Im zwischenmenschlichen Bereich sind ENDUs autonom, herausfordernd, selbstsicher, kontrollierend und widerspruchsfreudig. Da ihr Beziehungsstil über das Denken läuft, können sie emotional frustrierend, kühl und sogar gleichgültig sein. Andere sind oft überrascht, wenn sie feststellen, daß sie auch eine gesellige und amüsierfreudige Seite haben; denn die bleibt häufig im Hintergrund, weil es ENDUs schwerfällt, sich genügend zu entspannen, um natürlich und frei zu sein.

Als Väter führen ENDUs mit ihren Kindern ein sehr aktives Leben und neigen zu Freizeitbeschäftigungen, die sie anregen und interessieren. Sie können sich schnell langweilen, wenn ihre Aktivitäten nicht wenigstens eine gewisse Herausforderung darstellen. Wenn ihre Kinder das Bedürfnis des Vaters nach ständiger Abwechslung und Herausforderung nicht verstehen und akzeptieren, rebellieren sie unter Umständen oder nehmen ihm gegenüber eine kompensatorische Haltung ein. Weil sie die Tendenz haben, sich dermaßen von sich selbst und ihren Ideen fesseln zu lassen, müssen ENDU-Väter die Fähigkeit entwickeln, auch die Ideen und Beiträge anderer anzuerkennen und zu schätzen.

ENDU-Väter legen im Familienleben Wert auf Ehrlichkeit, Fairness und Direktheit. Sie schätzen das Bedürfnis ihrer Partnerinnen und Kinder, sich selbst und ihre einzigartigen Talente zu verbessern und zu entwickeln. Sie fordern nicht nur sich selbst, sondern auch ihre Kinder. Wenn ihr Bedürfnis nach Selbstverbesserung jedoch nicht zu dem hohen Standard führt, den sie sich selbst setzen, können sie den Mut verlieren und depressiv werden. Und wenn die Dinge nicht so laufen, wie sie es geplant oder erwartet haben, werden sie noch selbstkritischer und ungeduldiger mit sich selbst.

Ein weiterer Aspekt ihrer Kehrseite ist, daß ENDUs zwanghaft und rigide werden können, wenn sie ihre Verantwortung übernehmende, kontrollierende Einstellung nicht abmildern oder modifizieren. Wenn sie durch ihre Visionen allzu voreingenommen sind, kann es passieren, daß sie die subtileren Details aus den Augen verlieren, ignorieren oder zu berücksichtigen vergessen. Wenn das geschieht, können andere sie als selbstgerecht und arrogant empfinden.

Da ENDUs so selbstkritisch sind und sich nur schwer entspannen können, kann es sein, daß sie sich selbst allzusehr antreiben.

Wenn sie nicht wissen, wieviel ›gut genug‹ ist, können sie sich wie die ESDUs mit ihren Versuchen, unvernünftig große Erfolge zu erreichen, selbst in psychosomatische Probleme stürzen.

Weil ihr Beziehungsstil über das Denken läuft, haben ENDUs unter Umständen ihre auf Gefühlen basierenden Werte nicht entwickelt. Wenn das der Fall ist, ignorieren sie auch die mehr gefühlsbegründeten Werte anderer in ihrer Umgebung, vor allem die der Gefühlstypen.

Wenn sie ihre eigenen Gefühle ignorieren oder unterdrücken, können sie zu mürrischen und untröstlichen Nörglern werden. ENDUs, die ihre Gefühle insgesamt unterdrücken, erleben wahrscheinlich unangemessene Wutanfälle oder scheinbar unerklärliche Stimmungsschwankungen und Depressionen.

Häufige Berufe von ENDUs

Höherer Beamter im Bildungswesen
Gesundheits- und Erziehungsberater
Markthändler
Rechtsanwalt
Manager
Computerspezialist
Immobilienmakler
Biologe
Systemanalytiker
Psychologe

Alexander: ein introvertierter Intuitionstyp, INDU

Sheldon verwies Teddy an Alexander, einen Neuropsychologen, der ein INDU ist. Bei ihm sehen wir eine weitere starke Typveränderung, die nur auf einem Einstellungsunterschied beruht. Verglichen mit Sheldon (ENDU) ist Alexander viel ruhiger, zurückhaltender und mehr an seinem eigenen theoretischen Herangehen an spezifische Probleme interessiert. Er hat seine eigene, höchst individualistische Meinung darüber, was von der Welt und ihren Problemen zu halten ist. Alexanders dominante Funktion ist introvertierte Intuition, seine Hilfsfunktion extravertiertes Denken.

Als Kind war er individualistisch und so phantasievoll, daß er aus einem schon damals aktiven inneren Leben und aus eigenen Stimulationsquellen schöpfte.

Alexander interessiert sich seit vielen Jahren für Neuropsychologie. Er hat eine eigenständige Theorie und Meinung zu Problemen wie minimaler Hirndysfunktion entwickelt. Seine Sicht ist dem traditionellen medizinischen Ansatz bei der Diagnose von Hirndysfunktion durch Hirnverletzung entgegengesetzt. Er ist seinen Medizinerkollegen gegenüber zwar sehr kooperativ, betrachtet aber viele ihrer Auffassungen zu diesem sehr speziellen Problem als oberflächlich und unangemessen vereinfachend.

Als Gerichtspsychologe wird Alexander oft gebeten, seine Meinung zu Fällen zu äußern, wenn Unstimmigkeit oder Verwirrung darüber herrscht, ob der Antragsteller tatsächlich durch einen Unfall eine Hirnverletzung erlitten hat.

Er hält viel von den diagnostischen Instrumenten, die er benutzt, um Dysfunktionen des Gehirns festzustellen. Er glaubt, daß sie sensibel und genau Defekte der Hirnfunktion diagnostizieren können. Noch stolzer ist er auf seine Gewandtheit bei der Analyse der Resultate, die er mit Hilfe dieser Instrumente erhält. Bei der Untersuchung seiner Patienten stellt er fest, daß selbst kleinere Hirnschädigungen starke Auswirkungen auf Verhalten und Persönlichkeit haben.

Als introvertierter Intuitiver ist Alexander äußerst individualistisch und unabhängig. Er interessiert sich zwar für Theorien, war aber nicht beeindruckt von Sheldons und Teds offensichtlich autoritärem Herangehen an Teddys Problem.

Tatsächlich war Teds autoritäre Einstellung bei ihrem ersten Gespräch so auffallend, daß Alexander ziemlich abgestoßen war. Doch er räumte Ted die Gunst des Zweifels ein und dachte sich, er habe ihn durch seine Andeutung, Teddy könne irgendeine Art von intellektuellem Defizit haben, vielleicht selbst ein wenig in die Defensive getrieben.

Alexanders Hilfsfunktion, extravertiertes Denken, entspricht sowohl Teds als auch Sheldons dominanter Funktion; daher ist auch er recht gut organisiert, und er denkt logisch. Wie bei Ted und Sheldon ist sein Kommunikationsstil das Denken, obwohl er introvertiert ist. Alle drei haben einen gemeinsamen Kommunikationsstil, basierend auf analytischer Überlegung, Logik und unpersönlichem Urteil.

Alle drei kommunizierten über ein Problem, das die möglichst objektive Einschätzung von Teddys geistigen Fähigkeiten umfaßte. Da alle daran interessiert waren, möglichst objektiv an die Quelle von Teddys Schulproblem zu gelangen, war die Kommunikation zwischen ihnen ziemlich direkt. Da sie infolgedessen individuelle Voreingenommenheiten und Idiosynkrasien beiseitestellten, konnten sie sich einigermaßen leicht darüber verständigen.

Alexander selbst kann auch etwas autoritär sein, doch bei ihm ist es weniger auffällig. Er vertraut am meisten auf seine eigene Autorität sowie auf seine eigenen Theorien, Methoden und Ansätze zur Erkennung von Problemen. Er kann anderen gegenüber kritisch sein, wenn sie den Anschein erwecken, die Dinge nicht zumindest einmal aus seiner Sicht anschauen zu wollen. Da er so individualistisch ist, hat er oft eine Tendenz, wenig auf die Meinungen jener zu geben, die nicht mit ihm übereinstimmen. Allerdings kann er die abweichenden Meinungen von Menschen, die ihm nahestehen, sehr viel besser ertragen.

Im Laufe seiner Untersuchung machte Alexander mit Teddy eine Reihe von Tests, teilweise, um seine Intelligenz zu bewerten, teilweise, um zu bestimmen, ob er eine Lernstörung oder eine Beeinträchtigung der Hirnfunktionen aufwies. Jedes dieser Defizite würde seine Aufmerksamkeit in der Schule beeinträchtigen. Er führte auch einige projektive Tests durch, um festzustellen, ob Teddys Lernschwierigkeiten emotionale Ursachen haben könnten.

Alexander stellte keine intellektuellen Mängel bei Teddy fest und auch keine neuropsychologischen Störungen, die irgendwelche geistigen Defizite auslösen würden. Tatsächlich lag Teddys IQ über dem Durchschnitt. Alexander war seiner Diagnose so sicher, daß er darauf bestand, Ted solle die Möglichkeit einer emotionalen Ursache von Teddys Problem untersuchen. Er fand in den projektiven Tests einige Hinweise darauf, daß es Teddy an Selbstwertgefühl fehlte.

Ted respektierte Alexanders gründliche und genaue Untersuchung Teddys und auch die Art, wie er die Ergebnisse der psychodiagnostischen Tests vortrug und mit ihm besprach. Dennoch fand er Alexanders Vorschlag, nach einer emotionalen Ursache des Problems zu suchen, ziemlich schwer zu akzeptieren. Er meinte, was Teddy am meisten brauche, seien mehr konkrete Informationen über die Welt. Da er nun wußte, daß Teddys Intelligenz intakt war, fühlte er sich auch in der Annahme bestärkt, Teddy müsse sich einfach mehr Mühe geben und sich beim Lernen mehr anstrengen.

Alexander betonte demgegenüber, Teddys Intelligenz sei vollkommen normal, er unterscheide sich kaum von anderen Jungen seines Typs, die allerdings leichter lernten, wenn sie die praktischen Anwendungen des Gelernten begriffen. Er wies auch darauf hin, daß Jungen mit einem Temperament wie Teddy oft im traditionellen akademischen Betrieb oder bei theoretischen Fächern wenig Erfolg hätten. Er war der Ansicht, Teddy werde die Schule vielleicht interessanter finden, wenn sein Lehrer praktischer und konkreter an jene Dinge heranginge, die Teddy zu lernen hatte – vielleicht, indem er an Teddys Tierliebe appellierte –, statt nur abstrakte und unzusammenhängende Begriffe vorzutragen. Er erklärte außerdem, Jungen von Teddys Typ hätten leicht psychische Probleme, wenn es ihnen schwerfalle, mit ihren mehr theoretisch orientierten Mitschülern Schritt zu halten.

Ted war beeindruckt von all den Informationen, die Alexander diesen objektiven Tests entnahm, und auch von seinem geschickten Umgang mit diesen Informationen und seinem methodischen Vortrag. Angesichts der Tatsachen konnte Alexander Ted die wenn auch etwas widerwillige Bereitschaft abringen, die Möglichkeit einer emotionalen Komponente von Teddys Schwierigkeiten in Betracht zu ziehen. Er konnte Ted durch sachbezogene Überlegungen davon überzeugen, daß emotionale Faktoren durchaus die Leistungsfähigkeit eines Schülers zu beeinträchtigen vermögen.

Bei seinen Erklärungen und Vorschlägen benutzte Alexander seine Hilfsfunktion, um mit Ted zu kommunizieren. So erreichte er Teds dominante Art des Verstehens, nämlich extravertiertes Denken. Bei dieser Art von Kommunikation traten beide Beteiligten mit einem auf Denken basierenden Kommunikationsstil miteinander in Beziehung.

Der INDU-Prototyp (4 Prozent)

Intuieren → Denken → Fühlen → Empfinden

Der INDU ist der unabhängigste von allen Typen. Er ist der herausragende Individualist, der zutiefst an die Wahrheit seiner eigenen Ideen und seiner Intuition glaubt.

Intellektuell gehören INDUs zu den strengsten und exaktesten Denkern. Sie verlangen viel von sich selbst und erwarten, daß auch das Denken anderer klar und überlegt ist. Das geistige Leben ist für sie so wichtig wie alles andere; ihre Maßstäbe für intellektuelle Exzellenz sind schwer zu erfüllen. Wenn sie einmal ihre eigenen Ideen ausgearbeitet haben, sind sie schwer davon abzubringen.

INDUs gehören zu den gebildetsten unter den Typen; die Fülle von hohen akademischen Graden unter ihnen bestätigt ihren Respekt vor Bildung. Gelehrsamkeit ist ihre zweite Natur, und sie nehmen einiges auf sich, um sicher zu sein, daß sie die notwendige Bildung erhalten. In der Schule sind sie oft die anerkannten Musterschüler mit breitgefächerten theoretischen Interessen.

Im Beruf sind INDUs fleißig. Sie geben selbst ihr Tempo vor, und es wäre ungewöhnlich, wenn sie an ihre Pflichten und Verantwortlichkeiten erinnert werden müßten, da ihre eigenen Maßstäbe oft höher sind als die Erwartungen, die von außen an sie herangetragen werden. Da sie so individualistisch sind, haben sie eine natürliche Abneigung gegen Bürokratie und Autorität. Sie ziehen es vor, Dinge auf ihre eigene Weise zu erledigen, jedoch sind sie auch oft traditionell genug, dies unauffällig zu tun.

INDUs richten ihren Blick auf innere Visionen, die ihre eigenen Auffassungen vom Wesen der Welt repräsentieren, oft im Gegensatz zu dem, was andere vielleicht denken. Wenn sie einmal mit einem Projekt oder einer Idee beginnen, sind sie bei der Durchführung energisch und ausdauernd, und man kann sie oft nur schwer davon abbringen.

Im zwischenmenschlichen Bereich sind INDUs reserviert, ernsthaft, emotional kühl und manchmal eher karg. Sie tun sich nur mit wenigen engen Freunden zusammen, und die Zeit, die sie mit anderen verbringen, ist normalerweise sorgfältig geplant und eingeteilt.

INDU-Väter sind häufig sehr loyal und traditionell. Sie genießen das Familienleben, vor allem, wenn seine festlichen Rituale unauffällig, intim und privat bleiben. Sie dulden und fördern die Interessen und Ziele ihrer Kinder, können sie aber durchaus in Frage stellen, wenn sie sie für nicht ausreichend durchdacht halten. Sie betonen, daß ihre Kinder sich an eine Welt anpassen und sie bewältigen müssen, die sie selbst als aufregend, aber auch anspruchsvoll und mit intellektuellen und praktischen Herausforderungen befrachtet erleben, die überwunden werden müssen - alles, um ein Maximum an Unabhängigkeit und die höchstmögliche persönliche Kompetenz zu erlangen.

Die Kehrseite der INDUs ist, daß sie pedantisch, rigide und schwer von anderen Standpunkten zu überzeugen sein können. Wenn INDUs zu stark von ihren eigenen Ideen eingenommen sind, können sie sich selbst von kreativer Spontaneität abschneiden. Wenn sie sich übermäßig in ihre eigenen Interessen vertiefen, können sie beginnen, sich von anderen zurückzuziehen. Ein großes Problem kann sich für sie ergeben, wenn sie allzu zielstrebig sind.

Häufige Berufe von INDUs

Psychologe	Elektroingenieur
Physiker	Universitätsprofessor
Sozialwissenschaftler	Fotograf
Forscher	Rechtsanwalt
Systemanalytiker	Staatsanwalt
Chemieingenieur	Richter

Cal: ein introvertierter Denktyp, INDW

Wie Harry, der Bauingenieur (ISDW), ist Teds Bruder Cal ein introvertierter Denker. Seine dominante Funktion ist introvertiertes Denken, seine Hilfsfunktion extravertierte Intuition. Doch im Unterschied zu Harry (der einen SD-Kern hat), der sich mehr für die praktischen Anwendungen von Dingen und Informationen interessiert, liegt Cal (mit seinem ND-Kern) stärker an abstrakten Ideen und Theorien, weil er sich auf seine Intuition verläßt.

Als Mathematiker und Professor fühlt Cal sich am wohlsten und kompetentesten, wenn er sich in den Beweis für eine neue Theorie versenkt. Er ist ein wenig einzelgängerisch und wie sein Neffe Teddy nicht leicht zu verstehen. Aufgrund seiner wahrnehmenden Orientierung in bezug auf die Außenwelt verläßt Cal sich auf seine Intuition. Darin unterscheidet er sich von Alexander (INDU), der sich aufgrund seiner urteilenden Orientierung mehr auf das Denken verläßt.

Schon als Kind wechselte Cal zwischen ausgeprägter Schüchternheit und großer Streitlust hin und her. Er war neugierig, fragte viel und forderte sogar Ältere heraus. Er schien die Gesellschaft seiner eigenen Gedanken mehr zu genießen als die Gesellschaft seiner Freunde. Schon als Jugendlicher war er ein gieriger Leser; die Lektüre von Science fiction, Fantasy und Detektivgeschichten war seine frühe Art, sich allein zu amüsieren. Er schien das Lernen um des Lernens willen zu genießen.

Da Cals Hilfsfunktion extravertierte Intuition ist, stellt die Welt der Ideen und Theorien eine endlose Faszination für seinen Intellekt dar. Obwohl er wie Ted eine ziemlich unentwickelte Fühlfunktion hat, wirkt er im allgemeinen weniger stockkonservativ und rigide als sein Bruder.

Sich selbst gegenüber kann Cal kritisch und anspruchsvoll sein, und er kann ungeheuer viel Zeit damit verbringen, sich allen theoretischen Grundlagen seiner intellektuellen Interessen zu widmen. Andererseits ist er aufgeschlossen und akzeptiert etwa die Art, wie Teddy ist. Er ermutigt Ted, Teddy mehr Raum zu gewähren und ihn sich auf seine eigene Weise entwickeln zu lassen. Obwohl er das nicht sagt, meint Ted, Cals Rat sei unverantwortlich und beruhe darauf, daß er sich zuviel mit theoretischen Dingen beschäftigt und es ihm an verantwortungsvoller Bindung an ein Familienleben fehlt. Er mißbilligt sehr, daß Cal schon seit einigen Jahren geschieden ist und daß sein Sohn bei ihm lebt.

Da Cals am wenigsten entwickelte Funktion extravertiertes Fühlen ist, hat er große Schwierigkeiten in Beziehungen, vor allem in Liebesbeziehungen. Als Beispiel hierfür erinnert Ted zynisch an die Zeit, als Cal sich wahnsinnig in eine seiner Studentinnen verliebt hatte und diese über jede Realität hinaus idealisierte. Wie Ted meint, konnte er nicht sehen, daß sie bloß ein junges Mädchen war, das sich in die Brillanz ihres Professors verguckt hatte und sich durch sein Interesse an ihr geschmeichelt fühlte. Wir werden in Kapitel 6 auf dieses Problem von Cal zurückkommen.

Der INDW-Prototyp (5 Prozent)

Denken → Intuieren → Empfinden → Fühlen

Der INDW ist der intellektuell eindrucksvollste aller Typen. Wie der sprichwörtliche zerstreute Professor ist er unabhängig und selbstbestimmt und hat eine außergewöhnliche Gabe sowohl für das Denken als auch für die Sprache.

Die INDWs sind neugierig, kreativ, logische und originelle Denker, deren Lebenszweck es zu sein scheint, Gedanken und Begriffe zu organisieren. Weil ihr Schwerpunkt Spekulationen und Theorien sind, überlassen sie die Organisation von Außenwelt und sozialen Beziehungen anderen. Sie genießen es, universale Wahrheiten und Prinzipien zu untersuchen. Ihr kognitiver Stil ist von Einfallsreichtum, Klugheit und logischer Klarheit gekennzeichnet. Als nonkonformistische Denker macht es ihnen Freude, komplexe Probleme zu diskutieren und zu lösen, begriffliche Modelle zu errichten und ungewöhnliche und komplexe Ideen zu entwickeln. Im Unterschied zu SDs orientieren sich NDs mehr an Prinzipien als an Tatsachen. Sie legen großen Wert auf Bildung und lernen unablässig, ihr Leben lang.

Da extravertiertes Fühlen ihre wahrscheinlich am wenigsten entwickelte Funktion ist, wirken sie oft emotional reserviert, wenn nicht losgelöst. Die Meinungen anderer sind ihnen häufig gleichgültig. Sie verabscheuen belangloses Gerede und können auf alle, die sie nicht gut kennen, einen indifferenten Eindruck machen. Deshalb sind INDWs oft emotional distanziert und skeptisch. Nicht selten sind sie Einzelgänger.

Beruflich brauchen INDWs eine Arbeit, die ihren kreativen

Intellekt ständig herausfordert. Wenn sie sich selbst erst einmal bewiesen haben, daß sie ein Konzept meistern, gehen sie weiter zur nächsten Herausforderung. Jedes Projekt kann ihnen reizvoll erscheinen, wenn es einen intellektuellen Prozeß in Gang bringt. Im Vergleich zu den meisten SD-Denkern konzentrieren sich die INDWs auf den Denkprozeß als solchen und weniger auf dessen Resultate oder Folgen.

Bei der Arbeit kommen INDWs mit anderen oft schwer zurecht, weil ihre intellektuelle Überschwenglichkeit von anderen viel Toleranz erfordert und sie selbst viel Freiheit brauchen. Sie fordern andere gern intellektuell heraus und halten wenig von etablierten Meinungen.

Sie haben eine Abneigung gegen Hierarchien, ignorieren oft Routineabläufe und mögen keine gewöhnlichen, vor allem keine standardisierten Vorgehensweisen. Am meisten leisten sie in einer flexiblen und lockeren Atmosphäre, in der sie selbst das Tempo und die Ziele bestimmen können. Sie gehören zu den selbstbestimmtesten aller Männertypen. Sie sind unabhängig, rufen sich selbst zur Ordnung und sind stolz auf ihre Selbstbeherrschung. Ihr persönliches Kompetenzgefühl beziehen sie aus der erfolgreichen Suche nach konzeptionell perfekten, makellosen Lösungen, kurz, aus dem Erreichen intellektueller Perfektion.

Als Väter sind INDWs gewöhnlich geduldig und anerkennend. Höchst wichtig ist es ihnen, die intellektuelle Unabhängigkeit ihrer Kinder zu fördern. Der INDW-Vater fordert nicht und zwingt nichts auf, sondern schlägt seinen Kindern eher Alternativen vor. Aufgrund seiner Leben-und-leben-lassen-Einstellung kann er manchmal passiv und voreingenommen wirken. Er geht seinen Hobbys mit der gleichen Entschiedenheit nach wie seiner Arbeit. Jeder intellektuelle Prozeß, sei es im Beruf oder in der Freizeit, zieht seine volle Konzentration und Aufmerksamkeit auf sich.

Die Kehrseite besteht darin, daß INDWs ihre eigenen schlimmsten Kritiker sein können, die immer noch einen Fehler finden. Anderen kann es so vorkommen, als liege ihnen mehr an ihren abstrakten Projekten als an Menschen. Ohne intellektuelle Zurückhaltung können sie sich so in ihren Analysen verlieren, daß sie vor lauter Bäumen den Wald nicht mehr sehen.

Das Bedürfnis des INDW nach Zeit für sich allein und nach ruhigen geistigen Aktivitäten kann für ihn wichtiger werden als seine Beziehung zu seinen Mitmenschen. Wenn er nicht die nötigen Ventile für seine konzeptionellen Fähigkeiten findet, wird er unter Umständen zynisch oder depressiv. Er kann sich zu einem lästigen, einsamen Schulmeister entwickeln, der die persönliche Dimension seiner Arbeit aus den Augen verliert.

Wenn der INDW sein intellektuelles Leben allzu wichtig nimmt, gelingt es ihm möglicherweise nicht, soziale Fähigkeiten und familiäre Beziehungen zu entwickeln. Und ohne angemessene emotionale Befriedigung und befriedigende Beziehungen kann er übermäßig sentimental oder überempfindlich werden und überreagieren.

Häufige Berufe von INDWS

- Professor fürMathematik, Naturwissenschaft,Wirtschaft oder Philosophie
- Forscher
- Biologe
- Chemiker
- Computerprogrammierer
- Systemanalytiker
- Rechtsanwalt
- Fotograf
- Psychologe
- Gutachter
- Schriftsteller

Paul: ein extravertierter Intuitionstyp, ENDW

Cals Sohn Paul ist ein ENDW. Er stellt einen interessanten Gegensatz zu seinem Vater dar, obwohl der einzige offensichtliche typologische Unterschied zwischen ihnen darin besteht, daß Cal introvertiert und sein Sohn extravertiert ist. Paul ist lebhafter als sein Vater, und er hält ständig nach neuen Arten Ausschau, Routinetätigkeiten zu erledigen.

Pauls dominante Funktion ist extravertierte Intuition. Seine Hilfsfunktion ist introvertiertes Denken. Weil Cals Hilfsfunktion extravertierte Intuition ist, teilt er Pauls Kommunikationsstil wie auch sein Interesse an neuartigen, alternativen Vorgehensweisen. Manchmal jedoch findet Cal, daß sein Sohn ungewöhnlich unkonzentriert sei und sich mit zu vielen Möglichkeiten beschäftige.

In seiner eigenen Kindheit war Cal viel zurückgezogener, als sein Sohn heute ist. Daher kommen ihm Pauls Extraversion und sein Aktivitätspegel vergleichsweise extrem vor. Pauls Kindheit erschien Cal wie eine unaufhörliche Kletterpartie, bei der er physisch und geistig mit ihm Schritt halten mußte. Paul war ständig unterwegs und wehrte sich gegen alle Einschränkungen seiner Freiheit. Restriktionen schienen seinen Gegendruck nur zu verstärken.

Ted, der ESDU, ist Pauls Onkel. Er findet seinen Neffen oft wild und unkontrolliert und hat daher wenig Vertrauen in Cals Ratschläge bezüglich Teddy. Er meint, wenn Cal Paul nicht kontrollieren könne, sei er nicht in der Position, ihm für Teddy Ratschläge zu geben. Paul dagegen ist der Meinung, sein Onkel Ted sei vom Establishment geschluckt worden und habe sich an das System verkauft. Er sieht Ted als Bürokraten mit einer engen Vorstellung davon, wie Organisationen geleitet werden sollten.

Paul hat sich den Ruf erworben, innerhalb des sozialen Systems ein Radikaler zu sein. Als Sozialarbeiter setzt er seine innovativen Ideen um. Paul mißachtet grundsätzlich die meisten großen Organisationen und Institutionen und hält sie für ineffizient und kurzsichtig. Bei den alltäglichen Aktivitäten seines Jobs widerstrebt es ihm, Standardmethoden anzuwenden. Er mag keine Regeln und hält nach kreativeren Arten Ausschau, mit Routinevorgängen umzugehen. Diese Einstellung setzt ihn bei seinen Vorgesetzten oft einem gewissen Risiko aus.

Pauls persönliches Ziel ist es, das gesamte soziale System so zu reformieren, wie es seinen globalen Ideen entspricht. Anderen kommt es manchmal so vor, als wolle er das System eher überlisten als verändern: Als Ikonoklast und unbeugsamer Individualist interessierte er sich mehr für den Umbau des sozialen Systems als für den direkten Nutzen derer, die darauf angewiesen sind.

Weil er so wenig Verbindung zu seinen eigenen Gefühlswerten hat, berücksichtigen seine extremistischen Ideen oft nicht die Auswirkungen auf jene, die davon am meisten betroffen sind. Doch seinem Denken zufolge werden die Leistungsempfänger nur dann einen Nutzen haben, wenn das System selbst angemessen verändert wird. Pauls Interesse konzentriert sich auch oft auf die Verwalter dieses Systems, und er möchte sie wirklich gern verstehen. Allerdings findet er, daß sie seine Ideen eher blockieren, als daß sie ihn unterstützen. Er mag es nicht, daß ineffiziente Verwaltungsvorschriften ihn einschränken, und findet, daß sie die Verwirklichung wichtigerer, relevanterer und funktionellerer Ideen verhindern. Weniger deutlich sieht er seinen eigenen Einfluß auf das System. Als Radikaler würde er es am liebsten in Brand setzen und von vorn anfangen.

Sein Selbstwertgefühl bezieht Paul aus einem starken Empfinden persönlicher Kompetenz. Seine Beredtsamkeit und seine überzeugenden Ansichten beispielsweise regen seine Kollegen oft zum Handeln an.

Im Unterschied zu seinem Onkel Ted glaubt Pauls Vater, Paul habe das Herz am rechten Fleck, neige aber dazu, mehr abzubeißen, als er kauen könne.

Der ENDW-Prototyp (6 Prozent)

Intuieren → Denken → Fühlen → Empfinden

Der ENDW-Mann ist unternehmungslustig, erfinderisch und ehrgeizig. Er ist energisch, enthusiastisch, kontaktfreudig und oft amüsant im Umgang. Der ENDW ist zwar gesellig, aber auch ziemlich unabhängig. ENDWs können konkurrierend, herausfordernd und weitgehend objektiv sein, wenn sie die Dinge anpacken.

Beruflich sind ENDWs unternehmerisch, einfallsreich und überzeugende Anreger von Veränderungen. Sie sind fähig, kreative, vorausschauende Strategien zu entwickeln, um komplexe Ideen und Projekte zu analysieren und zu handhaben. Ihr Ansatz ist flexibel, pragmatisch und oft recht originell. Sie sind in der Lage, die Folgen ihrer Ideen genau und realistisch einzuschätzen.

Die größte Schwierigkeit von ENDWs im Berufsleben besteht darin, daß sie Routine, standardisierte Prozeduren, Regeln und Vorschriften verabscheuen. Dies veranlaßt sie häufig, neue und unerprobte Wege zum Erledigen von Dingen zu suchen.

Intellektuell haben ENDWs eine natürliche Begabung, komplizierte Konzepte ganzheitlich zu analysieren und zu organisieren. Sie besitzen eine natürliche Toleranz für das Komplizierte und lieben es sogar. Ihre Flexibilität und Offenheit gestatten ihnen den Zugang zu vielen möglichen Arten, Ideen zu äußern und zu verfeinern. Am liebsten haben sie Ideen, die funktionieren und praktisch anwendbar sind.

Wie beim ENDU führt diese intellektuelle Offenheit häufig dazu, daß sie Meister des Gesamtüberblicks sind, für Details interessieren sie sich allerdings noch weniger als der ENDU. Ein großer Teil ihrer Kompetenz rührt von der Entwicklung persönlicher Geschicklichkeit auf vielen verschiedenen Gebieten her.

Im zwischenmenschlichen Bereich können ENDWs enthusiastisch, ungezwungen, gutmütig und redselige Unterhalter sein. Ihr eloquenter und bezwingender Stil verleiht ihnen die Fähigkeit, andere zu mobilisieren und zu inspirieren. Sie können im Umgang mit ihren Mitmenschen klug und phantasievoll sein und wegen ihrer neuartigen und überzeugenden Ansichten oft Führungspositionen erreichen.

Wenn sich ENDWs jedoch zu sehr mit ihren Ideen befassen, haben ihre Beziehungen zu anderen oft etwas Unpersönliches. Das kann zu einem Gefühl emotionaler Distanz und Oberflächlichkeit in den Beziehungen führen.

Als Väter sind ENDWs leicht zufriedenzustellen und erkennen ihre Kinder an. Gewöhnlich überfordern sie sie nicht mit unfairen oder unrealistischen Erwartungen. Im allgemeinen haben sie viele Hobbys, und zu Hause sind die verschiedensten Projekte im Gange. Ständig halten sie Ausschau nach neuen Dingen, die sie mit ihren Familien unternehmen können, und verstehen ausgezeichnet zu improvisieren, wenn es langweilig wird.

Da ENDWs so großen Wert auf intellektuellen Individualismus legen, unterstützen sie bereitwillig die Entwicklung der besonderen Fähigkeiten und Begabungen ihrer Kinder. Sie freuen sich daran, gute Versorger für ihre Familien zu sein, und ihre Fürsorge äußert sich auch darin, daß sie die Interessen ihrer Kinder unterstützen.

Allerdings sind ENDWs gewöhnlich beim Verabreichen emotionaler Nahrung nicht so freigiebig, wie ihre Familien das gern hätten. Ihren Angehörigen erscheint es häufig so, als seien sie entweder ›an‹ oder ›aus‹, da sie zwischen optimistischer, enthusiastischer Anteilnahme und selbstversunkener Loslösung schwanken. In dieser Hinsicht können sie auch als emotional unzuverlässig erlebt werden.

Da ENDWs zu den beruflich wendigsten Typen gehören, gibt es viele verschiedene Berufsnischen, in die sie bequem hineinpassen. Ihr Wohlbefinden in den verschiedensten Berufen wird nur durch ihre Intoleranz und Abneigung gegen Routine und Bürokratie begrenzt. Tätigkeiten mit zuviel Routine, zu vielen Regeln und Vorschriften oder vielen festen Ablieferungsterminen frustrieren ihre Neigung zur Freiheit in allen geistigen Angelegenheiten.

Die Kehrseite der ENDWs besteht darin, daß sie sich allzu stark auf ihre Ansichten konzentrieren, wie Dinge sein sollten, und dabei Details der Realität ausschließen. Wenn sie sich nicht ausreichend um solche Details kümmern oder sich nicht genügend bemühen, ihre komplexen Bestrebungen sorgfältig vorzubereiten, sind sie unter Umständen für die Aufgaben, die sie in Angriff nehmen, schlecht gerüstet.

ENDWs können freimütige, nonkonformistische Ikonoklasten werden, die unter einem Zwang stehen, Dinge auf ihre eigene Art zu sehen und zu tun. Wenn ihr Widerstand gegen den Status quo zu extrem wird, kann das dazu führen, daß sie als bloße oppositionelle Wichtigtuer betrachtet werden. Wenn sie diese Einstellung nicht modifizieren, nehmen andere sie möglicherweise als selbstgerecht und arrogant, als über allem stehend wahr.

Häufige Berufe von ENDWs

Verkäufer
Fotograf
Systemanalytiker
Chemieingenieur
Kreditprüfer
Psychiater
Angestellter in einer Public-Relations-Firma
Schauspieler
Journalist

Zusammenfassung

Die Wahrnehmung der NDs erfolgt über Abstraktionen und Theorien; die Beurteilung dieser Abstraktionen erfolgt durch Denken, das heißt einen relativ unpersönlichen Prozeß der Entscheidungsfindung. Für die NDs ist Theoretisieren eine wichtige Dimension ihres Strebens, die Welt zu verstehen, die sie als weitgehend objektive Erfahrung wahrnehmen. Sie versuchen, die zugrundeliegenden Prinzipien zu verstehen, welche in der Welt am Werk sind, in der sie leben. Im Unterschied zu den Denkern (SDs) schätzen sie Tatsachen nur als Beweise oder Beispiele für Theorien und nicht um ihrer selbst willen.

Als Gruppe sind NDs häufig selbstkritisch und intellektuell perfektionistisch. Gleichzeitig verlangen sie, daß andere ihren anspruchsvollen Erwartungen und ihrem hohen Leistungsniveau gerecht werden. Ihre großen Stärken sind sowohl Einfallsreichtum als auch logisches Erfassen ihres Themas. Am meisten leisten sie in technischen, wissenschaftlichen, administrativen und finanziellen Tätigkeiten. Sie können zwar einfallsreiche Neuerer sein, müssen ihre Vorstellungen im Bereich menschlicher Beziehungen aber häufig durch emotional harmonischere Einstellungen ausgleichen.

Den ND-Männern scheinen Beziehungen fast sekundär zu sein im Vergleich zu ihrem Wunsch, das ›Warum‹ der Welt zu verstehen. Sie können kreative und innovative Denker sein und wichtige Beiträge zu neuen und unerforschten Aspekten des intellektuellen Lebens leisten. Aber im Bereich der menschlichen Beziehungen lernen sie nur langsam.

Nachdem wir diese Beschreibungen der ND-Ideenmenschen denen der SD-Denker hinzugefügt haben, haben wir mehr als 60 Prozent der Männer erfaßt - diejenigen, bei denen die Denkkomponente entweder mit Empfinden oder mit Intuition kombiniert ist und entweder als dominante oder als Hilfsfunktion dient. Wir können sehen, daß das Bestehen der Denkfunktion sowohl der SD- als auch der ND-Gruppe einen entschieden maskulinen Anstrich gibt.

Jetzt betrachten wir die dritte Gruppe, die Tatmenschen. Dies sind die Männer vom empfindend-fühlenden Typ, bei denen Denken nicht mehr die dominante Funktion oder die Hilfsfunktion ist, sondern bestenfalls die tertiäre oder minderwertige Funktion. Die Schwäche der Denkfunktion und das Primat der Fühlfunktion geben den Persönlichkeiten dieser Männer eine ganz andere Qualität.

5. Die Tatmenschen: Phil, Wally, Brian und Teddy

Häufigkeit der Tatmenschen

In den Vereinigten Staaten, vielleicht in der ganzen westlichen Welt, sind SFs eher unter Frauen als unter Männern anzutreffen. Fast die Hälfte aller Frauen haben diesen Typenkern (siehe Tafel 4 im Anhang, S. 207). 26 Prozent der Männer sind wie Brian, Teddy, Phil und Wally, die zur Empfinden-Fühlen- oder SF-Gruppe gehören.

Wie die SD-Gruppe benutzt auch die SF-Gruppe Empfinden als Mittel der Wahrnehmung, doch weil ihre Urteilsfunktion Fühlen anstelle von Denken ist, unterscheiden sie sich stark von den Denkern. Ihr herausragendstes Merkmal ist, daß sie eine sehr menschenorientierte Gruppe sind. Sie alle haben ein gewisses Maß an verstärktem Fühlen und Empfinden, und bei allen sind Denken und Intuition unentwickelt.

Tatmenschen bevorzugen das Praktische, Vernünftige, Konkrete und Handfeste. Aus diesem Grund sind Tatmenschen selten von abstrakten Prinzipien beeindruckt. Sie neigen dazu, pragmatisch an die Lösung von Problemen heranzugehen, statt sich an abstrakte Regeln gebunden zu fühlen. Als Pragmatiker finden sie wahrscheinlich eher kreative Wege, mit Regeln umzugehen, statt diese einfach zu befolgen.

Überblick über die Tatmenschen

Ich habe mich dazu entschlossen, die SFs als Tatmenschen zu bezeichnen, weil sie sich als Gruppe am meisten zu Beschäftigungen hingezogen fühlen, bei denen ihre Fühlfunktion zur praktischen Anwendung kommt. Aus diesem Grunde sind sie oft wunderbare Ärzte, Krankenpfleger und Eltern.

Die Charaktere in den Vignetten dieses Kapitels sind Brian, ein ISFU, der Teds Hausarzt ist; Phil, ein ESFU, der Teddys Lehrer ist;

Teddy, Teds Sohn, ein ISFW, und Wally, ein ESFW, der Besitzer der Ställe, wo Teddy reitet. (Eine Zusammenfassung der dominanten und Hilfsfunktion und des Kommunikationsstils jedes Mannes findet sich auf Tafel 10 im Anhang, S. 210). Wie in den vorhergehenden Kapiteln folgt auf die Beschreibung jedes dieser Charaktertypen ein Prototyp, der die allgemeineren Merkmale des Typs schildert.

Von den vier Typen, die ich als Tatmenschen bezeichne, sind zwei, Phil und Wally, Extravertierte; Phil ist ein extravertierter Gefühlstyp, Wally ein extravertierter Empfindungstyp. Die Extravertierten neigen zu Toleranz und Unbekümmertheit und sind gute Vermittler. Oft können sie geschickt organisieren. Sie sind wahre Genießer und erfreuen sich an Speisen, Besitztümern und sogar an Werkzeugen.

Die beiden anderen SFs, Brian und Teddy, sind Introvertierte. Brian ist ein introvertierter Empfindungstyp, Teddy ein introvertierter Gefühlstyp. Teddy und Brian sind die introvertierten Pragmatiker. Sie sind zuverlässig, verantwortungsbewußt und überaus sensibel für Details. Gut sind sie in Berufen, die Gewissenhaftigkeit bei Einzelheiten und Ausdauer erfordern. Ihre Hartnäckigkeit und ihre Fähigkeit zum pragmatischen Lösen von Problemen gibt ihnen ein Gefühl von Kompetenz und Selbstwert.

Ich nennen die SF-Gruppe zwar Tatmenschen, doch eigentlich haben wir einen extravertierten Gefühlstyp, Phil, einen introvertierten Gefühlstyp, Teddy, sowie einen extravertierten Empfindungstyp, Wally, und einen introvertierten Empfindungstyp, Brian, vor uns. Die Gruppe besteht also aus zwei Empfindungstypen und zwei Gefühlstypen.

Wie im Falle der SDs und NDs in den vorhergehenden Kapiteln hängt das, was alle Männer in dieser Gruppe ›am besten können‹, mit dem Nukleus ihres Typs zusammen, SF, und weniger mit den ihnen zugewiesenen Typennamen. Alle SFs haben ein gewisses Maß an verstärktem Empfinden und Fühlen und infolgedessen auch ein gewisses Maß an unentwickeltem Intuieren und Denken. Doch die Art und Weise, wie jeder von ihnen sein Fühlen benutzt, ist unterschiedlich. Sie alle ziehen es vor, Fühlprozesse kombiniert mit Empfinden zu verwenden. Ihre Präferenz besteht darin, in erster Linie Empfinden als Wahrnehmungsprozeß und Fühlen als Einschätzungsprozeß zu benutzen. Der gesamte geistige Prozeß der SFs wird in der folgenden Beschreibung zusammengefaßt:

»SF-Menschen verlassen sich wie SD-Menschen zum Zwecke der Wahrnehmung in erster Linie auf das Empfinden, doch zu Urteilszwecken ziehen sie das Fühlen vor. Auch sie sind hauptsächlich an Fakten interessiert, die sie direkt durch die Sinne aufnehmen, doch sie gehen an ihre Entscheidungen subjektiver und mit mehr persönlicher Wärme heran. Die Subjektivität und Wärme rührt daher, daß sie dem Fühlen mit seiner Fähigkeit abzuwägen, wie wichtig Dinge ihnen selbst und anderen sind, vertrauen. Sie interessieren sich mehr für Fakten über Menschen als für Fakten über Dinge.«[1]

Alle Tatmenschen benutzen also das Empfinden als Wahrnehmungsfunktion, genau wie die SDs. Doch kombiniert mit Fühlen gibt das Empfinden der SF-Gruppe eine Qualität, die sich stark von der SD-Gruppe unterscheidet. Obwohl es in beiden Gruppen einen extravertierten Empfindungstyp und einen introvertierten Empfindungstyp gibt, sind alle vier sehr verschieden voneinander. Wie wir gesehen haben, hat jede Funktion des Bewußtseins auch eine spezielle Orientierung hinsichtlich der Zeit. Bei der Erörterung der SD-Gruppe haben wir festgestellt, daß Empfindungstypen sich weitgehend an der Gegenwart orientieren. Gefühlstypen dagegen sind vorwiegend auf die Vergangenheit bezogen.[2]

Die SF-Gruppe wird als Gruppe der Tatmenschen bezeichnet, weil der interaktive Effekt der Art, wie sie Empfinden in Verbindung mit Fühlen gebrauchen, bei ihnen dazu führt, Dinge für oder mit anderen zu tun. Dies wird noch deutlicher in den folgenden Vignetten und Prototypen.

Kommunikationsstil

Die beiden FUs dieser Gruppe, ein Extravertierter, Phil (ESFU), und ein Introvertierter, Brian (ISFU), kommunizieren weitgehend über das Fühlen. Die beiden SWs, Wally (ESFW), ein Extravertierter, und Teddy (ISFW), ein Introvertierter, kommunizieren meistens über das Empfinden. Alle vier verwenden Fühlen in Kombination mit Empfinden.

SFs mögen Details, Beweise und Fakten, gekleidet in spezifische Beispiele, mit denen sie persönlich in Beziehung treten können. SFs benutzen oft persönliche Erfahrung, um über Ideen zu diskutieren, selbst wenn diese Ideen sich um Fakten drehen. Sie diskutieren gern über Tatsachen und Beweise, aber nicht, wenn diese Diskussionen übermäßig unpersönlich werden.

SFs konzentrieren sich bei der Kommunikation am liebsten auf Beziehungen, andere Menschen und das Streben nach Glück, Harmonie und Bequemlichkeit. Sie genießen Diskussionen, die konkrete und direkte Anlässe haben, hauptsächlich, weil sie einen Beziehungswert für sie besitzen, nicht, weil es ihnen darum ginge, Punkte zu machen oder einen Streit für sich zu entscheiden. Sie vermeiden oder minimieren Gespräche, die zu negativ oder kritisch sind, vor allem solche über andere. Sie können immer konkrete Beispiele für die positiven Eigenschaften von jedermann finden. Sie sind angenehm in der Unterhaltung und erkennen und unterstützen die positiven Punkte, die andere vortragen. Im Unterschied zu den meisten anderen Männern diskutieren sie gern über Gründe, warum sie in Beziehungen stehen, über die Details, weshalb sie diese Beziehungen aufrechterhalten, und über konkrete Arten, sie zu verbessern.

Beziehungsstil

SFs bevorzugen gesellige, freundliche und direkte Gespräche, die durch persönlich bedeutungsvolle Informationen angereichert werden. Sie mögen lieber persönliche Gespräche als Diskussionen über abstrakte Themen. In ihren Unterhaltungen konzentrieren sie sich auf die positiven Eigenschaften von Freunden, Kindern und Partnern.

Sie zeigen Aufmerksamkeit, Liebe, Wertschätzung und Freundlichkeit für andere auf konkrete Arten. SFs schätzen es, wenn sie nach ihren Meinungen und Gefühlen gefragt werden, mögen es jedoch nicht, wenn man sie wegen ihrer emotionalen Reaktionen oder wegen ihrer Gefühle kritisiert. Sie nehmen die Meinungen und Gefühle anderer ernst und möchten unmittelbar helfen.

Brian: ein introvertierter Empfindungstyp, ISFU

Brian, ein ISFU, ist Arzt für Allgemeinmedizin und Hausarzt von Teds Familie. Seine dominante Funktion ist introvertiertes Empfinden, seine Hilfsfunktion extravertiertes Fühlen. Also kommuniziert er am leichtesten über das Fühlen.

Unter Männern gibt es nicht viele ISFUs. Oft sind sie die ruhigen, warmherzigen, verantwortungsvollen, dienstbereiten Typen, denen es Freude macht, anderen zu helfen, wenn diese Hilfe brauchen. Sie sind zurückhaltend und introvertiert und nicht oft im Rampenlicht zu finden. Sie ziehen es vor, hinter der Bühne zu wirken und ihre Aufgaben unaufdringlich und sorgfältig zu erfüllen.

Als Kind war Brian ruhig, gehorsam und verbrachte viel Zeit allein damit, Geige spielen zu lernen. Es faszinierte ihn, die Natur zu beobachten und zu erforschen, und er nahm eifrig den Anblick, die Geräusche und die Beschaffenheit von allem in sich auf, das ihm begegnete. Er war ein stark auf den Augenblick konzentriertes Kind und konnte sich in alles vertiefen, was seine Sinne wahrnahmen.

Brian hat eine extrem gut besuchte Arztpraxis, die ihm ungeheure Freude macht. Viele seiner Patienten kennt er gut, und er kümmert sich gern um sie. Er genießt auch die Tätigkeit als Mediziner, weil sie Methoden und Vorgehensweisen beinhaltet, bei denen er seine Sorgfalt und Genauigkeit auf Diagnose und Behandlung anwenden kann. Er ist ein exzellenter Diagnostiker, der sich freut, wenn er die Quelle der Symptome seiner Patienten feststellt, indem er routinemäßigen und vertrauten Untersuchungs- und Testmethoden folgt. Er ist ein realistischer und zuverlässiger Mensch, und seine medizinische Praxis verschafft ihm viele Ventile für sein Bedürfnis, gute Dienste zu leisten und fürsorglich zu sein und dabei greifbare, klare Ergebnisse zu erzielen.

Als Ted in Brians Wartezimmer saß, bemerkte er die zurückhaltende Wärme der Ausstattung und die leise klassische Musik im

Hintergrund. Als Arztpraxis war dieser Ort freundlich und nicht bedrohlich. Alles darin schien vollkommen angemessen zu sein und gab auch die Persönlichkeit des Besitzers deutlich zu erkennen. Auf einem Tisch in der Ecke lagen sauber gestapelte Faltblätter, auf denen verschiedene Methoden der Selbsthilfe bei häufigen medizinischen Problemen beschrieben waren. Es gab auch Zeitschriften, für Erwachsene wie für Kinder. Auf dem Fußboden standen mehrere Kinderspielzeuge. Gemälde von Hirtenszenen in gedämpften Farben schmückten die Wände sowie mehrere Fotos von Orten in Europa, die Brian besucht hatte.

Im Laufe der Jahre hat Ted Brians entspannte, ruhige, warmherzige Art schätzen gelernt, und er verläßt sich darauf ebenso wie auf sein pflichtbewußtes, genaues Herangehen an die Diagnose. Brian wirkt stets zuverlässig, erdgebunden, vernünftig und gemächlich. Eine seiner herausragenden Eigenschaften ist die Fähigkeit, still und mit scharfem Blick die Details des Verhaltens, der Körperhaltung und sogar der Gesten seiner Patienten zu beobachten. Gewöhnlich kann er daraus präzise Schlüsse ziehen, die für seinen Behandlungsplan nützlich sind.

Weil Brians Hilfsfunktion extravertiertes Fühlen ist, ist er auf andere eingestimmt und in seinen Beziehungen zu ihnen vorsichtig und rücksichtsvoll. Brian zieht keine voreiligen Schlüsse, denn er weiß, wenn er seine Spekulationen nicht auf konkreten Fakten begründet, könnte er das Wesentliche übersehen oder in seiner Prognose zu negativ sein.

Eine von Brians Schwierigkeiten besteht darin, daß er aufgrund seiner Hingabe an seine Arbeit oft nicht die Zeit findet, sich um seine eigenen Bedürfnisse nach Entspannung und Muße zu kümmern. Wenn er zu Hause ist, ist er ein pflichtbewußter, loyaler Ehemann, der sich bemüht, die Bedürfnisse seiner Familie und seiner Freunde zu erfüllen.

Ted konsultierte Brian zum ersten Mal schon ziemlich früh in seiner Laufbahn wegen Bluthochdruck und einer Neigung zu Magengeschwüren. Brian war extrem gründlich bei der Untersuchung und führte alle möglichen Tests durch, um Teds Probleme richtig zu diagnostizieren. Nachdem alle Untersuchungsergebnisse vorhanden waren, rief Brian Ted persönlich an und lud ihn ein, zu kommen und über die Resultate zu sprechen. Brian erklärte detailliert alle Befunde, um sicherzugehen, daß Ted verstanden hatte, welche Ergebnisse beachtet werden mußten und welche man ignorieren konnte.

Dann fragte Brian Ted nach seinen Stimmungen, Gefühlen, seinem Familienleben und seinem Job, denn er hatte das Gefühl, hier könnten die Ursachen für Teds starken Streß liegen. Danach umriß er ein Behandlungsprogramm, das kräftiges körperliches Training, eine Diät und einige Medikamente umfaßte; er schlug auch vor, Ted solle einen Psychologen konsultieren, der eine unterstützende Therapie durchführen könne, um ihm beim Umgang mit dem Streß seines Berufes und seiner Frustration über die schlechten Schulleistungen seines Sohnes zu helfen.

Ted akzeptierte bereitwillig alle Vorschläge bis auf den psychologischer Hilfe; er meinte, er sei in der Lage, diese Dinge allein zu bewältigen. Außerdem hielt er die Psychotherapie für eine ziemlich unexakte Wissenschaft und war der Meinung, daß die meisten »Seelenklempner« selbst Hilfe bräuchten.

Brian ist ebenso an Tatsachen interessiert wie Ted. Doch Brian interessiert sich für Tatsachen in bezug auf *Menschen* und weniger in bezug auf Dinge. Dieses Interesse verleiht Brian eine gewisse zwischenmenschliche Wärme, die bei Ted eher unterdrückt ist. Brians Hilfsfunktion, extravertiertes Fühlen, hat eine sozial konventionelle und harmonische Qualität, die ihm gestattet, leicht und mühelos mit seinen Patienten in Beziehung zu treten. Normalerweise hat Brian nicht viele Freunde, doch die, die er hat, sind sehr enge, vertraute und langjährige Gefährten. Phil ist einer von Brians ältesten Freunden; er ist auch der Lehrer von Teds Sohn.

Der ISFU-Prototyp (4 Prozent)

Empfinden → Fühlen → Denken → Intuieren

Die ISFUs sind ruhig, warmherzig, aufrichtig und von dem echten Wunsch beseelt, anderen zu helfen. Sie sind freundlich, rücksichtsvoll und zuverlässig. Sie haben nur mit einigen wenigen langjährigen Freunden angenehme Beziehungen.

Oft sind sie ziemlich stark um andere bemüht. Sie können es leicht bewerkstelligen, daß andere aus sich herausgehen, sind selbst aber ruhige, reservierte und ernsthafte Menschen, die sich im Hintergrund halten. Im allgemeinen geben ISFUs nicht viel von sich selbst preis und diskutieren selten ihre persönlichen Gefühle, außer mit denen, die ihnen nahestehen. In der Gruppe sind sie aktiv, wenn andere dabei sind, die sie ziemlich gut kennen. Ansonsten sind sie eher scheu.

Der intellektuelle Stil von ISFUs ist nicht nur durch Gründlichkeit gekennzeichnet, sondern auch durch sorgfältige und gewissenhafte Beachtung von Details. Ihr Denken spielt sich hinter einer Fassade der Ruhe und Gelassenheit ab. Sie gehen nicht an ein Problem heran, ohne vorher sorgfältig Prioritäten zu setzen. Ihre Problemlösungen umfassen einen gewissenhaften Blick auf das, was praktisch ist, und so konzentrieren sie sich auf den am konkretesten und unmittelbarsten wirkenden Aspekt eines Problems. Sie nehmen diesen Vorgang auch gern allein und mit viel Zeit zu ruhiger Konzentration in Angriff. Erst wenn sie zu der Lösung gelangt sind, die ihnen als bestmögliche und richtigste erscheint, beziehen sie andere in ihre Schlußfolgerungen ein und tragen die Ergebnisse ihres Nachdenkens mit Takt und Rücksicht vor.

Sie setzen sich klare Regeln und Vorschriften, um dorthin zu gelangen, wohin sie gehen wollen. Praktische Fließdiagramme, Listen und detaillierte Routineprozesse erleichtern ihnen das Erreichen ihrer Ziele. Sie konzentrieren sich gewissenhaft auf das, was ihnen am aktuellsten erscheint. Ihr Lernstil läßt sich am besten als praktischer, handgreiflicher Ansatz erklären, der ihnen gestattet, ihr natürliches sensorisches und kinästhetisches Bewußtsein zu benutzen.

Beruflich genießen ISFUs eine Beschäftigung, bei der sie anderen dienen, aber auch spezifische Aufgaben erfüllen können. Sie mögen Berufe, die Hingabe an andere verlangen, vor allem direkten Dienst am Menschen, bei dem auf die besonderen Bedürfnisse der Leute eingegangen wird. Weil sie so strukturiert sind, daß sie die gestellten Aufgaben erfüllen möchten, ziehen sie die Arbeit mit Dingen vor, die sie sehen können. Als ruhige Helfer lieben sie beständige Routineprozesse und klare Erwartungen und wollen sicher sein, daß sie wissen, was sie tun. Sie entsprechen gern Anforderungen, die klar und greifbar sind und konkrete Resultate erzielen.

ISFUs arbeiten lieber allein als in Gruppen; allein verbrachte Zeit scheint ihre Produktivität zu fördern. Sie brauchen selten die Kontrolle anderer, wenn sie einmal wissen, was von ihnen erwartet wird und was die Aufgabe selbst erfordert. Sie besitzen ein gutes Durchhaltevermögen und organisieren sich gern um das herum, was ihnen wichtig ist. Es fällt ihnen schwer, ein neues Projekt zu beginnen, ohne vorher die dafür notwendigen Schritte durchdacht zu haben, so daß sie sich klare Ziele setzen können.

Unordnung, Desorganisation und Störungen beeinträchtigen ihre Konzentrationsfähigkeit. Sie können nicht arbeiten, wenn die Dinge aus dem Lot sind. Als Angestellte sind sie willfährig und loyal und achten bestehende Hierarchien. Sie sind stark selbstbestimmt, selbstmotiviert und stolz auf alles, was sie tun; sie verlangen nur selten von anderen, Dinge zu tun, die sie selbst nicht tun würden.

Im Familienleben sind ISFUs verantwortungsbewußt und traditionell. Sie haben unkomplizierte, eindeutige Werte: Sicherheit und Loyalität. Sie bieten ihrer Familie gern greifbare Wohltaten, um ihr das Leben so bequem und störungsfrei wie möglich zu machen. Ihr Selbstwertgefühl als Eltern, Partner und Versorger ist mit dem Gefühl verbunden, sich ihrer Familie würdig zu fühlen.

ISFUs sind hingebungsvolle, pflichtbewußte Väter, die ihre Kinder beschützen und sensibel für ihre individuellen Bedürfnisse sind. Weil sie so gewissenhaft sind, neigen sie dazu, sich um ihre Partnerinnen und Kinder Sorgen zu machen. Sie sind ihren Partnerinnen und Kindern gegenüber geduldig, tolerant und emotional unterstützend.

Als Partner schätzen ISFUs Stabilität in der Ehe und den familiären Werten und erwarten von ihren Partnerinnen, daß sie ähnlich empfinden. Als Intimpartner sprechen sie ihre Gefühle der Liebe und Zärtlichkeit zwar vielleicht nicht direkt aus, aber sie versuchen, sie durch rücksichtsvolle Aufmerksamkeit und Fürsorge für die Bedürfnisse ihrer Partnerin zu äußern.

Greifbarer kommen ihre Gefühle im Sammeln von Andenken,

im Anlegen von Alben über Familienereignisse und in der Beschaffung materieller Güter für die Familie zum Ausdruck. Aufgrund ihrer Stabilität und ihrer Hingabe an die Familie sind ihre Beziehungen häufig von langer Dauer. Da sie so großen Wert auf ein harmonisches Familienleben legen, gehen sie Konfrontationen, Streitereien und Konflikten häufig aus dem Weg.

Die Kehrseite besteht darin, daß extravertiertes Denken die minderwertige Funktion des ISFU ist. Daher wird er Muße und Entspannung zurückstellen und seine Gefühle für sich behalten. Er entwickelt unter Umständen nicht die Fähigkeit, über die Gegenwart und das Konkrete hinaus zukünftige Möglichkeiten zu sehen, und sein Denken wird möglicherweise von so vielen unmittelbaren Fakten in Anspruch genommen, daß er andere Implikationen aus den Augen verliert.

Wenn seine Intuition (tertiäre Funktion) negativ ist, stellt er sich vielleicht vor, alles werde schlimm enden, und wird übermäßig pessimistisch oder argwöhnisch. Er kann sich zu stark auf vergangene negative Erfahrungen konzentrieren. Wenn man ihn nicht respektiert oder mißachtet, fühlt sich der ISFU zutiefst verletzt.

Häufige Berufe von ISFUs

Hausarzt
Medizintechniker
(ehrenamtlicher) Krankenpfleger
Bibliothekar
Bibliotheksassistent
Grundschullehrer
Hilfslehrer
Buchhalter
Kirchenaufseher
Verwalter
privater Haushaltshelfer
Sekretär

Phil: ein extravertierter Gefühlstyp, ESFU

Teddys Lehrer Phil ist ein ESFU. Phils Kindheit war gekennzeichnet von seiner Liebe zu Freunden, seiner großen Energie und einem offensichtlichen Bedürfnis, allen in seiner Umgebung gefallen zu wollen, besonders seinen Eltern. Er war ungewöhnlich sensibel für andere und oft verstört über deren Konflikte, selbst wenn er nicht direkt daran beteiligt war. Er schien emotional verwundbarer als andere Kinder und übernahm leicht die Schuld an Dingen, selbst wenn er sie eigentlich nicht trug.

Als extravertierter Gefühlstyp ist Phil gesellig, offen und warmherzig. Seine Hilfsfunktion ist introvertiertes Empfinden. Als hilfsbereiter, mitfühlender und nährender Mensch gibt er einen idealen Lehrer ab. Seine Begeisterung für das Lehren und seine Liebe zu Kindern machen ihn zum Liebling der anderen Lehrer an seiner Schule. Sein Direktor betrachtet ihn als eines der fairsten, sensibelsten und rücksichtsvollsten Mitglieder des Lehrerkollegiums.

Phils Klassenzimmer ist immer ordentlich und bunt geschmückt. Er glaubt, daß Kinder durch positive Verstärkung gedeihen und in einer helfenden, komfortablen und attraktiven Umgebung am besten lernen. Er ist stolz auf die Fortschritte seiner Schüler und tut, was er kann, damit sie sich in der Schule erfolgreich und wohl fühlen. Er versucht auch, die Individualität jedes seiner Schüler so gut wie möglich zu verstehen, damit er besser auf ihre einzigartigen Anliegen und Probleme eingehen kann. Gleichzeitig bemüht er sich, konsequente und klare Erwartungen dessen zu übermitteln, was von ihnen gefordert wird, wenn sie im Klassenzimmer oder auf dem Schulhof sind.

Wenn ›seine‹ Kinder nicht gut zurechtkommen, hat Phil manchmal das Gefühl, vielleicht nicht alles in seiner Macht Stehende zu tun, um ihnen zu helfen – eher eine Form der Selbstkritik als eine zutreffende Bewertung seiner Bemühungen. Insofern fühlte sich Phil auch bedroht und verunsichert durch Teds konfrontierenden und herausfordernden Stil. In seinem Inneren wußte er, daß er sich große Mühe gab, Teddys Schulerfahrung so positiv wie möglich zu gestalten.

Phil ist jedoch sensibel für Autorität und oft eingeschüchtert durch die Urteile von Männern in Machtpositionen wie Ted, die keine Hemmungen haben, ihre Meinung zu äußern. Besonders verletzlich ist er Kritik gegenüber, wenn er sie als unfair oder ungerechtfertigt empfindet. Teds Auftreten gab ihm das Gefühl, nicht geschätzt zu werden, und dabei ist das, was er am meisten braucht, Billigung und Bestätigung.

Einige der Kommunikationsschwierigkeiten zwischen diesen beiden Männern rühren von ihren entgegengesetzten Beziehungsstilen her: Teds Kommunikationsstil läuft über extravertiertes Denken, der von Phil über extravertiertes Fühlen. Und da die Nuklei ihrer Typen genau gegensätzlich sind, sind die Auswirkungen ihrer Beziehungsstile für beide Beteiligten schwierig. Teds eher direkter, logischer, selbstbehauptender, objektiver Stil steht in starkem Kontrast zu Phils unbekümmertem, subjektivem, fühlendem Ansatz. Für Phils Geschmack lebt Ted zu sehr in seinem Kopf und versteht weder ihn noch Teddy in ausreichendem Maße. Ted findet Phil übermäßig mitfühlend und nicht fordernd genug.

Wie wir gesehen haben, ist Teds Typ ESDU der häufigste unter Männern, während Phils Typ ESFU am häufigsten bei Frauen vorkommt. Es gibt mehr als doppelt so viele männliche extravertierte Denktypen wie männliche extravertierte Gefühlstypen. ESFU-Männer sind, typologisch gesehen, echte Raritäten, denn sie machen nur acht Prozent der männlichen Bevölkerung aus. Dem Typ nach gleichen sie eher der ›durchschnittlichen‹ Frau. Die warmherzige, akzeptierende, nährende und mitfühlende ESFU-Frau ist buchstäblich der Archetyp der Mutter.

ESFU-Männer orientieren sich in erster Linie an traditionellen Familienwerten und schätzen harmonische Beziehungen. Sie organisieren ihr Leben so, daß sie anderen dienen können, und dies ist ihre oberste Priorität. Deswegen können sie mit Männern, die – wie Ted – den überwiegenden Typ repräsentieren, meist nicht gut kommunizieren oder in Beziehung treten. Es ist auch nicht überraschend, daß Phil gewöhnlich mit den Müttern seiner Schüler viel besser auskommt als mit ihren Vätern.

ESFUs sind ebenso gut organisiert wie ihre ESDU-Gegenpole, aber ihr Organisationsstil richtet sich darauf, die Bedürfnisse anderer so effizient, greifbar und kongenial wie möglich zu erfüllen. Sie verschwenden ebenfalls nicht gerne Zeit, Material oder Ressourcen, doch auch das steht wieder im Dienst der Sicherung und Befriedigung der Bedürfnisse anderer.

Phil hat etwas mit Brian gemeinsam, dessen Hilfsfunktion extravertiertes Fühlen ist, welches im Gegensatz zu Phils und Teds Beziehungsstilen steht. Brian ist seit Jahren mit Phil befreundet und genießt dessen häufige Grillabende und Partys, bei denen Phil ein vollendeter Gastgeber ist. Phil weiß, daß Brian der Arzt von Teds Sohn ist; sie haben schon mehrmals anerkennend über Teddys ruhige Warmherzigkeit und seine Liebe zu Tieren gesprochen.

Der ESFU-Prototyp (8 Prozent)

Fühlen → Empfinden → Intuieren → Denken

Der ESFU-Mann ist kontaktfreudig, warmherzig und mitfühlend. Es macht ihm Freude, für die praktischen Bedürfnisse seiner Familie und der ihm Nahestehenden zu sorgen. Da ESFU der häufigste Frauentyp ist und es nur halb so viele Männer wie Frauen dieses Typs gibt, hat er einige interessante Ähnlichkeiten mit Frauen des gleichen Typs, weist aber auch einige Unterschiede auf, die von seiner Sozialisation als Mann herrühren. Männer, die in ihrem Fühlen extravertiert sind, sind unter Männern so selten wie extravertiert denkende Frauen unter anderen Frauen.

ESFU-Männer haben sozial angemessene Gefühle für fast jede Situation; sie haben für jede Gelegenheit eine Liste mit ›du solltest‹ und ›du solltest nicht‹. Ihre Reaktionen sind helfend, tief empfunden und warmherzig. Häufig idealisieren sie Menschen, die sie gern haben, und übersehen dabei oft Fehler, die für andere offenkundig sind. Als vollendete Gastgeber gehen sie so nährend und einfühlsam auf die Bedürfnisse anderer ein, wie es für die meisten anderen Männer ganz untypisch ist.

Sie gehören zu den sichtlich am besten sozialisierten und sensibelsten Männern, drücken ihre Wertschätzung und Billigung anderer freier aus, werden aber durch Gleichgültigkeit und Mangel an Takt auch stark verletzt. Sie schätzen das äußere Erscheinungsbild, soziale Angemessenheit und soziale Standards. Bei all dieser sozialen Übersensibilität neigen sie dazu, ihre Persona allzu stark zu entwickeln, und sind dabei sozial zwar korrekt, jedoch emotional oberflächlich.

Da ESFUs die Stimulation durch soziale Kontakte brauchen, fällt es ihnen oft schwer, allein zu sein. Wenn sie isoliert werden, zwingt ihre Rastlosigkeit sie gewöhnlich, auf andere zuzugehen.

Mit extravertiertem Fühlen als dominanter Funktion sind ESFUs nicht sehr akademisch orientiert. Intellektualität und Abstraktionen sind nicht gerade ihre Stärken. Am besten können sie wohl in strukturierten Situationen lernen, die viel unmittelbare Erfahrung bieten.

Im Beruf sind ESFUs gewissenhaft und verantwortungsbewußt. Sie haben Freude an dienenden und helfenden Tätigkeiten. Bei der Erfüllung der Pflichten ihres Berufs sind sie ordentliche, effiziente Planer, die in strukturierten Situationen und Organisationen am besten zurechtkommen. Innerhalb von Organisationen bevorzugen sie Stellen, bei denen sie einen persönlichen Arbeitsstil bewahren können, und sie haben es gern, wenn die Erwartungen, die an sie gestellt werden, klar und konsequent sind.

ESFUs respektieren Hierarchie, Autorität und Status. Manchmal haben sie vielleicht zuviel Achtung vor Autoritätsfiguren oder sind von ihnen abhängig; das gilt besonders für extravertierte Denktypen. Sie möchten gern, daß ihre eigenen Meinungen und Entscheidungen ihre Offenheit für die Bedürfnisse anderer widerspiegeln. Entscheidungen machen ihnen mehr Freude, wenn sie eine nützliche und hilfreiche Anwendung finden. Häufig sind sie zuverlässig, gut informiert und pflichtbewußt und können auch gut auf die Bedürfnisse anderer eingehen.

Eine freundliche, helfende und effiziente Arbeitsumgebung, die auch Wärme ausstrahlt, spornt ESFUs zu Höchstleistungen an: aktiv den Bedürfnissen anderer zu entsprechen. Wie die ESDU-Manager schätzen sie Effizienz, Zeit und Ressourcen, doch in ihrem Management-Stil spiegeln sich auch guter Wille und die Kooperation mit anderen wider. Sie versuchen, ihre Planungen, Kommunikationen und Entscheidungen mit soviel Rücksicht auf die Bedürfnisse anderer vorzunehmen, wie die Situation nur gestattet.

Das Familienleben der ESFUs ist eher einfach, auf Sicherheit, Zuverlässigkeit und Kooperation ausgerichtet. Oft übernehmen sie, ohne darum gebeten worden zu sein, mehr als ihren Anteil an der Familienverantwortung. Mehr als jeder andere Typ sind extravertierte Gefühlsmänner (und, in geringerem Maße, ISFUs und INFUs) diejenigen, die sich bereit erklären, Hausmann zu werden, wenn ihre Frauen außer Haus arbeiten möchten. Das Familienleben kann ihnen so lieb und so viel wert sein, daß sie willens sind, eine gute berufliche Stellung aufzugeben, wenn sie ihren Kindern dadurch näher sein können. (Selbst unter diesen Typen jedoch bedeutet die Übernahme einer solchen Rolle ein beträchtliches Opfer, da auch sie von konventionellen Annahmen über Männlichkeit geleitet sind.)

Wenn ihre eigene Kindheit glücklich war, empfinden ESFUs oft Nostalgie. Sie waren die typischen ›braven Kinder‹ - zuverlässig, kooperativ, eifrig bemüht, den Eltern zu gefallen. Oft berichten sie, daß ihnen ihr frühes Familienleben viel Freude machte.

ESFUs sind gute Eltern, und sie sind gern Eltern. Sie sind aufgeschlossen, mitfühlend, akzeptierend und zuverlässig. Als Extravertierte übernehmen sie oft die Rolle des Planers von Familienunternehmungen und engagieren sich auch für Gemeinde- und Kirchenaktivitäten. Sie möchten jedoch, daß alle diese Aktivitäten zeitlich festgesetzt und gut geplant sind. Muße ist ebenfalls ein wichtiger Teil ihres Familienlebens, doch ihre Verantwortung für Familie und Heim steht an erster Stelle.

Die Beziehung als solche ist von primärer Bedeutung für ESFU-Männer. Mit größerer Wahrscheinlichkeit als andere Männertypen heiraten sie extravertierte Gefühlsfrauen, weil sie sich ihres Bedürfnisses, gebraucht, geschätzt und geliebt zu werden, sehr viel bewußter sind, ganz bestimmt mehr als Männer vom Denktyp. Ohne stetige, dauerhafte Zufuhr von Zuneigung brauchen extravertierte Gefühlsmänner schnell die Versicherung, daß alles in Ordnung ist. ›Alles‹ bedeutet gewöhnlich das Gefühlsniveau und die Werte der Beziehung.

ESFUs sind weichherzig und oft sentimental. Sie genießen es, ihre Zuneigung auf materielle Art zu zeigen. Die »besseren Dinge des Lebens« zu beschaffen, um das Behagen ihrer Partnerinnen und Kinder zu sichern, ist ihnen wichtig. Im Unterschied zu vielen anderen Männertypen erinnern sie sich wahrscheinlich an Geburtstage, Jahrestage und andere besondere Gelegenheiten, machen Pläne dafür und feiern sie. Sie mögen es, wenn auch ihre eigenen Festtage zur Kenntnis genommen werden. Wenn dies nicht geschieht, sind sie beleidigt und verletzt, doch weil sie dazu sozialisiert sind, Verletzung und Verwundbarkeit nicht zu äußern, sagen sie dies unter Umständen nicht.

Wenn ihre Bedürfnisse nach Zuneigung allzu stark sind, heiraten ESFUs oft andere bedürftige Typen und bleiben gewöhnlich lange in der Beziehung – manchmal zu lange. Dann werden sie unter Umständen zu Ko-Abhängigen, weil sie nicht zulassen, daß ihre Partner die Verantwortung für sich selbst übernehmen.

Als verantwortungsvolle Friedenswahrer fühlen sie sich oft durch Indifferenz, Klagen über Fehlverhalten oder Schuldgefühle auslösende Manöver der ihnen Nahestehenden verraten. Ihr selbsterklärtes Ziel besteht darin, ihre Beziehungen harmonisch zu halten, manchmal um jeden Preis. So ist es beispielsweise der extravertiert fühlende Vater, der häufig in Konflikte zwischen seiner Frau und seinen Kindern eingreift und beide ermahnt, nett zueinander zu sein und Konflikte stets zu vermeiden.

Als Väter sind ESFUs anerkennend, aufmerksam und konsequent in ihren Erwartungen an ihre Kinder. Sie möchten, daß diese gehorsam und respektvoll sind. Da sie selbst willfährig sind, erwarten sie, daß auch andere, einschließlich ihrer Kinder, ihrem Willen folgen. Die Regeln für das Verhalten der Kinder sind human und werden nicht auf arrogante oder unfaire Weise angewandt. Da ESFUs sich selbst an die Regeln halten, erwarten sie das auch von anderen. Verstöße gegen Familienvorschriften nehmen sie oft als Mangel an Loyalität wahr. ESFU-Väter sehen die Verpflichtung ihrer Kinder auf das Familienleben als natürliche Verantwortung an.

Die minderwertige Funktion des ESFU ist introvertiertes Denken, seine tertiäre Funktion introvertierte Intuition. Daher besteht beim ESFU die Kehrseite darin, daß er sich Sorgen macht, Dinge könnten nicht so ausgehen, wie er es gern hätte. Kurz, er ist häufig pessimistisch, weil seine Intuition negativ und unentwickelt sein kann.

Außerdem können die ausgeprägte Sensibilität der ESFUs und ihre hohen Maßstäbe bei Beziehungen dazu führen, daß sie sich leicht verletzt fühlen, wenn Dinge nicht so laufen, wie sie es erwarteten. Sie können depressiv oder melancholisch werden, wenn sie das Gefühl haben oder denken, man gebe ihnen zuviel Schuld. Oft sind sie bereit, sich selbst anzuklagen, ehe noch andere das tun. Wenn sie *tatsächlich* übermäßig kritisiert werden, können sie selbst gehässig und kritisch werden, an anderen herumnörgeln und ihnen vorwerfen, sie wüßten nicht zu schätzen, ›was alles sie getan‹ haben. Weil sie sich der Gefühle anderer sehr stark bewußt sind, können sie ein feines Gespür dafür haben, wo sie Verletzungen erwidern können.

Ein allzu großes Bedürfnis nach Harmonie kann das Gegenteil erreichen und bewirken, daß sie die Anfänge von Problemen übersehen, denen sie sich besser früher gestellt hätten. Da sie ein starkes Bedürfnis nach guten Gefühlen und Kameradschaft haben, vermögen sie negative Gefühle nur schwer zu akzeptieren, und der Umgang damit fällt ihnen noch schwerer. Unter Umständen flüchten sie sich in das Ignorieren oder Verleugnen der Tatsache, daß etwas nicht stimmt.

ESFUs müssen lernen, offener mit Wut und Konfliktgefühlen umzugehen und sie als gelegentlichen und notwendigen Teil einer tieferen Beziehung zu sehen. In ihrem Bemühen, anderen zu gefallen, haben sie eine Tendenz, ihre eigenen Bedürfnisse zu übersehen und dadurch noch sensibler auf mangelnde Wertschätzung zu reagieren. Sie übernehmen möglicherweise zuviel Verantwortung für andere und kommen dabei selbst zu kurz. Sie müssen sich selbst mehr zugestehen und auch lernen, offener zu akzeptieren, was andere ihnen geben möchten.

Paradoxerweise haben sie ein starkes Bedürfnis nach der Billigung anderer, aber es fällt ihnen ebenso schwer, Lob anzunehmen wie Kritik und negatives Feedback. Sie müssen bezüglich ihrer eigenen Bedürfnisse selbstbehauptender werden und Lob und Zuwendung anderer besser zu akzeptieren lernen.

Aufgrund ihrer emotionalen Sensibilität können ESFUs sich einbilden, die Bedürfnisse anderer besser zu kennen als diese selbst. Wenn sie jedoch einsehen müssen, daß sie sich vielleicht irren und die Bedürfnisse anderer einfach nicht sehr gut kennen, und dieses negative Feedback nicht akzeptieren können, wird der Umgang mit ihnen unter Umständen zunehmend schwierig. Im schlimmsten Fall können ESFUs sich zu dominierenden Märtyrern entwickeln, herrisch, rigide, überemotional und irrational.

ESFUs müssen manchmal vielleicht ein wenig unpersönlicher sein, sich etwas weniger auf Details einlassen und über die unmittelbare Situation hinausblicken. Möglicherweise brauchen sie mehr Optionen, Wahlen und Alternativen für sich selbst. Wenn sie sich keine alternative Art gestatten, das Vorhandene wahrzunehmen, so entgeht ihnen das größere Bild.

Häufige Berufe von ESFUs

Rezeptionist
Zahnarzthelfer
Krankenpfleger
Kinderpfleger
Grundschullehrer
Radiologietechniker
Religionslehrer
Geistlicher
Friseur
Kosmetiker
Hauswirtschaftslehrer
Hauswirtschaftsberater
Verkäufer
Restaurantmitarbeiter

Teddy: ein introvertierter Gefühlstyp, ISFW

Teds Sohn Teddy, ein ISFW, ist ein stilles und zurückhaltendes Kind, das nicht immer leicht zu durchschauen ist. Als introvertierter Gefühlstyp ist er in seinen Gefühlen reserviert und läßt nicht durchblicken, was in ihm vor sich geht, wenn man nicht sehr viel Zeit damit verbringt, es herauszufinden. Er nimmt sich streunender Tiere an und ist die Art von Person, der diese ganz selbstverständlich nach Hause folgen. Teddy besitzt eine seltene Wärme, Sympathie und Freundlichkeit; er würde gern Tierarzt werden.

Es sieht jedoch so aus, als könnten Teddys Zerstreutheit und seine Schulschwierigkeiten ihn daran hindern, sich seinen Traum zu erfüllen. Wie andere Menschen seines Typs ist er neugierig, aber nicht intellektuell oder akademisch orientiert, und so kann er eine formale Ausbildung nur schwer ertragen, und eine fortgeschrittene Ausbildung würde er möglicherweise noch weniger aushalten.

Auf Brians Vorschlag hin lud Phil Ted zu einer Besprechung ein, um mit ihm Teddys Fortschritte zu erörtern. Zu Beginn erklärte Phil Ted, wie sehr er Teds Sorge und die Tatsache, daß er sich Zeit für dieses Gespräch genommen habe, zu schätzen wisse. Er teilte Ted mit, daß er Teddys Sensibilität, Bescheidenheit und unprätentiöse Natur sehr möge. Allerdings sei er besorgt über seine scheinbare Gleichgültigkeit der Schule gegenüber wie auch über seine schlechten Leistungen. Er erklärte Ted, es verwirre ihn, daß Teddy nicht besser zurechtkomme. Er habe bei Teddy einige Beobachtungen gemacht, von denen er annehme, sie würden Ted interessieren. Danach könne Ted ihm vielleicht ein paar eigene Vorschläge machen, wie er als Lehrer besser helfen könne.

Phil versicherte Ted, daß Teddy in der Klasse weder störe noch nach außen hin unkooperativ wirke. Er erklärte, Teddy erscheine häufig zurückhaltend und sogar sorgenvoll, doch es sei schwierig, ihn zum Reden über das zu bringen, was ihn bewege.

Teddy hatte Schwierigkeiten, sich der Routine des Schullebens anzupassen. Oft wirkte er zerstreut und schien lieber aus dem Fenster zu starren oder Bilder von Tieren zu zeichnen. Er machte auch leicht einen gelangweilten Eindruck, mochte die Struktur der Klasse nicht und rutschte auf seinem Stuhl herum, wenn es lange zu schweigen galt. Teddy mochte auch keine Konkurrenz und wirkte häufig selbstgefällig. Phil hatte sich alle Mühe gegeben, Teddy positiv zu verstärken, wenn er tat, was von ihm erwartet wurde, aber Teddy hatte darauf nicht reagiert.

Während er Phil zuhörte, ertappte Ted sich bei der Frage, warum Phil so schwärmerische Gefühle für Teddy hatte, obwohl er doch in der Klasse nicht mitkam. Dann sagte er Phil, vielleicht benehme er sich Teddy gegenüber zu entgegenkommend und mache es ihm zu leicht. Ted meinte, Phil treibe ihn nicht genug an – vielleicht brauche Teddy mehr Disziplin und ein Bewußtsein für die Folgen, um auf den richtigen Weg zu kommen. Vielleicht, sagte er, solle Phil Teddy mitteilen, er müsse nach dem Unterricht noch bleiben und das fertigstellen, was er während der Schulzeit nicht geschafft habe. Er, Ted, würde seinerseits zu Hause mit Teddy darüber reden, wie wichtig es sei, »bei der Sache zu bleiben«, und daß er besser auf die Details seiner Arbeit in der Schule achten müssen.

Weil sie beide Extravertierte sind, schienen weder Teddys Vater noch Phil in der Lage zu sein, Teddy ganz zu verstehen. Bei beiden ist die am leichtesten verfügbare Funktion (extravertiertes Denken und extravertiertes Fühlen) sehr verschieden von Teddys dominantem introvertiertem Fühlen und seiner Hilfsfunktion, dem extravertierten Empfinden. Immer wenn zwei Extravertierte sich hinsetzen, um die Probleme eines Introvertierten zu besprechen, vor allem eines introvertierten Gefühlstyps, kommt es zwangsläufig zu Mißverständnissen. Teddys Typ ist vielleicht überhaupt derjenige, der am leichtesten mißverstanden wird.

Im Gegensatz zu Teddy sind Ted und Phil urteilende Typen. Jeder von ihnen mag die Dinge klar, deutlich und entschieden. Teddys spontanere und unreglementierte Art läßt ihn fast passiv-aggressiv erscheinen, wenn er sich bemüht, selbständig zu sein und Dinge in seinem eigenen Tempo und zu seiner eigenen Zeit zu tun. Die stark kontrollierenden Tendenzen seines Vaters stehen in direktem Konflikt mit Teddys Bedürfnis nach Freiheit und danach, seinem eigenen Rhythmus zu folgen. Teddys Mangel an Struktur und Richtung ist ein Dorn im Fleisch seines Vaters. Ted sieht dies eindeutig als Unzulänglichkeit und nicht als ein von seinem eigenen verschiedenes Temperament.

Die Beziehungsstile von Ted und Teddy gehen im allgemeinen aneinander vorbei, weil Teds Kommunikationsstil über das Denken läuft, Teddys über das Empfinden. Wo Ted stark, logisch, schnell, effizient und gebieterisch ist, ist Teddy nachgiebig, langsam, pragmatisch und unreguliert. Teddy ist nicht der Sohn, den Ted sich vorgestellt hatte. Die Schwierigkeiten in ihren Beziehungsstilen werden noch dadurch verschärft, daß Teddys dominante Funktion, introvertiertes Fühlen, die minderwertige Funktion seines Vaters ist. Teds introvertiertes Fühlen veranlaßt ihn, Teddy als unaggressiv und emotional weich wahrzunehmen.

Teddys Typ tritt nur bei 5 Prozent aller Männer auf. Für einen modernen Mann ist es ein schwieriger Typ, und mehr noch für einen Jungen, der in einer Welt heranwächst, in der der Standard für Männer das genaue Gegenteil ist. Nach konventionellen Maßstäben lassen die freundliche Ruhe und der Mangel an intellektuellem Antrieb ihn unmännlich und unmotiviert erscheinen.

Der ISFW-Prototyp (5 Prozent)

Fühlen → Empfinden → Intuieren → Denken

Der ISFW ist ein Mann, dessen ruhige Sensibilität, Zurückhaltung und Subtilität im Selbstausdruck ihn zu einem der schwierigsten Typen machen, die ein Mann sein kann. Sein gedämpfter emotionaler Stil läßt ihn zum Introvertiertesten aller Introvertierten werden. Er geht ohne großes Bedürfnis, andere zu beeinflussen oder zu kontrollieren, durch sein Leben, und drängt sich Situationen oder anderen Menschen nur selten auf.

Im zwischenmenschlichen Bereich können ISFWs zurückhaltend bis zur Selbstverleugnung wirken, weil sie mit jeder Umgebung verschmelzen müssen, in der sie sich befinden. Als introvertierten Gefühlstypen liegt es ihnen nicht, sich emotional auszudrücken. Außerdem sind sie zwar warmherzig, ruhig, freundlich und unprätentiös, können aber sozial ungelenk oder gehemmt wirken.

Beruflich sind ISFWs oft stark an Dienstleistungen orientiert. Außerdem muß das, was sie tun, praktischen Nutzen haben, damit sie wirklich Freude daran finden können. Ihre Arbeit muß unmittelbar, persönlich erfüllend und zweckgerichtet sein. Man kann sie etwa in künstlerischen und anderen kreativen Berufen finden. Sie können ruhige, gemächliche Arbeiter hinter der Szene sein. Zuviel Struktur, extensive Planung und Rigidität können ihre kreativen Bemühungen blockieren.

Da sie nicht konkurrierend sind und ihre Dienste nur scheu anbieten, kann es den Anschein haben, als mangelte es ihnen an Richtung und Motivation. Doch ihr allgemeiner Arbeitsstil ist kooperativ, anpassungsfähig und hilfsbereit. Was immer sie tun, sie möchten es gern gut und in Übereinstimmung mit dem tun, woran sie glauben.

ISFWs sind scharfe Beobachter von Details und mögen das Machbare. Weil ihr theoretisches Interesse äußerst gering ist und sie der am wenigsten akademisch orientierte aller Typen sind, gehen sie formaler Bildung oft aus dem Weg. Tatsächlich verlassen sie häufiger als jeder andere Typ vorzeitig die Schule. Schulfächer, die praktisch, relevant und menschenorientiert sind, liegen ihnen.

Sie sind stark taktile Schüler und lieben unkomplizierte kinästhetische Wahrnehmungen, die ihre Sinne erregen. Sie mögen es, Dinge andersartig zu bewerkstelligen, und langweilen sich leicht bei Routinevorgängen. Sie lieben unkonventionelle Problemlösungen, weil diese ihrem Bedürfnis nach sensorischer Stimulierung mehr entsprechen als intellektuelles Verständnis. Sie wollen nicht unbedingt die Welt verstehen, sondern nur darin leben und einen Beitrag leisten, der auf ihren Gefühlswerten basiert.

ISFWs mögen es, wenn ihr Familienleben aktiv, aber auch entspannt und geruhsam ist. Wie die ESFUs vermeiden sie Konflikte. Sie sind die loyalen Friedensstifter. Sie bevorzugen auch in ihrer Freizeit ihr Einzelgängertum. Wenn sie sich einmal in Gesellschaft begeben, dann in die ähnlich eingestellter, unbekümmerter Freunde, die ihre Werte teilen.

Als Väter sind ISFWs ungewöhnlich freundlich und hilfsbereit ihren Kindern gegenüber. Sie stellen keine Forderungen, urteilen nicht und sind mitfühlend, aber nicht unbedingt einfühlsam. Sie sind neugierige Forscher und haben den Wunsch, daß ihre Kinder vom Wesen der Natur soviel wie möglich sehen und schätzen. Sie genießen physische Aktivität, den Aufenthalt im Freien und Beschäftigungen wie Camping, Wandern und die Erforschung der Natur. Ihre eigenes Verhältnis zur Natur ist geradeaus, spontan und unprätentiös.

Im besten Fall sind ISFWs vertrauensvolle, sensible, freundliche und fürsorgliche Partner. Sie drücken ihr Bedürfnis nach Anschluß durch Aktivität aus. Sie genießen es, wenn sie ihr Leben so harmonisch, ruhig und unauffällig wie möglich leben können. Wenn sie nicht eine ungewöhnlich scharfsichtige Partnerin haben, werden sie vielleicht sogar von den Nächststehenden mißverstanden. Sie suchen nicht sonderlich nach Sinn im Leben und erstreben Anerkennung auf der Grundlage dessen, was sie tun, und nicht dessen, was sie sind.

Andere, besonders Extravertierte, können sie als selbstzufrieden und zu leicht mit zu wenig zufriedenzustellen erleben. Das Image des ›einsamen Cowboys‹ oder des Marlboro-Mannes, der frei und allein nachts in der Ebene am Feuer sitzt und nach einem harten Tag mit Reiten und Hüten der Herde seinen Kaffee schlürft, ist ein gutes Porträt des ISFW. Heute würde auch das Leben eines Försters oder eines Umweltaktivisten ein Ventil für die Liebe des ISFW zu Freiheit, Natur und Tieren bieten.

Die Kehrseite der ISFWs besteht darin, daß sie impulsiv werden und Stimulation um ihrer selbst willen suchen, wenn sie rastlos und unzufrieden sind. Wenn sie für sich keine kreativen Ventile finden, so werden sie unter Umständen allzu selbstkritisch, zaghaft und indirekt. Sie fühlen sich leicht durch andere verletzt, und wenn das geschieht, ziehen sie sich vielleicht zurück, um sich in der Isolation vor den anderen zu schützen.

Wenn man zu viele Forderungen an sie stellt, lassen sie möglicherweise Projekte unvollendet und verlieren eigene Ziele aus den Augen. Wenn ihr Bedürfnis nach Verschmelzung zu stark wird, können sie sich buchstäblich unsichtbar machen. Wenn sie keine angemessenen und sinnvollen Ventile für ihre Interessen finden, können sie sich zu selbstgefälligen Stubenhockern entwickeln und sich exzessiven Tagträumen oder zuviel Fernsehkonsum hingeben.

Häufige Berufe von ISFWs

(ehrenamtlicher) Krankenpfleger
Physiotherapeut
Tänzer
Tanz- und Bewegungstherapeut
Röntgentechniker
Tischler
Sportler
Zahnarzthelfer
Arzthelfer
Buchhalter
Privatsekretär
Anwaltssekretär
Kirchendiener
Mechaniker
Reparaturarbeiter
Ladenbesitzer
Tierpfleger

Wally: ein extravertierter Empfindungstyp, ESFW

Es gibt *einen* Extravertierten, mit dem Teddy ziemlich gut zurechtkommt: Wally, den Besitzer der Ställe, in denen Teddy am Wochenende reiten geht. Wally ist ein ESFW, dessen dominante Funktion, extravertiertes Empfinden, Teddys Hilfsfunktion entspricht. Bis auf die Introversion beziehungsweise Extraversion sind alle ihre Präferenzen gleich. Weil beider Kommunikationsstil über das Empfinden läuft, haben sie Spaß daran, über praktische, schlichte, handfeste Freuden zu reden.

Wally kennt die Schwierigkeiten der Schulzeit aus erster Hand. Als Junge war er auch nicht gut in der Schule und fand deren Routine schal und uninteressant. Auf dem College, wohin er es kaum geschafft hatte, wurde er rasch zu einem biertrinkenden Verbindungsmitglied, und sein akademisches Leben war schnell wieder zu Ende. Zum Glück erbte er die Reitställe seiner Familie, wo er aufgewachsen war und den größten Teil seines Lebens verbracht hatte.

Wally ist in den Ställen ein freundlicher, geselliger und energischer Arbeiter. Er ist fleißig, genießt den Aufenthalt in der Natur und ist gern in der Nähe von Tieren. Er mag es, sich in der Mitte des Arbeitsgeschehens zu befinden, verabscheut jedoch die Routinetätigkeiten, die mit der professionellen Leitung der Ställe verbunden sind.

Alle, die in die Reitställe kommen, mögen Wallys unbekümmerte, spaßliebende und ausgelassene Art. Er teilt anderen bereitwillig mit, was er weiß, und versucht, seine Besucher in alle Aspekte des Lebens rund um die Ställe einzubeziehen. Sie befinden sich seit mehreren Generationen im Besitz von Wallys Familie, und Wally sieht sie gern als traditionsreiches Familienunternehmen und weniger als bloßes Geschäft.

Teddy fiel Wally zum ersten Mal auf, als er eines Tages still einen Araberhengst bewunderte, der ihm besonders am Herzen lag, und er lud ihn ein, auf diesem Pferd auszureiten. Wally konnte Teddys Pferdefaszination unmittelbar schätzen und verstehen, vor allem, was Araber betraf. Er spürte Teddys Erregung und Freude, der Natur und den Pferden so nahe zu sein. Er erinnerte sich lebhaft an seine eigene Begeisterung als Kind, wenn er in der Nähe der Pferde war und mit seinem Vater dort arbeitete.

Teddy fühlte sich bezaubert und erhoben, weil er den schönen und majestätischen Araberhengst reiten durfte. Von diesem Tag an waren er und Wally Freunde. Zusammen verbrachten sie viele Stunden bei den Pferden; Wally zeigte Teddy, wie man sie pflegt, und teilte ihm sein Wissen über Vollblüter mit.

In dieser Umgebung scheint Teddy zum Leben zu erwachen. Wallys Großzügigkeit, Freundlichkeit und freigebige Art bewirken, daß er sich wohlfühlt. Er fühlt sich von Wally so akzeptiert, wie er ist. Er bewundert Wallys außerordentliche Aufmerksamkeit für alle Details der Pferdepflege. Wally seinerseits schätzt und teilt Teddys Begeisterung für die Araber.

Da er in den Ställen am Wochenende so viel Spaß hat, empfindet Teddy den Rest der Woche zeitweise als trübe und langweilig. Montags wieder in die Schule zu müssen macht ihm besonders zu schaffen. Dann kehrt er in seinen scheinbar abwesenden Zustand zurück und zeichnet an seinem Pult oft Pferde. Wenn sein Vater ihm drohen würde, ihm das Reiten zu verbieten, *könnte* er ihn dazu bringen, in der Schule wenigstens das Minimum zu leisten.

Der ESFW-Prototyp (7 Prozent)

Empfinden → Fühlen → Denken → Intuieren

Der ESFW ist ein lebhafter, sehr energiegeladener, leicht zu begeisternder und spaßliebender Mensch. Mehr als jeder andere Typ besitzt er eine unübertroffene *Lebensfreude*.

ESFWs haben sonnige, charmante und gewinnende Persönlichkeiten. Sie sind optimistisch, gesellig, spielerisch, spontan und unterhaltend. So warmherzig und freundlich ESFWs auch sind, sie brauchen von anderen das gleiche Maß an Bestätigung und Billigung. Sie bevorzugen Aktivitäten, bei denen andere in vollem Einvernehmen mitmachen. Ihre Gefühle und Erfahrungen mit anderen zu teilen ist nicht nur einer ihrer liebsten Zeitvertreibe, sondern ein ständiges Bedürfnis in ihrem Leben. Sie genießen es, aktiv in den Begegnungen und Abenteuern anderer zu schwelgen, und freuen sich auch, wenn andere an ihren eigenen Freizeitbeschäftigungen teilnehmen.

Beruflich arbeiten ESFWs gern in Gruppen und sind lieber an Teamprojekten beteiligt, als isoliert tätig zu sein. Sie sind verbal gewandt und können Probleme zweckmäßig lösen. Sie mögen keine Routine, vor allem keine zusammenhanglosen wiederkehrenden Vorgänge.

Weil ESFWs in ihrem Empfinden so dominant extravertiert sind, sind sie meist weder intellektuell noch akademisch orientiert. Das soll nicht heißen, daß sie weniger intelligent, klug oder ideenreich als andere Typen sind. Ihr intellektueller Stil ist vielmehr geprägt von Anpassungsfähigkeit, Einfachheit, Realismus und Praxisbezogenheit. Sie interessieren sich selten für Wissen um des Wissens willen, sondern dafür, was man damit anfangen kann, vor allem auf dem Gebiet des Dienstes am Menschen. Herausragend ist ihre Fähigkeit zu zwischenmenschlicher Einfühlung und scharfer Beobachtung anderer. Sie lernen am besten, wenn sie tiefe Anteilnahme empfinden können und die Lernerfahrung wirklich genießen.

Ihren Familien gegenüber sind ESFWs großzügig und haben es gern, wenn sie aktiv und der Anführer des Familienlebens sein können. Sie sind lebhaft und aktiv und bevorzugen Aktivitäten, die die ganze Familie einbeziehen.

Als Väter sind ESFWs mitfühlend, aufmerksam und hilfsbereit ihren Kindern gegenüber. Sie halten sich über die Interessen ihrer Kinder auf dem laufenden und wollen ihnen direkt und dauerhaft nützlich und hilfreich sein. Weil sie häufig selbst sportlich sind, sind sie oft Trainer und Schiedsrichter für ihre Kinder. Am besten verstehen sie es, in Mußestunden lustige Vorstellungen für ihre Familien zu geben.

Die Kehrseite besteht darin, daß ESFWs anderen, vor allem introvertierten Partnern und Kindern, manchmal das Gefühl geben, sie würden von ihrem übermäßig geselligen Enthusiasmus überwältigt. Ihre ausgelassene Natur kann dazu führen, daß sie als maßlose Hedonisten betrachtet werden, denen es an Zurückhaltung und Richtung fehlt.

Weil introvertierte Intuition die schwächste Funktion der

ESFWs ist, bringen sie möglicherweise nicht genug Aufmerksamkeit für eigene Möglichkeiten und Optionen auf. Das extravertierte Empfinden bewirkt bei ihnen eine subjektive Voreingenommenheit, und weil emotional wenig anregende Aktivitäten sie leicht langweilen, können sie etwas gegen sorgfältige, langfristige Planung haben. Ihre Abneigung gegen Routine und Planung kann dazu führen, daß sie schließlich desorganisiert und überfordert sind und ihre zahlreichen Projekte nicht zu Ende führen.

Häufige Berufe von ESFWs

Trainer	Rezeptionist
Vertreter	Religionslehrer
Versicherungsagent	Atemtherapeut
Designer	Lehrer
Sozialarbeiter im Jugendamt	Transportarbeiter
Kirchendiener	Kellner
Fabrikaufseher	Bibliothekar
Angestellter in der Gastronomie	Kassierer

Zusammenfassung

Mit diesen Beschreibungen der SF-Typen haben wir die Empfindungskomponente erklärt, wenn sie im Typ des Mannes kombiniert mit dem Fühlen als entweder dominante oder Hilfsfunktion auftritt.

Wenn wir die SDs mit den SFs vergleichen, sehen wir, daß die SFs besser geeignet sind, mit dem *persönlichen* Bereich umzugehen - mit Situationen oder Dingen, bei denen es um das Abwägen von Gegebenheiten und nicht deren Analyse geht. Die Orientierung der SFs der Welt gegenüber ist ebenfalls an Tatsachen ausgerichtet, aber sie ist auch weitgehend eine mitmenschliche.

Bei den SFs erzeugt die Fühlfunktion in ihrem Zusammenwirken mit dem Empfinden eine Abweichung von der stereotyperen männlichen Qualität der SDs. Die Kommunikations- und Beziehungsstile von SFs werden eher als sozial angemessen für Frauen als für Männer betrachtet. Das gilt insbesondere für den extravertierten Gefühlstyp, für den der ESFU Phil ein Beispiel ist.

Wie wir gesehen haben, wird diese spezielle Kombination nur von 26 Prozent der Männer verkörpert. In der Gruppe der SF gibt es doppelt so viele Frauen wie Männer. Der ESFU ist unter Frauen der häufigste Typ, und es gibt mehr als doppelt so viele ESFU-Frauen wie Männer. Bei allen individuellen SF-Typen, die ISFWs ausgenommen, bestehen gewöhnlich deutliche Unterschiede zwischen Männern und Frauen; die Anzahl von Männern und Frauen des ESFW-Typs ist etwa gleich.

Wie wir gesehen haben, sind die von den empfindend Fühlenden verschiedenste Gruppe die inutitiven Denker. Und wie oben geschildert, sind Gefühlsurteile bei der extravertierten Gefühlsgruppe ausgeprägter als bei der introvertierten Gefühlsgruppe. Extravertiertes Fühlen ist wesentlich sichtbarer und mehr an der Oberfläche. Man braucht nicht zu raten, ob ein bestimmter Mann ein Gefühlstyp ist, wenn seine Gefühlsfunktion extravertiert ist.

Introvertiert fühlende Männer mögen tiefe Gefühle haben, doch die erscheinen selten an der Oberfläche; tatsächlich wirken die Männer möglicherweise kühl, reserviert oder sogar distanziert. Hier sollte man sich daran erinnern, daß ›stille Wasser tief‹ sind. An der Oberfläche sieht es so aus, als würden Eliot und Teddy beispielsweise im Vergleich zu Phil nicht viel nach dem Gefühl urteilen, und doch ist dies ein integraler Bestandteil ihrer Selbstwahrnehmung. Wenn man ihre Fühlfunktion übersieht, übersieht man einen wesentlichen Bestandteil dessen, wer sie sind und wie sie Beziehungen knüpfen. Da sie als Introvertierte ihre Hilfsfunktion benutzen, um mit der Außenwelt in Kontakt zu treten, sind ihre Gefühlswerte für andere häufig nicht offenkundig.

Ein weiterer wichtiger, grundlegender Unterschied zwischen den SDs und den SFs spiegelt sich in der Entwicklung der vorrangigen Fähigkeiten und Fertigkeiten innerhalb der beiden Gruppen. Männer, die Denken und Empfinden vorziehen, sind geschickter im Umgang mit unbelebten Gegenständen, Maschinen, Prinzipien oder Theorien. Bei diesen gibt es nämlich keine inkonsequenten und unvorhersehbaren Gefühle, und alle kann man objektiv und logisch handhaben. Männer mit Empfinden und Gefühl dagegen sind geschickter im Umgang mit Menschen und persönlichen Werten.[3] Männer, die das Fühlen vorziehen – ob es nun ihre dominante oder ihre Hilfsfunktion ist –, werden daher von ganz anderen Beschäftigungen angezogen als Männer, die das Denken bevorzugen.

Wenn der Nukleus eines Typs Fühlen in Kombination mit Empfinden statt mit Denken umfaßt, dann verändert die Urteilsfunktion das Herangehen der SFs an Entscheidungen und macht es subjektiver als das der SDs. Dieser Zusatz der Fühlfunktion bringt eine größere Dimension zwischenmenschlicher Wärme mit sich, die SDs nur selten besitzen. Daher fällt es SF-Männern potentiell leichter, in ihrem Umgang mit anderen sowie in ihrer Arbeit Fürsorge, Sympathie und Wärme zum Ausdruck zu bringen. Ich sage potentiell, weil sie möglicherweise noch so an konventionelle männliche Rollenerwartungen gebunden sind, daß sie unfähig sind, alles zu nutzen, was die Fühlfunktion ihnen zu bieten hat.

Wie die SDs können wir auch die männliche SF-Gruppe noch genauer unterteilen, wenn wir uns ihre Lebensstil-Präferenz, U oder W, ansehen. Der U- oder W-Faktor bewirkt einige weitreichende Unterschiede zwischen ihnen.

SFUs wie Phil und Brian machen 13 Prozent der Männer aus und unterscheiden sich signifikant von ihren SFW-Gegenpolen, Wally und Teddy, die ebenfalls 13 Prozent der Männer repräsentieren. Männer mit extravertiertem Fühlen und introvertiertem Empfinden sind viel mehr mit anderen verbunden, was ihrer Fühlfunktion zu verdanken ist. Ihre Verbundenheit dreht sich hauptsächlich um soziale, familiäre, sportliche und karitative Aktivitäten. Sie sind unbekümmerter, und ihre Aktivitäten sind weniger streng ritualisiert als die anderer Männer. Der Umgang zwischen ihnen ist emotional nicht so restriktiv und umfaßt Beteiligung an Gruppen, Clubs und sportlichen Ereignissen. Sie können eher die spielerischen, regressiven Teile ihrer selbst zulassen, selbst wenn dies oft in ritualisierter Form, etwa von Feiern oder Grillpartys und dergleichen, geschieht.

Die emotionalen Reaktionen von SFU-Vätern auf ihre Söhne sind wahrscheinlich weniger kritisch und fordernd und offener positiv. Sie können Verstärkung und Ermutigung freier äußern. SFUs fällt es im allgemeinen leicht, ihre Wertschätzung, Bewunderung und Fürsorge für andere zum Ausdruck zu bringen.

SFUs findet man häufig in Berufen, die traditionell eher ›weiblich‹ und dienstorientiert sind. Sie sind zwar extrem verantwortungsbewußt und zuverlässig, nehmen aber ihre Arbeit nicht unbedingt so ernst wie ihre SD- und ND-Brüder.

SFWs sind aufgrund ihrer Wahrnehmungsorientierung ganz anders als SFUs. So übernehmen beispielsweise Phil und Brian mehr Verantwortung und strukturieren ihr Leben gründlicher, während Wally und Teddy gleichermaßen dafür bekannt sind, daß es ihnen häufig an Planung mangelt, daß sie allgemein desorganisiert sind und wenig Durchhaltevermögen besitzen. Freiheit, Laxheit und Entspannung sind ihnen sehr viel mehr wert.

Generell sind SFWs abenteuerlustiger als SFUs. SFWs nehmen sich vielleicht nicht so ernst wie SFUs. Im Vergleich zu den SFUs mögen die SFWs es im allgemeinen, wenn ihr Leben anpassungsfähig und flexibel ist. Sie sind weniger strukturiert und manchmal impulsiver.

Ein Unterschied zwischen Teddy und Wally in ihren Beziehungen zu anderen ergibt sich hauptsächlich aus Wallys Extraversion und Teddys Introversion. Wally ist geselliger, expressiver und offener. Teddy neigt mehr zu Verschlossenheit, es ist schwerer, ihm etwas zu entlocken, und so kann er weniger sensibel und voreingenommener wirken. Wally ist anderen gegenüber herausfordernder.

SFW-Väter sind ihren Kindern gegenüber emotional ebenso unterstützend wie SFUs und beziehen sie sogar stärker ein. Sie scheinen sich weniger Sorgen um ihre Kinder zu machen als die SFUs.

Nachdem wir uns nun mit den SDs, den NDs und den SFs befaßt haben, haben wir etwa 87 Prozent der männlichen Bevölkerung behandelt. Nun wenden wir uns der letzten und kleinsten Typengruppe unter den Männern zu, den Träumern oder NFs.

6. Die Träumer: Pablo, Dean, Jerry und Eliot

Häufigkeit der Träumer

Männer, die NF im Kern ihres Typs haben, machen die kleinste der Typengruppen aus und repräsentieren einen relativ geringen Anteil der männlichen Bevölkerung, annähernd 14 Prozent. Verglichen mit der SD-Gruppe, die etwa 40 Prozent der Männer stellt, sind NFs unter Männern wirklich eine Minderheit. Diese Unterrepräsentation bewirkt, daß sie besonders schwer mit anderen Männern zurechtkommen, weil es so wenige von ihnen gibt, und auch, weil dieser Typ für einen Mann schwierig ist. Wie wir sehen werden, sind die Typencharakteristika dieser Gruppe häufiger unter Frauen zu finden (20 Prozent) und gelten dem Klischee nach eher als weiblich denn als männlich. Aus diesem Grund sind die NFs dem stereotypen Männerbild am unähnlichsten.

Überblick über die Träumer

Die Charaktere in diesem Kapitel sind Pablo, der Organist an Teds Kirche, ein ENFU; Dean, der Geistliche an Teds Kirche, ein INFU; Jerry, der Leiter der kirchlichen Jugendgruppe, ein ENFW; und Eliot, ein Psychologe und INFW. (Eine Zusammenfassung der dominanten und Hilfsfunktionen jedes Mannes und seines Kommunikationsstils findet sich auf Tafel 11 im Anhang S. 210.)

Wie in den vorhergehenden Kapiteln wird auf die Beschreibung jedes dieser Männer eine Schilderung des Prototyps folgen, die die allgemeineren Charakteristika jeden Typs in der NF-Gruppe darstellt.

Von den vier Typen, die ich als die »Träumer« bezeichne, sind zwei, Pablo und Jerry, Extravertierte; Pablo ist ein extravertierter Gefühlstyp, Jerry ein extravertierter Intuitionstyp. Die beiden anderen, Dean und Eliot, sind introvertiert. Dean ist ein introvertierter Intuitionstyp, Eliot ein introvertierter Gefühlstyp. Daraus sehen wir, daß die von mir als Träumer bezeichnete NF-Gruppe einen extravertierten Gefühlstyp und einen introvertierten Gefühlstyp sowie einen extravertierten und einen introvertierten Intuitionstyp umfaßt. Die NF-Gruppe besteht also aus zwei Gefühlstypen und zwei Intuitionstypen.

Alle NFs besitzen ein gewisses Maß an verstärktem Fühlen und Intuieren und infolgedessen auch ein gewisses Maß an unentwickeltem Denken und Empfinden. Doch die Art, auf die jeder von ihnen sein Gefühl benutzt, ist verschieden. Sie alle bevorzugen die Verwendung von Gefühlsprozessen in Kombination mit Intuition. Ihre Präferenz besteht darin, als Wahrnehmungsprozeß in erster Linie ihre Intuition und als wertenden Prozeß ihr Gefühl zu verwenden. Der gesamte geistige Prozeß der NFs kann folgendermaßen charakterisiert werden:

»NF-Menschen besitzen im typischen Fall die gleiche persönliche Wärme wie SF-Menschen, da sie zum Zwecke des Urteilens das Fühlen benutzen. Da sie jedoch für die Wahrnehmung die Intuition dem Empfinden vorziehen, konzentrieren sie ihre Aufmerksamkeit nicht auf konkrete Situationen. Statt dessen richten sie ihr Interesse auf Möglichkeiten wie neue Projekte, Dinge, die es noch nie gegeben hat, die man aber verwirklichen könnte, oder Wahrheiten, die noch nicht bekannt sind, es aber werden könnten. NF-Typen interessieren sich charakteristischerweise für die Komplexitäten der Kommunikation. Intuition bewirkt ein Interesse an Mustern, die unmittelbaren Tatsachen zugrundeliegen, symbolischen Bedeutungen und theoretischen Beziehungen. Das Fühlen bewirkt das Interesse daran, die intuitiven Einsichten in menschlichen Beziehungen zu verwenden.«[1]

Wie wir bei den drei letzten Typengruppen gesehen haben, besitzt jede Bewußtseinsfunktion auch eine bestimmte Orientierung der Zeit gegenüber. Die zeitliche Orientierung der intuitiven Typen richtet sich weitgehend auf die Zukunft, die der Gefühlstypen auf die Vergangenheit.[2]

Ich bezeichne die NF-Gruppe deshalb als Träumer, weil sie in der einen oder anderen Weise immer mit Gefühlswerten befaßt ist. Harmonie unter Menschen, Visionen von Möglichkeiten, Idealismus und Mitgefühl durchdringen die wichtigsten Anliegen und

Interessen von NFs. Dies sind ihre Träume: was gewesen ist und wie es besser sein könnte. Sie kümmern sich weniger darum, wie Menschen und die Welt in der Gegenwart sind, denn für alle NFs könnten beide stets besser sein. Sie neigen dazu, in den Möglichkeiten der Zukunft und weniger in den Realitäten der Gegenwart zu leben. In ihrem Wunsch, die Dinge zu bessern, sind sie ungeduldig, aber sie sind entschlossen, etwas zu ändern.

Weil ihre unterentwickelten Funktionen Empfinden und Denken sind, sind NFs weniger konkret, weniger praktisch und weniger objektiv als die meisten anderen Männer auf der Welt. Aufgrund ihres Idealismus und ihrer Freude an Beziehungen sind Träumer häufig in Berufen zu finden, die sich dem Behagen, der Fürsorge für andere und der Lösung von Konflikten verschrieben haben. Psychologische, emotionale, mit Beziehungen verbundene und spirituelle Angelegenheiten ziehen ihr Interesse magnetisch an.[3]

Die extravertierten NFs wie Jerry und Pablo sind warmherzig, aufrichtig und kontaktfreudig. Sie haben eine Vorliebe für unbekümmerte und einvernehmliche Kontakte mit anderen. Dem Kern ihres Typs entsprechend, liegen ihre Interessen oft mehr bei dem, was sein könnte, als bei dem, was ist. Häufig sind sie die Friedensstifter und Friedensbewahrer der Welt. Sie können aber auch Revolutionäre sein, wenn sie ihre Ideale durch das kompromittiert sehen, was sie als kalte und feindselige Welt wahrnehmen.

Die introvertierten NFs wie Dean und Eliot haben ebenso starke Gefühlswerte wie die extravertierten, doch diese wohnen unter einer irreführenden Oberfläche, die bewirken kann, daß sie nahezu gleichgültig wirken. Solange man sie nicht gut kennt, können sie kühl oder sogar distanziert erscheinen. Doch unter dieser Oberfläche liegt starke menschliche Anteilnahme, die ihnen viel bedeutet. Im Vergleich zu extravertierten Träumern sind die introvertierten gewöhnlich schwerer kennenzulernen und zu verstehen.

Der Idealismus des Introvertierten ist häufig weniger offenkundig als der des Extravertierten, weil er gewöhnlich verinnerlicht ist und sich in dem Bedürfnis äußert, Sinn und Ziele im Leben zu haben und anderen zu helfen, diese ebenfalls zu finden. Im typischen Fall möchten sie einen positiven Beitrag zur Welt leisten, doch wahrscheinlich tun sie das hinter der Bühne – still und allein.

Aufgrund ihres offenen Wunsches, zu helfen, zu bestätigen und das Beste in anderen zutage zu fördern, sind NFs die in der klinischen Psychologie und in der Psychiatrie am häufigsten vertretenen Männertypen. Sie sind häufig begabte Autoren und Redner und können gut überzeugen, und man findet sie auch in den ›helfenden Berufen‹, unter Lehrern und Dozenten und manchmal in der Forschung. Trotz ihrer Seltenheit in der allgemeinen Bevökerung sind sie sowohl in den helfenden Berufen als auch unter Schriftstellern stark überrepräsentiert.

Kommunikationsstil

Die beiden FUs dieser Gruppe, Pablo (ENFU) und Dean (INFU), kommunizieren im wesentlichen über das Fühlen. Die beiden FWs, Jerry (ENFW) und Eliot (INFW), kommunizieren meist mittels Intuition. Alle vier benutzen das Fühlen in Kombination mit Intuition.

NFs diskutieren Einsichten, Konzepte und Ideen, vor allem in ihrer Geltung für andere Menschen, die conditio humana und die Möglichkeiten der Zukunft. Sie sprechen gern über neuartige Herausforderungen und zukünftige Gegebenheiten. Ihre Ausdrucksweise ist überaus phantasievoll und reich an Ahnungen und Spekulationen. Ihr Stil ist eher blumig, vielleicht auch verschachtelt, aber immer interessant. Sie verzieren ihre Argumente mit Metaphern, Analogien und vielseitigen Beispielen.

Von anderen erwarten sie neuartige, ungewöhnliche und herausfordernde Beiträge. Ihrem Ansatz ist unter Umständen schwer zu folgen. Er kann desorganisiert und sogar unzusammenhängend erscheinen, aber die NFs kehren immer wieder zu ihrem Thema zurück, selbst wenn andere es bereits vergessen haben. Sie haben vielfältige Interessen, genießen Gespräche fast mehr als alles andere und sind in der Lage, nahezu unbegrenzt zu reden und zuzuhören.

Beziehungsstil

NFs sind in ihren Beziehungen traditionell, aber auf eher idealisierende als auf konservative Weise. Sie sind einfühlend, warmherzig, fürsorglich und freundlich zu anderen. Oft stellen sie hohe und unrealistische Anforderungen an ihre Partner. Sie tagträumen über fast alles, vor allem darüber, ihre Seelengefährtin zu finden, wenn sie keine haben. Sie mögen den Gedanken, alles zu teilen, und sind in Beziehungen wahrscheinlich die egalitärsten aller Männer. Die Realität ist für die NFs eine unnötige und unerwünschte Bürde, auch wenn sie es eigentlich besser wissen. Sie sind gern hilfsbereit, indem sie anderen ihr Verständnis und Optionen anbieten.

Pablo: ein extravertierter Gefühlstyp, ENFU

Pablo, ein ENFU, hat viel gemeinsam mit Phil (ESFU), Teddys Lehrer, der ebenfalls ein extravertierter Gefühlstyp ist. Pablos Hilfsfunktion ist introvertierte Intuition. Pablo ist Public-Relations-Berater. Er ist außerdem der Organist der Kirche, der auch Ted angehört. Sowohl Pablo als auch Ted sitzen im Kirchenvorstand, was dazu geführt hat, daß sie sich über diese geimeinsame Funktion miteinander angefreundet haben. Als Kind war Pablo kontaktfreudig, und man konnte leicht mit ihm auskommen. Er hatte viele Freunde und stand während und nach der Schule oft im Mittelpunkt der Aktivitäten. Er war schon damals auf die Bedürfnisse anderer eingestimmt und gab sich Mühe, den Erwartungen zu entsprechen, die seine Eltern an ihn hatten. Pablo entwickelte bereits früh eine gute Sprachfertigkeit, und als er die High School besuchte, war er Mitglied des Debattierclubs.

Pablo ist in der Kirchengemeinde eine spontane, enthusiastische und wortgewandte Führungsfigur. Insbesondere seine natürliche Wärme Ted gegenüber hat eine gegenseitige Vertrautheit hergestellt, wie sie Ted sonst selten möglich ist. Ted bewundert Pablos Begeisterung und wie leicht er offenbar mit fast jedermann in der Kirche gut auskommt. Er respektiert und bewundert auch seine Fähigkeiten als Organist. Da es für Pablo sehr wichtig ist, von anderen gemocht zu werden, erzeugen Teds Respekt und Bewunderung ein besonderes Gefühl gegenseitiger Kameradschaft zwischen ihnen. Pablos Natürlichkeit und sein angenehmer Stil ermöglichen es ihm, leicht mit Ted ins Gespräch über sein Familienleben zu kommen. Besonders interessiert er sich für Teds Sohn. Pablo schätzt Teddys ruhige, warmherzige Art, hat aber auch seine Besorgnis geäußert, weil Teddy oft in sich zurückgezogen erscheint. Pablos Interesse für Teddy hat Ted einmal veranlaßt, seine Sorgen über Teddys Fortkommen in der Schule zu äußern. Pablo reagierte darauf spontan und brachte innerlich Teds Sorgen mit Beobachtungen in Zusammenhang, die er bei Treffen des Kirchenrates gemacht hatte. Er wußte zwar, daß Ted in Verwaltungsangelegenheiten effizient und praktisch sein konnte, doch er sah auch, daß es ihm beim Umgang mit seinem Sohn an einem gefühlsmäßigen Zugang fehlte.

Wie andere ENFUs kann Pablo Zwietracht zwischen anderen rasch spüren. Er benutzte sein Gespräch mit Ted, um Rat und Unterstützung für Teddy anzubieten. Mit Hilfe seiner extravertierten Intuition schlug Pablo eine Reihe von Möglichkeiten vor, wie Ted seinen Sohn Teddy vielleicht besser verstehen könne. Er regte außerdem an, Ted solle mit Dean, dem Geistlichen der Kirche, über sein Problem mit Teddy reden.

Was die Beziehungsstile betrifft, so sind Ted und Pablo füreinander Schattentypen. Die potentielle Schattenprojektion kommt zustande, weil die Kerne ihrer beiden Typen (SD und NF) einander entgegengesetzt sind. Außerdem verläuft Teds Kommunikations- und Beziehungsstil in erster Linie über extravertiertes Denken, während Pablo hauptsächlich extravertiert fühlt, und so könnte ihre Kommunikation ebensogut scheitern. Doch wie wir in diesem Fall gesehen haben, können solche Interaktionen auch ihren Nutzen haben. Dies gilt besonders dann, wenn beide über einen Dritten kommunizieren.

Im allgemeinen sollte der urteilende Aspekt eines Typs am besten zur Beurteilung der eigenen Person genutzt werden und dieser vorbehalten bleiben, also nicht verwendet werden, um andere zu beurteilen. Die wahrnehmende Funktion dagegen läßt sich am besten in der Wahrnehmung anderer verwenden. Da Pablos Hilfsfunktion introvertierte Intuition ist, kann er diese benutzen, um wahrzunehmen, worin Teds Schwierigkeit mit Teddy bestehen könnte. Teds Intuition ist dagegen seine tertiäre Funktion und daher seiner am schwächsten ausgeprägten Funktion, dem introvertierten Fühlen, benachbart. Dies erzeugt eine Tendenz, überwiegend negative Möglichkeiten wahrzunehmen, vor allem, wenn es sich um Gefühlsdinge handelt.

Der ENFU-Prototyp (3 Prozent)

Fühlen → Intuieren → Empfinden → Denken

In der Bevölkerung gibt es insgesamt nicht sehr viele ENFUs, und unter Männern machen sie nur 2,8 Prozent aus. (Unter Frauen gibt es beinahe doppelt so viele, etwa 4,5 Prozent.) Extravertiertes Fühlen (dominant) mit introvertierter Intuition (Hilfsfunktion) ist bei Männern ein seltener Typ und auch ein schwieriger, es sei denn, der Betreffende findet geeignete Kanäle, um seine Warmherzigkeit, sein Mitgefühl und seine Achtung vor den Bedürfnissen anderer zum Ausdruck zu bringen.

Die ENFUs teilen zwar mit der Mehrheit der Männer die Extraversion, sind aber wegen der Stärke und Dominanz ihrer Gefühlsseite ganz anders als die meisten Männer. Sie sind vermutlich die größten »Harmoniespender« und beziehen viel Befriedigung aus herzlichen Kontakten mit anderen Menschen. In einer Gesellschaft, in der die meisten Männer Rationalität, Logik und Objektivität hochhalten, werden einige der besten ENFU-Merkmale bei Männern von anderen Männern, wenn nicht von den ENFUs selbst, unter Umständen heruntergespielt oder sogar unterschätzt.

Der ENFU-Mann ist jemand, der viel Wert auf harmonische menschliche Kontakte legt; er ist ein geselliges, angenehmes, sensibles und einfühlsames Individuum, daran interessiert, irgendeinen Aspekt des menschlichen Wohlergehens zu fördern. Er ist der »große Freund«, loyal und hingebungsvoll sowie gewissenhaft denen gegenüber, die ihm nahestehen. Er besitzt eine große Fähigkeit, viele Seiten einer Sache und auch andere Standpunkte zu sehen. Diese Fähigkeit kann manchmal frustrierend für Freunde sein, die es lieber sähen, wenn er sich auf die eine oder die andere Seite oder einen bestimmten Standpunkt stellte.

»ENFUs neigen zur Neugier auf neue Ideen als solche, zu Freude an Büchern und akademischen Interessen im allgemeinen, zu Toleranz für Theorie, Vision, Einsicht und Phantasie für neue Möglichkeiten jenseits dessen, was besteht, offensichtlich oder bekannt ist. ENFUs haben häufig eine gute Ausdrucksgabe, doch sie benutzen sie eher beim Sprechen vor Zuhörern als schriftlich.«[4]

ENFUs möchten eine einvernehmliche Weise finden, anderen zu Diensten zu sein. Darum findet man sie oft in Berufen, die dem Dienst am Menschen gewidmet sind, etwa als Geistliche, Sozialarbeiter, Psychologen, Psychiater, Berater, Schriftsteller und Schauspieler. Da ENFUs extravertiert und urteilsorientiert sind, gehen sie gern klar und entschieden mit der Außenwelt um. Dabei sind sie aber keine Organisationsfanatiker. Ihr Hauptinteresse ist es nicht, eine Menge Geld zu verdienen, es sei denn, dies dient auch ihrem Bedürfnis, anderen nützlich zu sein.

Aufgrund ihrer Beliebtheit steigen sie manchmal in Macht- und Prestigepositionen auf. Sie neigen dazu, ihre Position und ihren Status zum Wohle der Organisation oder einer Sache zu benutzen, an die sie glauben.

In Beziehungen sind die ENFUs romantisch, loyal, idealistisch und den Bedürfnissen ihrer Partnerinnen verpflichtet. Sie genießen Beziehungen wirklich, und da sie Männer des Wortes und redegewandt sind, sprechen sie mit ihren Partnerinnen gern über Pläne und Ziele für die Zukunft ihrer Beziehung. Nach Kräften fördern sie Gutwilligkeit und Harmonie und meiden Konflikte und Kritik. Sie geben nicht gern ein negatives Feedback und möchten auch keines erhalten. Sie haben ein starkes Bedürfnis nach Zuwendung und können empfindlich oder übersensibel reagieren, wenn dieses Bedürfnis ignoriert oder vernachlässigt wird. Sie neigen dazu, ihre Partnerinnen zu idealisieren, und sind häufig überrascht und enttäuscht, wenn ihre Erwartungen sich nicht erfüllen.

Als Väter sind ENFUs enthusiastisch, energiegeladen und akzeptieren ihre Kinder. Ihnen ist es wichtig, Zeit mit ihren Kindern bei Aktivitäten zu verbringen, die sie als sinnvoll betrachten und die den Zusammenhalt der Familie fördern. Sie möchten, daß sich jeder in der Familie wohlfühlt. Oft sind sie auch äußerst gesellig und kommen gut mit anderen Familien aus. Mit einiger Wahrscheinlichkeit gehören sie mehreren Organisationen an, die sich für dieselben idealistischen und humanitären Werte einsetzen.

Mit Begeisterung unterstützen ENFUs ihre Kinder; extravertierte Kinder genießen ihre Anteilnahme. Introvertierte Kinder dagegen finden sie vielleicht manchmal zu vereinnahmend und möchten häufiger allein sein, als ihren geselligen Vätern recht ist. Die Sensibilität des Vaters kann durch diese Abkehr leicht verletzt werden, und er muß fähig werden, diesen Rückzug als Funktion der natürlichen Introversion seines Kindes zu sehen und nicht als Reaktion auf ihn selbst.

Die Kehrseite besteht darin, daß ENFUs recht empfindlich gegen Kritik sind, und weil sie eine Tendenz haben, Beziehungen zu idealisieren, sind sie unter Umständen nicht offen für Konfrontationen. Manchmal neigen sie dazu, die Schrift an der Wand zu ignorieren, bis sie ihnen ins Gesicht explodiert. Sie sind zwar häufig um die Bedürfnisse anderer besorgt, lassen ihren eigenen aber möglicherweise nicht genügend Raum und Zeit. Auch anderen bleibt oft das wahre Ausmaß ihrer Bedürfnisse verschlossen.

Da sie einen starken Glauben haben und auf das vertrauen, woran sie glauben, sind sie vielleicht häufiger als andere enttäuscht, wenn Projekte oder Beziehungen nicht so verlaufen, wie sie es erwartet hatten. Es fällt ihnen also schwer, das zur Kenntnis zu nehmen, was nach ihrer Meinung nicht sein *sollte*.

Häufige Berufe von ENFUs

Geistlicher
Kirchendiener
Mönch
Schauspieler
Entertainer
Schriftsteller
Bildender Künstler
Berufsberater
Pädagoge
Therapeut
Designer
Musiker
Kunstlehrer
Schauspiellehrer
Musiklehrer
Sprachlehrer
Psychologe

Dean: ein introvertierter Intuitionstyp, INFU

Dean, ein INFU, ist der andere introvertierte Typ in unserer Stichprobe. Wie Alexander (INDU) ist er ein ziemlich entschlossener Mensch, doch da extravertiertes Fühlen und nicht extravertiertes Denken seine Hilfsfunktion ist, interessiert er sich mehr für die Zusammenarbeit mit Menschen als für das Reich der Ideen und intellektuellen Strebungen. Von den Mitgliedern seiner Gemeinde wird er zutiefst respektiert. Am meisten bewundert man ihn vielleicht wegen seiner Eloquenz bei Predigten, die sowohl inspirierend als auch überzeugend sind. Die Analogien, die er zwischen Bibelzitaten und Anlässen des realen Lebens herstellt, sind phantasievoll und manchmal sogar provozierend.

Weil Dean ein so starkes Interesse an der Arbeit mit Menschen hat, wirkt er fast extravertiert. Seine Vision der idealen Kirche ist eine, bei der die Mitglieder ein tiefes Gemeinschaftsgefühl teilen, das über die Grenzen der Kirche als solcher hinausgeht. Sein Idealismus ist manchmal ein Kritikpunkt für den Kirchenvorstand, der größtenteils glaubt, Deans Hauptaugenmerk solle auf näherliegende Dinge gerichtet sein.

In seiner Eigenschaft als Seelsorger gelang es Dean, mit Ted eingehend über die Schwierigkeiten mit Teddy zu sprechen. Er hörte mitfühlend und still zu, wie Ted detailliert beschrieb, was er als Problem empfand. Deans sanfte Art und seine warme Akzeptanz gestatteten Ted, sich sicher zu fühlen, während er das Problem diskutierte.

Nach dem Gespräch machte Dean zwei Vorschläge. Einer bestand darin, daß Teddy sich der Jugendgruppe der Kirche anschließen sollte, wo er mehr Gelegenheit haben würde, außerhalb von Familie und Schule mit anderen Jungen zusammenzukommen. Er erinnerte Ted daran, daß Jerry, der Leiter der Jugendgruppe, die ungewöhnliche Fähigkeit besaß, das Beste aus den Mitgliedern seiner Gruppe herauszuholen. Dean meinte, die Tatsache, daß Jerry soviel Wert auf die Bedeutung des Selbstausdrucks lege und so gut die Interaktion zwischen den Jungen in der Gruppe fördern könne, werde dazu beitragen, Teddys beste Eigenschaften ans Licht zu bringen. Weiter schlug er vor, Ted solle einen Psychologen zu Rate ziehen, um festzustellen, ob Teddy vielleicht eine stützende Psychotherapie brauche.

Der Dominanz seines extravertierten Denkens entsprechend war Ted ein wenig enttäuscht, daß Dean nicht stärker auf das reagiert oder ein spezifischeres Feedback auf das gegeben hatte, was mit Teddy ›nicht stimmte‹, aber er erklärte sich bereit, dem Rat zu folgen. Dean ist ein Introvertierter, aber wie bei Pablo ist sein Beziehungsstil Fühlen (extravertiertes Fühlen als Hilfsfunktion). Deswegen war er nicht geneigt zu beurteilen, was mit Teddy ›nicht stimmte‹, oder die Ursachen für sein Verhalten zu analysieren. Ihm ging es mehr um die möglichen Wege (primäre introvertierte Intuition), auf denen Teddy vielleicht geholfen werden könnte.

Der INFU-Prototyp (2 Prozent)

Intuieren → Fühlen → Denken → Empfinden

Introvertierte Intuition kombiniert mit extravertiertem Fühlen ist der unter Männern seltenste Typ, der nur bei 1,6 Prozent der Bevölkerung vorkommt. (Er ist auch unter Frauen der seltenste und tritt nur bei 2 Prozent der gesamten weiblichen Bevölkerung auf.) Verstärkt wird diese Seltenheit noch dadurch, daß die INFUs kaum zu sehen sind. Ihre Introversion, ihr Bedürfnis nach Intimität, ihre Abneigung gegen Gruppen, große Organisationen und Bürokratien halten sie im Hintergrund.

INFUs sind häufig originelle Denker, die begriffliche Abstraktionen lieben. Sie haben großen Respekt vor höherer Bildung und sind oft erfolgreiche Studenten. Für viele INFUs ist höhere Bildung auch ein Vehikel für ihr Streben nach Innovationen im Dienst am Menschen.

INFUs sind zutiefst engagiert, intensiv und können im Verwirklichen ihrer Inspirationen regelrecht getrieben sein. Sie sind ruhige, sympathische Individualisten, deren Eingebungen und Ideen oft erst nach Jahren der Einsamkeit, Konzentration und scheinbaren Bewegungslosigkeit allmählich Gestalt annehmen.

Oft erkennen INFUs früh im Leben, daß sie eine besondere Gabe besitzen, und meinen, sie müßten die notwendigen Mittel finden, um diese zu entwickeln, um sie mit anderen zu teilen. Als Introvertierte verfolgen sie ihre zukunftsweisenden und idealistischen Ziele still, inbrünstig und entschlossen. Große Achtung vor dem Wohlbefinden anderer ist bei der Umsetzung ihrer Ideen und Visionen oft vorrangig.

INFUs haben nicht nur den natürlichen Wunsch, sich selbst und die menschliche Natur zu verstehen, sondern möchten auch einen umfassenden Bezugsrahmen finden, in den sie ihre Ideen einbringen können. Diejenigen, die beispielsweise Ärzte, Psychiater und Psychologen sind, schließen sich höchstwahrscheinlich ganzheitlichen Paradigmen von geistiger und physischer Gesundheit an. Bei dem Versuch, sich selbst und andere zu verstehen, ist ihr Ansatz der wohl umfassendste, da sie an das Zusammenwirken von physischen, emotionalen und spirituellen Ursachen menschlicher Probleme glauben.

Freunden und Familie gegenüber sind INFUs einsichtig, sensibel, mitfühlend und fürsorglich. Für einen Mann ist es schwierig, diesem Typ anzugehören, da seine Seltenheit und seine besonderen Interessen und Werte seine Form der Männlichkeit ganz atypisch machen.

INFU-Männer gehören zu den sanftesten und hingebungsvollsten Vätern, aber sie äußern ihre Zuneigung zu ihren Kindern nicht überschwenglich. Sie drücken ihre Liebe durch bedachtsame Aufmerksamkeit, Interesse, Verständnis und Freigebigkeit mit ihrer Zeit aus. Oft stellen sie keine hohen Leistungserwartungen an ihre Kinder, sondern versuchen statt dessen, die Interessen und besonderen Qualitäten des Kindes ans Licht zu bringen und Gelegenheiten zu deren Ausdruck zu schaffen.

Es ist schade, daß dieser Typ so selten ist. Diejenigen INFUs, die in der Lage sind, ihre innovativen Visionen fruchtbar zu machen, leisten oft bedeutende Beiträge zum Wohlergehen der Menschheit.

Was die Kehrseite betrifft, so müssen die INFUs achtgeben, daß sie es angesichts von Opposition nicht versäumen, sich selbst zu behaupten. Oft gelingt es ihnen nicht, ihr Bedürfnis nach Abgrenzung von anderen mitzuteilen.

Sie erwarten von anderen, daß sie das beachten, was ihr Idealismus ihnen als richtig erscheinen läßt, doch wenn dies nicht geschieht, können sie zutiefst verletzt sein – und sie behalten ihren Schmerz dann oft für sich. Wie die ENFUs drücken sie ihre eigenen Bedürfnisse vielleicht nicht ausreichend aus. Sie neigen auch dazu, die natürliche Tiefe ihrer Einsichten allzu lange für sich zu behalten. Und da ihre minderwertige Funktion extravertiertes Empfinden ist, haben sie vielleicht auch Schwierigkeiten mit den konkreten Details, die notwendig sind, um ihr äußeres Leben zu bewältigen.

Häufige Berufe von INFUs

Mönch
Geistlicher
Lehrer (Kunst, Musik, Religion, Sprachen)
Sozialarbeiter
Psychiater
Sozialwissenschaftler
Dozent
Professor
Pädagoge
Medienspädagoge
Arzt
Pathologe

Jerry: ein extravertierter Intuitionstyp, ENFW

Jerry, ein ENFW, war fast vom Tag seiner Geburt an ein Träumer. Als Kind schien er ständig in Träumereien verloren - wenn es keine anderen Kinder gab, mit denen er spielen konnte, war seine Phantasie sein bester Freund. Er entwickelte zahllose Projekte und Ideen – oft so viele, daß seine Freunde und Eltern nicht mit ihm Schritt halten konnten. Warnzeichen bezüglich seines Mangels an Organisationsfähigkeit war auch sein Unvermögen, Spielsachen, Stifte und Papier wiederzufinden.

Schon in frühen Jahren schien er für die sinnlich erfahrbare Realität verloren. Eines seiner offenkundigsten Merkmale ist seine Tendenz, Bemerkungen, Kritik oder sogar wohlwollende Kommentare allzu persönlich zu nehmen. Oft wirkt er ungewöhnlich emotional, sensibel und verletzlich.

Heute ist Jerry der Leiter der kirchlichen Jugendgruppe. Er ist

Journalist und gibt auch die Kirchenzeitung heraus. Jerrys dominante Funktion ist wie die von Teds Neffen Paul extravertierte Intuition. Doch im Unterschied zu Paul, dessen Hilfsfunktion introvertiertes Denken ist, hat Jerry die Hilfsfunktion introvertiertes Fühlen. Die Kombination aus extravertierter Intuition und introvertiertem Fühlen verleiht ihm etwas, das wie ein scheinbar endloser Enthusiasmus für Projekte wirkt, die sich um Menschen drehen.

In der Kirche ist er besonders beliebt, weil er so begeistert, kontaktfreudig und gesellig ist. Wie andere ENFWs ist Jerry jemand, der gefallen möchte, immer eifrig darauf bedacht, die Billigung und Zustimmung anderer zu finden. Mit Hilfe seiner Position als Herausgeber der Kirchenzeitung hat er Einfluß ausgeübt und viele Mitglieder der Kirche dazu überredet, Deans Plan für den Dienst an der Gemeinde zu unterstützen.

Ted allerdings betrachtet Jerry oft mit skeptischem Blick. Er schätzt zwar Jerrys Kirchenarbeit, hat jedoch häufig gesehen, daß es Jerry schwerfällt, seine Ideen im Auge zu behalten. Er weiß, daß Jerry gewöhnlich eine Menge anderer Menschen braucht, um die Projekte zu verwirklichen, die er initiiert und von denen er so begeistert ist. Jerry läßt auch häufig die Routineangelegenheiten seines persönlichen Lebens schleifen und muß zu Hause oft viel aufarbeiten. Für Ted ist die Durchführung bis zur Vollendung einfach die natürliche Folge einer Idee.

Jerry kommt Ted übermäßig enthusiastisch und gelegentlich fast irreal vor in seinem Eifer, anderen positive Verstärkung zu geben. Und weil Jerrys eigenes Bedürfnis nach Bestätigung ziemlich offensichtlich ist, argwöhnt Ted, er sei vielleicht nicht ganz ›real‹. Ted neigt dazu, Jerry als ›Elefanten im Porzellanladen‹ zu betrachten.

Was Teddys Teilnahme an der Jugendgruppe der Kirche mit Jerry betrifft, so fühlt sich Ted unsicher. Er meint, Jerry könne wie Phil allzu duldsam und emotional sein und es Teddy zu leicht machen. Wenn er bemerkt, wie leicht Jerry physisch auf Teddy zugehen kann, fühlt er sich unbehaglich. Ted glaubt außerdem, daß Jerry in seiner Unterstützung für Teddy unrealistisch sein könnte und keine ausreichend strengen Erwartungen an ihn stellt. Jerry dagegen denkt, obwohl er das niemals sagen würde, daß Ted zu steif, förmlich und rigide ist. Es überrascht ihn nicht, daß er es im Umgang mit seinem Sohn so schwer hat.

Teds und Jerrys Beziehungsstile sind völlig entgegengesetzt - häufig ist einer der Schatten des anderen. Teds Beziehungsstil verläuft über das Denken, Jerrys über die Intuition. Die dominante Funktion des einen ist bestenfalls die tertiäre Funktion des anderen. Und obwohl sie beide extravertiert sind, ist ihre Extraversion sehr verschieden und geht in unterschiedliche Richtungen.

Weil diese beiden so wenig gemeinsam haben, eignen sie sich gut als Träger der negativen Projektionen des jeweils anderen. Die Tatsache, daß Ted ein urteilender Typ, Jerry dagegen ein wahrnehmender Typ ist, hat einen Einfluß auf ihre grundlegende Unsicherheit im Umgang miteinander: Jerry fühlt sich wahrscheinlich von Ted kontrolliert, und Ted betrachtet Jerry leicht als zu wechselhaft und inkonsequent.

Der ENFW-Prototyp (6 Prozent)

Intuieren → Fühlen → Denken → Empfinden

Männer mit extravertierter Intuition und introvertiertem Fühlen machen nur 6 Prozent der männlichen Bevölkerung aus. (Bei Frauen beläuft sich die Häufigkeit dieses Typs auf etwa 9,5 Prozent.)

Der ENFW ist einer der sozial und beruflich vielseitigsten aller Männer. Aufgrund dieser Vielseitigkeit ist der Typ pauschal schwer zu beschreiben und läßt sich auch der Prototyp nicht leicht erstellen. Es gibt die spontanen, flexiblen Neuerer, die von Inspirationen geleitet werden, welche oft mit der Hilfe für andere zu tun haben. Freunden gegenüber sind sie warmherzig, ermutigend und hilfsbereit. Ihr Bedürfnis, andere zu bestätigen, wird begleitet von dem gleich starken Bedürfnis, selbst Billigung zu finden. Sie bringen gern bei den Menschen, die sie kennen, das Beste zutage und üben häufig einen inspirierenden Einfluß aus.

Intellektuell sind die ENFWs originell, neugierig und einfallsreich. Sie haben stark theoretische und oft breitgestreute Interessen, die ganz unterschiedliche Themen umfassen. Sie besitzen eine ungewöhnliche Fähigkeit, viele Seiten einer Frage zu sehen, und können komplizierte Ideen einfach und auf verschiedene neuartige Weisen erklären. Auf manchen Gebieten gehen sie vielleicht nicht genug in die Tiefe, da sie es vorziehen, viele verschiedene Themen im Überblick zu behandeln. Unter Umständen verleiht ihnen dies einen etwas dilettantischen Anstrich.

Als Partner sind ENFWs fürsorglich, idealistisch und romantisch, stellen allerdings oft hohe Anforderungen an ihre Angehörigen – ohne sie jedoch immer auszusprechen. Frauen mögen den ENFW-Mann wegen seiner Sensibilität und seiner Bereitschaft, sich selbst zu reflektieren sowie an der Verbesserung seiner Beziehung zu arbeiten. Die ENFWs stürzen sich in viele verschiedene Aktivitäten mit ihren Partnerinnen und haben Freude daran, über all die Orte zu diskutieren, die sie gern besuchen würden – solange sie nicht selbst diejenigen sind, die die wirklichen Reisepläne machen müssen.

Eine Partnerin zu haben, die ein U-Typ ist, kann für den ENFW sowohl ein Segen als auch eine Quelle der Irritation sein, weil die urteilende Partnerin oft das aufnimmt, was er nicht beendet hat, ihn aber auch daran erinnert, wenn er nicht seinen entsprechenden Anteil an der »Detailarbeit« leistet.

Als Väter sind ENFWs bestätigend und unterstützend. Sie versuchen, ihre Kinder dazu zu ermutigen, daß sie ihren eigenen Interessen folgen und diese kultivieren. Meist sind sie weder antreibend, noch haben sie ungerechtfertigte Erwartungen. Sie möchten, daß ihre Kinder jede Möglichkeit haben, das zu werden, was sie werden können.

Die Kehrseite des ENFW betrifft hauptsächlich seine Probleme, mit allen Details seines persönlichen und beruflichen Lebens fertigzuwerden. Erschwert wird dies noch dadurch, daß er sich in seinem Eifer häufig mehr vornimmt, als er bewältigen kann. ENFWs können die schlimmsten Zauderer von allen Typen sein, die sich schrecklich von all den beiläufigen Dingen belastet fühlen, welche immer getan werden müssen. Weil die konkreten Realitäten des Lebens sie überhaupt nicht anregen, ziehen sie es vor, sie zu ignorieren oder aufzuschieben, häufig mit unheilvollen Konsequenzen. Oft ist ihnen die Tatsache peinlich, daß sie ihre Versprechungen nicht einlösen konnten, weil sie vielfach nicht in der Lage waren, sich um die Details zu kümmern.

Männer in hohen Managerpositionen können hier besonders anfällig sein, weil die Anforderungen der Verwaltung so groß sind. Sie müssen lernen, die notwendige Zeit für die Erledigung des Banalen zu reservieren oder es zu delegieren. Ihre eigenen Visionen können aufgrund mangelnden Durchhaltevermögens scheitern. Männer mit Empfinden als minderwertiger Funktion müssen unter Umständen lernen, sich einer Hilfsfunktion zu bedienen, um das zu erledigen, was getan werden muß. So könnte der ENFW beispielsweise seine Gefühlsfunktion benutzen, um Details zu meistern.

Häufige Berufe von ENFWs

Schriftsteller	Psychologe
Journalist	Sprachtherapeut
Bewährungshelfer	Public-Relations-Spezialist
Kunstlehrer	Geistlicher
Schauspiellehrer	Musiker
Musiklehrer	Komponist

Eliot: ein introvertierter Gefühlstyp, INFW

Eliot ist der Psychologe, an den Teddy verwiesen wurde, ein INFW. Teddy und Eliot haben beide introvertiertes Fühlen als dominante Funktion und extravertiertes Denken als am wenigsten entwickelte Funktion. Als introvertierte Gefühlstypen haben sie viel gemeinsam, weisen aber auch einige Unterschiede auf, die die Zusammenarbeit interessant und produktiv machen. Da Eliot introvertiert Fühlende gut versteht, wußte er schon vor ihrem Zusammentreffen, daß Teddy wohl nur langsam zu erwärmen sein würde. Im Laufe des Interviews merkte er, daß er besondere Geduld brauchen würde, um in der Kommunikation mit Teddy über das Oberflächliche hinauszukommen.

Da sowohl bei Teddy als auch bei Eliot extravertiertes Denken die minderwertige Funktion ist, wäre eine Kommunikation auf der Ebene des Denkens oder der Versuch, Probleme auf diese Weise zu lösen, ein schwieriges Unterfangen. Teddys Vater hatte bereits versucht, bei Teddy mit Logik und Vernunft weiterzukommen, und dieser extravertierte Denkansatz hatte beide frustriert und verwirrt zurückgelassen.

Da Teddys Hilfsfunktion extravertiertes Empfinden ist, erfordert sein Beziehungsstil mehr als verbalen Ausdruck. Die Verwendung konkreter Therapiematerialien wie Lehm, Stifte und Farben würde ihm spezifischere Möglichkeiten eröffnen, sich selbst auszudrücken, als bloßes Reden. Dann könnte Teddy nämlich seinen natürlichen Kommunikationsstil, das extravertierte Empfinden, verwenden, um sich zu äußern.

Wie wir schon gesehen haben, sind die Hilfsfunktionen von Introvertierten auch ihr Beziehungsstil beziehungsweise die Art und Weise, wie sie am häufigsten zu anderen in Kontakt treten. Da Teddys Beziehungsstil Empfinden ist, zieht es ihn zu den praktischen, realistischeren Aspekten des äußeren Lebens hin. Doch wenn er sich allzusehr auf das Empfinden verläßt, bleibt die Intuition unerforscht und unentwickelt. Ohne den Ausgleich der Intuition, die neue Möglichkeiten zeigt, kann Teddy in der resignierten Haltung steckenbleiben, daß »die Dinge nun einmal so sind, wie sie sind«. Teddy braucht vor allem Hilfe, um andere Möglichkeiten zu sehen, da extravertierte Intuition seine minderwertige Funktion ist.

Eliot kann mit Hilfe seines eigenen intuitiven Beziehungsstils dazu beitragen, daß Teddy lernt, auch daran zu denken, wie Dinge sein *könnten*, und er kann ihm positive Möglichkeiten eröffnen, die zu einer besseren Orientierung bezüglich seiner Zukunft führen könnten. Ihm ist auch bewußt, daß alle introvertierten Gefühlstypen (er selbst eingeschlossen) Wege finden müssen, um ihre inneren Ideale zum Ausdruck zu bringen. Sie müssen Vertrauen zu sich selbst und ein größeres Bewußtsein für ihre perfektionistischen Tendenzen entwickeln.

Eliot führte zuerst ein Gespräch mit Ted und seiner Frau, dann mit Teddy allein, dann mit allen dreien zusammen. Jeder wurde gebeten, den Myers-Briggs Type Indicator auszufüllen. Eliot machte auch einen Besuch in Teddys Klasse, um ihn im Unterricht zu beobachten und mit seinem Lehrer Phil zu sprechen. Die Einschätzung von Teddys Typ in der Bewertung ergab, daß er ein persönlich relevanteres und praktischeres Herangehen an die Lernaufgaben brauchte.

Eliot konnte sowohl Teddys Eltern als auch Phil erklären, daß für Kinder von Teddys Typ der konventionell strukturierte akademische Ansatz eher abstoßend wirke, was sich mit fortschreitender Schullaufbahn noch verstärke. Tatsächlich bricht dieser Typ häufig den Schulbesuch ab, weil die schulische Lernsituation nur selten ihr direktes, praktisches und erfahrungsbezogenes Herangehen an Lernaufgaben anspricht. Eliot meinte, daß Teddy auf seine Art bereits versuche, diesen Ansatz zu verwirklichen, indem er Pferde zeichne und über das tagträume, was er außerhalb der Schule tun könne.

Eliot ermutigte Phil, Teddy besondere Aufmerksamkeit zu schenken, erinnerte ihn aber auch dran, daß Teddys introvertiertes Fühlen viel schwerer an den Tag zu bringen sei, als es den Anschein habe. Er schlug vor, Phil solle ihm einige für sein persönliches Leben relevante Anreize zum Lernen geben und ihn unterstützen und ermutigen, wenn er auf diese Weise Erfolge erzielte. So sollte Teddy beispielsweise ermuntert werden, einige von seinen Kenntnissen über Pferde mit der Klasse zu teilen oder darüber Aufsätze und Zeichnungen anzufertigen. Teddy sollte auch häufiger aufgerufen und ermutigt werden, das auch auszusprechen, was er dachte; das könne ihn aus seiner Reserve locken und den Zyklus seiner Tagträumereien durchbrechen.

Beim Gespräch mit den Eltern besprach Eliot mit Ted auch den Unterschied zwischen seinem und Teddys Typ. Er wies darauf hin, daß Teds Wertschätzung strukturierter Lernsituationen für ihn sehr gut funktioniert hatte, als er selbst noch zur Schule ging. Teddy jedoch würde durch diesen Ansatz nicht stimuliert und würde nie so erfolgreich sein wie früher sein Vater. Teddy lernte dagegen sehr viel aus seinen praktischen Erfahrungen. Dem stimmte Ted zu und räumte ein, daß er das so noch nicht betrachtet hatte.

Eliot erklärte Ted auch, daß sein Zuspruch für Teddy sehr wichtig sei, obwohl Ted selbst nicht diesen Eindruck hatte. Teddy wisse vermutlich bloß nicht, wie er die Billigung seines Vaters erlangen solle. Ohne die jedoch zöge Teddy sich in sich selbst zurück, weil er sich unfähig fühle, jemals Teds Maßstäben zu genügen. Er beginne dann auch, seine eigene Seinsweise abzuwerten, weil sie nicht wie die seines Vaters ist. Wenn das so weiterginge, würde die Entwicklung schließlich sein Selbstwertgefühl untergraben, und er würde noch weniger bereit sein, sich in der Schule anzustrengen. Eliot bemerkte, Teddy müsse auch erfahren, daß er Qualitäten besitze, die sein Vater anerkenne und billige. Er schlug vor, Ted solle sich einmal überlegen, was er an Teddy bewundere, vor allem Eigenschaften, die er selbst nicht habe, und diese Teddy gegenüber in positiver Weise erwähnen.

Indem er Ted beobachtete, konnte Eliot erkennen, daß er sich selbst bei der Arbeit gehörig unter Druck setzte, und er fragte sich, ob Teddy das vielleicht indirekt spürte.

Nach diesem Gespräch konnte Ted etwas offener über seine eigene Frustration, seine Kämpfe im Beruf und die Tatsache reden, daß der Arzt gemeint hatte, sein Blutdruck und seine Magenbeschwerden seien auf Streß zurückzuführen. Eliot empfahl, Ted solle einen Kurs zur Streßbewältigung besuchen und auch ein Biofeedback-Training machen, um zu lernen, seine Symptome positiv im Griff zu haben. Ted erschien das vernünftig, da er wußte, daß große Firmen bereits solche Programme für gestreßte Manager durchführten.

Nachdem Eliot ihm erklärt hatte, worum es beim Biofeedback geht, war Ted bereit, es auch damit zu versuchen, da es ihm praktisch und logisch erschien und einem klaren, vorhersagbaren Behandlungsplan folgte. Eliot wußte ebenfalls, daß Biofeedback als »wissenschaftlicher« Ansatz häufig die Tür war, durch die extravertierte Denktypen mit der sehr realen Beziehung zwischen ihren Emotionen und ihren körperlichen Symptomen in Kontakt treten konnten.

Der INFW-Prototyp (3 Prozent)

Fühlen → Intuieren → Empfinden → Denken

Introvertiertes Fühlen mit der Hilfsfunktion extravertierte Intuition ist für einen Mann wohl der schwierigste Typ. Der INFW teilt weder die Extraversion (75 Prozent) noch die Dominanz des Denkens (65 bis 70 Prozent) mit der Mehrheit der anderen Männer. Auch die Empfindenspräferenz von 70 Prozent der Gesamtbevölkerung liegt bei ihm nicht vor. Weil die dominante Funktion des INFW (introvertiertes Fühlen) die minderwertige Funktion der Mehrheit der Bevölkerung ist, ist jemand mit diesem Typ für die meisten anderen Männer ein potentieller Träger des Schattens. Wenn man bedenkt, daß extravertiert fühlende Frauen (25 Prozent der weiblichen Bevölkerung) und extravertiert fühlende Männer (11 Prozent der männlichen Bevölkerung) in so direktem Gegensatz zu den INFWs stehen, dann dürften gute 75 Prozent der Bevölkerung sie als »etwas eigenartig« betrachten. INFWs wiederum finden wahrscheinlich, daß drei Viertel der Bevölkerung wenig mit ihnen gemeinsam haben.

Der INFW ist ein ruhiger, sanfter, gutmütiger, introspektiver Mann, der einen Sinn in seinem Leben finden *muß*. Der INFW ist ein Idealist mit Prinzipien, dessen Werte für andere vielleicht erst sichtbar werden, wenn man sie aus ihm herauslockt oder mißachtet. Nur dann wird erkennbar, mit welcher Hartnäckigkeit er an diesen Werten festhält. Erstaunlich ist dann dabei das unerwartete Abweichen des INFW von seiner sonstigen laissez-faire-Haltung.

Der INFW ist entschlossen, seine Ziele zu erreichen, und geht ihnen zurückhaltend und unauffällig nach. Sein Bedürfnis nach Sinn durchdringt alle Aspekte seines Lebens. Dem INFW-Mann ist Sinn so wichtig, daß er sich ohne ihn verloren, depressiv und verzweifelt fühlt, als habe das Leben ihn im Stich gelassen.

Schon in der Kindheit können INFWs davon träumen, einen sinnvollen Beitrag für die Menschheit zu leisten. Oft gehört zu dieser Kindheitsphantasie, daß sie berühmt oder wenigstens bekannt werden. Da sie jedoch introvertiert sind, enthüllen sie anderen diese Phantasie nur selten. Die Phantasie des Ruhms kann als Kompensation für die scheinbar paradoxe Art auftreten, wie die Introversion des INFW mit dem großen Bedürfnis gekoppelt ist, einen Beitrag zum Dienste der Menschheit zu leisten.

INFWs müssen Beschäftigungen finden, die ihnen Gelegenheit bieten, ihre hochgeschätzten Werte zum Ausdruck zu bringen. Bei ihnen ist es vielleicht am wenigsten wahrscheinlich, daß sie von konventionellen männlichen Maßstäben äußerlichen Erfolgs angetrieben werden. Das müssen ihre Väter einsehen, vor allem, wenn sie selbst SDs sind. Wenn sie darauf beharren, daß ihr INFW-Sohn in konventionellen, aufgabenorientierten Berufen Erfolg haben muß, dann übersehen sie die entscheidende Bedeutung seiner Sinnsuche. Außerdem wird der INFW-Sohn, dem durch die Erwartungen seines Vaters seine eigenen Werte genommen werden, mit ziemlicher Wahrscheinlichkeit ein Rebell. Seine Lebensarbeit muß ihm fast immer das Gefühl geben, daß er den Menschen seiner Umgebung einen wertvollen und notwendigen Dienst erweist. Und wegen seines Perfektionismus muß er seine Arbeit gut machen.

In Beziehungen ist der INFW engagiert, treu, hingebungsvoll und möchte unbedingt gefallen. Der Haushalt eines INFW ist häufig ästhetisch schön, gekennzeichnet durch Komfort, Sicherheit und symbolische Erinnerungen an Werte und Erfahrungen, die ihm wichtig sind. Für einen INFW ist sein Haus ganz bestimmt seine Burg.

Wie alles im Leben von IFNWs sind Beziehungen sinnerfüllt. Das kann bis zum Gedanken an eine Zusammenarbeit mit dem geliebten Menschen für ein gemeinsames humanitäres Ziel oder einen entsprechenden Beitrag gehen. Vielleicht mehr als jeder andere Männertyp sieht der INFW eine Seelengefährtin als notwendig für die volle Verwirklichung einer Beziehung an. Die Beziehung muß für ihn nicht nur konventionell erfolgreich sein und funktionieren, sondern muß ihm auch das Gefühl vermitteln, daß seine Partnerin seine idealistischen Werte teilt. Liebesbeziehungen sind für INFWs manchmal schwierig, weil sie dazu neigen, ihren grandiosen Idealismus auf ihre Partnerinnen zu projizieren, und dann häufig enttäuscht sind, wenn ihre Geliebten ihren Idealen nicht entsprechen.

INFW-Eltern sind häufig liberal, tolerant und unterstützen das, was sie als besondere Fähigkeiten ihrer Kinder wahrnehmen. Nur selten setzen sie unerfüllbare Erwartungen in ihre Kinder. Sie möchten, daß diese ihr Potential verwirklichen und sich in ihrer Haut wohlfühlen. Manchmal können sie so entgegenkommend sein, daß sie auf ihre Kinder teilnahmslos wirken. Das gilt vor allem für SD-, ND- und SF-Kinder, die bei ihren Eltern oft nach spezifischen Richtungen und Erwartungen Ausschau halten.

Auch wenn INFW-Väter besonders sensibel dafür sind, die einzigartigen Talente ihrer Kinder an den Tag zu bringen und zu fördern, machen sie ihre Kinder doch leicht zu Trägern ihrer idealistischen Projektionen. Aus diesem Grund kommt das, was der Vater nicht hat erfüllen können, oft als subtile Erwartung an sein Kind an die Oberfläche. Die Söhne von INFWs sind besonders fruchtbare Träger der unerfüllten Potentiale ihrer Väter. Auch von Töchtern wird erwartet, daß sie die Ideale ihres Vaters übernehmen, auch wenn sie andere Wege einschlagen.

Die Kehrseite besteht darin, daß INFWs kurzsichtig werden und nicht mehr fähig sein können, über ihre eigenen Träume hinaus auch die Bedürfnisse anderer zu sehen. Weil extravertiertes Denken ihre minderwertige Funktion ist, sind sie unter Umständen auch nicht objektiv oder nüchtern genug in der Analyse dessen, was sie zu sagen haben. Sie können so von ihren eigenen Visionen und Erwartungen an sich in Anspruch genommen sein, daß sie die Anforderungen ihres äußeren Lebens und der sie umgebenden Menschen nicht mehr genügend berücksichtigen. Ihre innere Vision kann so stark sein, daß sie sogar die Pflege ihres Körpers und ihrer Gesundheit vernachlässigen.

Die INFWs müssen ihre Ideale ›erden‹, indem sie praktische Anwendungen dafür finden. Als Perfektionisten fällt es ihnen oft schwer, alle Gelegenheiten zu erkennen, die ihren Bedürfnissen entsprechen. Und ohne besondere Gelegenheiten zur Verwirklichung ihrer Lebensziele werden sie desillusioniert, entmutigt und depressiv. INFWs, denen es nicht gelingt, ihre Nische im Leben zu entdecken, leben unter Umständen einen Aspekt des Archetyps des puer aeternus – des ewigen Knaben – aus, der sich ständig auf der Suche nach etwas jenseits dessen befindet, was er besitzt, was er erreicht hat oder ist.

Häufige Berufe von INFWs

- Psychiater
- Psychologe
- Schriftsteller
- Künstler
- Redakteur
- Sozialarbeiter
- Lehrer
- Musiker
- Komponist
- Reporter
- Journalist
- Sozialwissenschaftler
- Pädagoge
- Rechtsanwalt
- Bewährungshelfer

Zusammenfassung

Die intuitiven Gefühlstypen machen nur 14 Prozent der gesamten männlichen Bevölkerung aus. Da ihr Wahrnehmungsmodus Intuition ist, halten NFs nach den Möglichkeiten oder Mustern von Dingen Ausschau und weniger nach den eigentlichen Fakten. Wie die SFs ist diese Gruppe im zwischenmenschlichen Bereich warmherzig und immer an einer Arbeit interessiert, die direkten Kontakt mit Menschen beinhaltet. Ihre Verwendung der Fühlfunktion stellt ihre intuitiven Wahrnehmungen in den Dienst menschlicher Beziehungen statt in den unpersönlicher Analyse wie im Falle der NDs.

Das vielleicht bedeutendste Charakteristikum der NF-Gruppe ist ihr Bedürfnis, ein persönliches Sinngefühl im Leben zu entdecken. Aus diesem Grunde finden wir hier die Männer, die sich am meisten für Psychotherapie, persönliches Wachstum und Männergruppen interessieren. Das Symbolische beeindruckt sie mehr als das Konkrete. Mythologie, Folklore, Märchen und Dichtung gehören zu ihren naturgemäßen Interessen. NFs sind die Kommunikatoren und die Strebenden, die immer nach Werten jenseits des Alltäglichen suchen.

Das Eintreten für humanistische Anliegen ist für sie häufig auch eine leidenschaftliche Berufung: Im Extremfall ist der NF der Guru, der Seelenführer oder Visionär. Sein erstes und letztes Streben richtet sich stets auf Sinn, Bedeutsamkeit und Selbstverwirklichung. NFs, denen es nicht gelingt, im Leben eine äußere Sache zu finden, der sie sich leidenschaftlich widmen können, oder etwas wie persönlichen Sinn zu entdecken, enden häufig als verbitterte, grollende und unerfüllte Menschen. Alle NFs sind überzeugt, daß die Welt letztendlich auf irgendeine Weise sinnvoll ist und daß das Leben einen Sinn haben *sollte*. Nach diesem Sinn suchen sie; wenn sie ihn nicht finden, bedeutet das, daß sie unter unerträglichen Depressionen und Desillusionierung leiden.

NF-Männer sind auch die am wenigsten konventionell maskulinen der vier Hauptkerngruppen. Ihr Stil scheint oft wenig mit dem der SDs gemeinsam zu haben, die die geläufige Vorstellung von Männlichkeit definieren. Die SDs sehen und bewerten die Welt im wesentlichen in konkreten, praktischen, logischen und sachlichen Begriffen. Ihre überlegenen Funktionen, Denken und Empfinden, sind die bei NF-Männern am wenigsten entwickelten. NFs dagegen sehen und bewerten die Welt nicht nach dem, was sie tatsächlich ist, sondern anhand ihrer Möglichkeiten zu Frieden, Harmonie und Kooperation. Die am meisten entwickelten Funktionen der NF-Männer, Fühlen und Intuieren, sind bei den SD-Männern am wenigsten entwickelt.

Wie wir gesehen haben, ist die Kommunikation dann am stärksten eingeschränkt, wenn die Kommunikatoren sich *sowohl* in den primären *als auch* in den sekundären Funktionen unterscheiden. Da genau das bei SDs und NFs der Fall ist, sind ihre Kommunikationsmöglichkeiten oft recht begrenzt. Um mit SDs effizienter kommunizieren zu können, müssen NFs versuchen, objektiver, sachlicher und knapper zu sein. Und damit SDs effizienter mit NFs kommunizieren können, müssen sie versuchen, persönlicher zu sein, mehr auf den Prozeß der Kommunikation als bloß auf den Inhalt zu achten und nicht nur Unterschiede, sondern auch Bereiche der Übereinstimmung zur Kenntnis zu nehmen und zu betonen.

Da die SD-Männer dem konventionellen Typus des Männlichen am meisten entsprechen, verkörpern NFs für sie besonders häufig den Schattenträger. Da NFs außerdem mit einiger Wahrscheinlichkeit SD-Väter haben, wird ihr Typ von diesen vielleicht nicht geschätzt, und NF-Jungen wachsen oft mit dem Gefühl heran, ihre

Väter und überhaupt andere Männer hätten fundamental etwas gegen sie einzuwenden – vor allem gegen ihre Suche nach Sinn. SD-Männer betrachten NFs im allgemeinen als ›Schlappschwänze‹, ›Mimosen‹ oder sogar als ›allzu feminin‹. NF-Männer ihrerseits empfinden, wie es auch viele Frauen tun, SD-Männer als ›zu nüchtern‹, ›überkontrollierend‹ und ›vom Intellekt dominiert‹.

Ein weiterer grundlegender Wertunterschied zwischen den SDs und den NFs liegt in ihrer unterschiedlichen Orientierung dem Erfolg gegenüber. Die SDs suchen Befriedigung in objektiven, praktischen Leistungen. Die NFs schätzen es, ihr Potential voll auszuleben und Harmonie zwischen Menschen herzustellen. Die vielleicht stärkste negative Projektion der SDs auf die NFs lautet: »Wenn ihnen die Welt überlassen wäre, würde nie etwas zustande gebracht.« Und die stärkste negative Projektion der NFs auf die SDs lautet: »Die Welt *war* ihnen überlassen, und schaut, wie sie sie zerstört haben.«

Die NDs als nächstmännliche Gruppe sind den NFs gegenüber nur ein kleines bißchen toleranter. Die SF-Gruppe, unter Frauen am stärksten vertreten, steht den NFs wohl, was Beziehungen angeht, näher als den SDs oder NDs. Aus diesem Grunde kommen NF-Männer sowohl mit SF-Männern als auch mit SF-Frauen besser aus als mit SDs oder NDs. Vom Temperament her stehen sie jedoch Frauen viel näher und fühlen sich in Beziehungen zu Frauen häufig wohler als in Beziehungen zu Männern. Natürlich kommen die NF-Männer im allgemeinen mit anderen NF-Männern und -Frauen besser zurecht als jede andere Gruppe. Noch einmal: Da sie Frauen im Temperament viel näher stehen, fühlen sie sich in Beziehungen zu Frauen oft viel wohler als mit Männern. Sowohl NF-Männer als auch SF-Frauen schätzen Harmonie in Beziehungen und zwischenmenschliche Fürsorge, und sie setzen sich beide stark für Menschenrechte ein.

Für NFs sind menschliche Beziehungen oft eine fruchtbare und wichtige Quelle für das Ausschöpfen ihrer Beziehungspotentiale sowohl im persönlichen als auch im beruflichen Leben. Die Kehrseite hiervon ist, daß sie, da sie so viel geben, unter Umständen nicht als so emotional verletzlich und bedürftig gesehen werden, wie sie in Wirklichkeit sind.

NFs vermitteln oft den Eindruck, ›über allem zu stehen‹. Das kann irreführend sein, weil ihre Sensibilität, ihre Verletzlichkeit und ihr Bedürfnis nach Zustimmung dadurch für andere nicht offenkundig sind. Weil NFs einen so starken Wunsch haben, andere zu akzeptieren und zu bestätigen, sind sie häufig nicht willens oder haben Angst, sich selbst und anderen realistische Grenzen zu setzen. Manchmal können sie anderen gegenüber zu verständnisvoll und wohlwollend sein und dadurch ausgenützt werden. Ungebrochener Idealismus mag sie manchmal veranlassen, sich selbst allzu hochgesteckte Ziele zu setzen, was zu Enttäuschung, Frustration und Desillusionierung führt. Sie haben unter Umständen auch ein schlechtes Zeitgefühl und vergeuden kostbare Zeit, indem sie sich auf ineffektive Projekte kaprizieren.

Die praktischen, alltäglichen Anforderungen des Lebens können dazu führen, daß NFs sich auf Bergen unvollendeter Projekte, unbezahlter Rechnungen und nicht eingehaltener Verpflichtungen wiederfinden. Da sie der eigenen Zukunftsplanung zu wenig Aufmerksamkeit schenken, können sie auf lange Sicht, wenn sie vor Pensionierung und Alter stehen, wenig für sich selbst übrigbehalten.

Der häufige Mangel an entwickeltem Denken kann unklare oder haltlose Prämissen für ihre Überzeugungen und Ideen zur Folge haben. Oft haben sie das Gefühl, keine wirklichen Beweise für ihre Ideen zu brauchen, und reagieren gekränkt, wenn andere von ihrem Standpunkt nicht überzeugt sind oder diesen nicht akzeptieren. Im anderen Extrem können sie, um ihre Position zu belegen, so viele Tatsachen anführen, daß sie ihre Zuhörerschaft in einer Masse unnötiger oder irrelevanter Details verlieren. Unter Umständen haben sie eine Tendenz, die Werte anderer anmaßend abzutun oder ihre eigenen selbstherrlich zu erheben.

Wie wir gesehen haben, neigt der NF zu einer Idealisierung seiner Partnerin, die schon ans Archetypische grenzt. Wenn seine Partnerin sich gezwungen fühlt, diese hochgespannten Erwartungen beiderseitiger Seligkeit und totalen Verständnisses zu erfüllen, so kann das für beide fatale Folgen haben.

Alle Mitglieder der NF-Gruppe besitzen eine gewisse literarische und kommunikative Begabung. Die Extravertierten, Jerry

(ENFW) und Pablo (ENFU), sowie die introvertierten Intuitiven mit fühlendem Kommunikationsstil wie Dean (INFU) drücken sich oft durch mündliches Vortragen und Lehren aus. Die introvertierten Gefühlstypen mit intuitivem Kommunikationsstil wie Eliot (INFW) entscheiden sich häufiger für das Schreiben als Hauptmedium der Kommunikation.

Mehr als alles andere schätzen NFs Harmonie in menschlichen Beziehungen, sowohl auf persönlicher als auch auf gesellschaftlicher Ebene. Oft sind sie desillusioniert, wenn andere nicht sehen, wie nötig Friedfertigkeit für die Welt ist.

Mit der Beschreibung der NFs haben wir nun alle sechzehn psychologischen Männertypen vorgestellt. Ich hoffe, wir können nun den Beitrag des psychologischen Typs sowohl zu Ähnlichkeiten als auch zu Unterschieden zwischen den Persönlichkeiten von Männern besser einschätzen. Weitere Beiträge zur psychologischen Ausstattung einzelner Männer bewirken eine noch größere Vielfalt ihrer verhaltensmäßigen, emotionalen und beruflichen Potentiale.

Nun wenden wir unsere Aufmerksamkeit dem mehr dynamischen Aspekt der Typologie zu, indem wir uns die Typologie als eine Psychologie des Bewußtseins anschauen.

7. Die Typologie als Psychologie des Bewußtseins

> *Le Cœur a ses raisons que la raison ne connaît point.*
> (Das Herz hat seine Gründe, von denen der Verstand nichts weiß.)
> Pascal

Typologie als Folge der Evolution

Theoretisch ist unser psychologischer Typ eine Disposition, die wir von Geburt an haben, so sehr sie auch durch frühe Lernerfahrung verstärkt oder modifiziert werden mag.

Doch die fundamentale Spaltung von Denken und Fühlen zwischen den Geschlechtern, wie die Typologie sie feststellt, entwirft möglicherweise ein umfassenderes Bild: die gegenwärtige Höhe unseres ›männlichen‹ beziehungsweise ›weiblichen‹ Bewußtseins. Unsere psychologischen Funktionen haben sich vielleicht an diesen Vorgaben orientiert, um den biologischen und psychologischen Anforderungen zu entsprechen, die während unserer ganzen Entwicklungs- und Sozialgeschichte an Männer und Frauen gestellt wurden.

Wenn es stimmt, daß diese typologische Spaltung ein evolutionärer Prozeß ist, dann hat sie in gewisser Weise sowohl Männern als auch Frauen gedient. Frauen sind primäre Trägerinnen des Fühlens, Männer primäre Träger des Denkens. Die Verfeinerung des Fühlens bei Frauen hat ihnen geholfen, ihre Rolle als Hauptfürsorgerin für die Kinder, als nährende und stützende Hilfe ihres Partners sowie als Vermittlerin von Werten und Bedürfnissen der Gesellschaft zu spielen. Die Evolution der Denkfunktion bei Männern hat ihrem Bedürfnis gedient, nüchtern und logisch zu überlegen, Entscheidungen zu treffen und die Außenwelt unpersönlich zu verwalten.

Es kann jedoch sein, daß die Erfüllung dieser Bedürfnisse dazu geführt hat, daß heute sowohl das männliche als auch das weibliche Bewußtsein zu einseitig und übermäßig auf Geschlechterrollen beschränkt ist. Beides ist dem Wohl von Männern und Frauen vielleicht wirklich nicht mehr zuträglich.

Das archetypische Muster des Männlichen

Wenn männliches Bewußtsein extrem ausgeprägt ist, umfaßt es spezielle Aspekte des Vaterarchetyps. Diese Konstellation charakterisiert Männer, die im wesentlichen auf die Außenwelt hin ausgerichtet sind. Für sie ist am wichtigsten, was sie außerhalb ihrer selbst produzieren und leisten. Sie sind praktisch, leistungsorientiert, und ihre geistigen Prozesse werden von unpersönlicher Logik und abstraktem Denken dominiert.

Der Vaterarchetyp hat einen positiven und einen negativen Pol. Der positive Pol hat mit Produktivität, Gesetz, Ordnung, Stabilität, Versorgung und Schutz der Familie, Respekt vor etablierten Institutionen und einem in vieler Hinsicht konventionellen Herangehen an das Familienleben zu tun.

Der negative Pol, repräsentiert vom senex (dem alten Mann), ist dogmatisch, ridige, übermäßig konventionell und losgelöst vom bewußten Gebrauch positiver Gefühlsurteile. Der negative Vater ist emotional kalt und überkontrollierend. Er fordert Loyalität, läßt keinen Raum für entgegengesetzte Ansichten oder Werte und kann im Extremfall tyrannisch oder diktatorisch sein. Der negative Vater kann eine ›verschlingende‹ Qualität widerspiegeln; er überwindet und unterwirft die Gefühle, Wünsche und Strebungen anderer seinen eigenen. Im Reich des negativen Vaters gibt es wenig Raum für Wachstum, Individualität oder abweichende Meinungen anderer; er verlangt Loyalität und die Übernahme seiner Werte.

Ein mythologisches Bild, das diese männliche Disposition reflektiert, ist der Himmelsvater. Die Abspaltung von der Erdmutter oder dem Archetyp des Weiblichen ist nirgends so offenkundig wie in diesem einseitigen Porträt der Männlichkeit, weil diese Konstellation so sehr von der inneren Kreativität und den Beziehungswerten des femininen, endogenen Prinzips entfernt ist.

Hier scheinen männliches und weibliches Prinzip unwiderruflich gespalten.

Der Himmelsvater verkörpert »jene Attribute, die benötigt werden, um die Rolle des Beschützers und Versorgers zu erfüllen. Er ist selbstbehauptend, aggressiv, konkurrierend und kriegerisch. Sein Interesse gilt Techniken, Tatsachen, der Logik und dem Treffen von Entscheidungen. Er ist klar, präzise und konzentriert. Er verehrt Licht und Macht. Er leugnet die Bedeutung von Emotion, Fühlen, Intuition und Irrationalem. Er überläßt das Unmeßbare, das Geheimnisvolle, das Fruchtbare, das Intime und das, was mit Beziehungen zu tun hat, seinem Gegenbild, der Erdmutter«.[1]

Diese Attribute sind jenen analog, die den Aufstieg des Patriarchats und das Aufblühen des maskulinen, exogenen oder außenweltlichen Prinzips charakterisieren. Unsere Väter haben offen oder verdeckt die Denkfunktion stärker gebilligt, uns in der differenzierten Fühlfunktion aber kaum Beispiele gegeben, und so ist die Fühlfunktion bei Männern ganz allgemein unentwickelt.

Im vorliegenden Kapitel werden wir uns ansehen, wie sich die Fühlfunktion bei Männern manifestiert und was sie tun können, um sie ins Bewußtsein zu heben, ob es sich nun um ihre tatsächlich minderwertige Funktion und/oder bloß um ihre unentwickelte oder projizierte Funktion handelt.

Die Bedeutung des Fühlens für Männer

Wie wir zuvor schon sahen, ist die Fühlfunktion eine bewertende Funktion, die Urteile über persönliche, mit Beziehungen verbundene Werte ermöglicht. Die Fühlfunktion wägt ab, bewertet, betrachtet und schätzt ein. Ihr ›Objekt‹ können Emotionen, Menschen oder sogar Ideen sein. Ein Mann kann etwas fühlen über das, was er denkt, oder er kann etwas denken über das, was er fühlt, aber er kann die Denk- und die Fühlfunktion nicht gleichzeitig benutzen.

Damit das Fühlen differenziert und möglichst effizient ist, muß ein Mann die Fähigkeit haben, diese Funktion unabhängig von anderen Funktionen zu erreichen und zu benutzen, darf sich aber nicht ausschließlich darauf verlassen. Verläßt man sich allzusehr auf das Denken, so kann dies den freien Fluß der Emotion behindern. Entwickeltes Fühlen ermöglicht Kontrolle und Reflexion in unserem emotionalen Leben. Doch Gefühle, Emotionen oder Affekte zu haben ist nicht dasselbe wie die Benutzung der Fühlfunktion. Eng verbunden mit der Fühlfunktion ist der Bereich der emotionalen Erfahrung, der für die meisten Männer der Oberfläche des Bewußtseins nicht so nahe ist wie die Denkfunktion mit ihren Werten, deren Wahrheit auf Logik und Rationalität beruht.

Mangelnde Entwicklung der Fühlfunktion, wenn also das Fühlen allzu global, dürftig, extrem introvertiert oder minderwertig ist, kann zu einer Reihe von Problemen führen. All diese Probleme können die Qualität des emotionalen Lebens mindern; am bemerkenswertesten sind dabei die Auswirkungen schwach entwickelten Fühlens auf emotionalen Ausdruck und Beziehungen.

Globale Gefühlsurteile, wie etwa »Ich liebe mein Land und werde bis zum Schluß kämpfen, um es zu verteidigen«, sind simplistisch, unreflektiert und unangemessen. Die Aussage enthält keinerlei unterscheidendes Urteil über den Kontext, die Umstände oder Bedingungen der Situation. All das aber muß erwogen werden, damit das Gefühlsurteil nicht allzu schlicht ist. Und da wir häufig in der Lage sein müssen, zwischen divergierenden und sogar miteinander in Konflikt stehenden Werten zu unterscheiden, sind reflektive Prozesse erforderlich, damit klare Urteile getroffen und effizient angewandt werden können.

Differenziertes Fühlen erfordert Zeit, Geduld und ein Abwägen der Zusammenhänge.[2] Der Grad an bewußter Überlegung, die eingesetzt wird, entscheidet über die allgemeine Qualität unserer Gefühlsurteile.

Wenn sie wenig Zugang zum Bewußtsein haben, stagnieren blockierte Emotionen und explodieren irgendwann, statt glatt abzufließen, wenn sie nötig und gerechtfertigt sind. Die Fühlfunktion ist also zwar nicht dasselbe wie Emotion, doch man könnte sie als Tor zur emotionalen Erfahrung bezeichnen.

Speziell bei extremen Denktypen ist dieses Tor nicht nur häufig geschlossen, sondern will sich ausgerechnet dann öffnen, wenn man es am wenigsten erwartet. Wenn der Denktyp auf die falsche

Weise provoziert wird, springt es manchmal einfach auf. Emotionale Ausbrüche beim Denktyp sind wie starke Windstöße, die plötzlich und unerwartet auftreten, scheinbar aus dem ›Nichts‹. Der Denktyp und seine Umgebung sind oft verwirrt über die Intensität und auch über die Herkunft solcher Eruptionen.

Wie wir gesehen haben, ist das Fühlen bei Denktypen häufig die am wenigsten entwickelte Funktion. Und wenn es geäußert wird, ist es minderwertiges Fühlen von primitiver Qualität, weil es nicht bewußt gepflegt wurde. Marie-Louise von Franz schreibt:

»In einem Politiker kann sich die inferiore Gefühlsfunktion unbewußt in einer tief verwurzelten und standhaften Loyalität seinem Land gegenüber zeigen. Aber dies könnte ihn auch dazu verleiten, eine Atombombe abzuwerfen oder eine andere destruktive Tat zu begehen. Unbewußtes und wenig entwickeltes Fühlen ist barbarisch und absolut, und darum brechen manchmal die versteckten destruktiven Phantasien plötzlich aus dem extravertierten Denktypus heraus.«[3]

Ein solcher Ausbruch scheint einen äußeren, unbekannten Anlaß zu haben, nur durch Kritik zur falschen Zeit oder manchmal sogar zeitlich richtige Einfühlung ausgelöst. Der Denker fragt sich dann: »Woher kam denn *das*?« Wenn dies geschah, dann hatte nicht er das Gefühl, sondern das Gefühl hatte ihn. Da es nicht aus seinem Inneren zu kommen scheint, sieht es so aus, als gehöre es dem Mann, der es erlebt, gar nicht wirklich, und er macht dann unter Umständen andere für seine Emotion verantwortlich.

Das Fühlen des Denkers kann auch etwas Kindliches oder Naives haben, da es dem Unbewußten so nahe und manchmal total darin eingetaucht ist. Er wird vielleicht von unvorhersehbaren Stimmungsschwankungen geplagt sowie von Gereiztheit und Ärger anderen gegenüber, die er nicht versteht. Er kann auch unerklärlich mißtrauisch und eifersüchtig sein und sich gegen seinen Willen unwichtigem Klatsch hingeben. Oder etwas erscheint ihm extrem komisch, ohne daß er weiß, warum. Diese ungebetenen Eruptionen entsprechen gar nicht dem Charakter des Denkers als Persona, und er macht sich selten die Mühe nachzusehen, woher sie kommen oder was sie bedeuten.

Diese dürftige Qualität des Fühlens ist eine Folge davon, daß

Männer früh lernen, ihre Gefühle zu dämpfen, zu mäßigen, zu hemmen und zu verurteilen, und dann verbringen sie einen großen Teil ihres Lebens mit der Wiederholung dieses Gelernten. In der Kindheit mag das Filtern der Gefühle einem Zweck gedient haben, es mag notwendig gewesen sein, um emotional zu überleben. Doch der Preis dafür kann sein, daß wir nur ein eindimensionales Lebensgefühl haben, uns also emotional öde, leer, leblos oder schal fühlen. Am Ende tun wir, was getan werden muß, kümmern uns um die Bedürfnisse, die befriedigt werden müssen, wissen aber wenig von unseren Gefühlsurteilen über all das. Und wir lernen, ungefühlte, einsilbige Antworten wie ›fein‹, ›gut‹ und ›bestens‹ auf Fragen nach unserem Befinden zu geben, die nichts über unseren emotionalen Reichtum, unsere Gefühlsbreite oder -tiefe aussagen.

Man kann seine Psyche kaum verändern, wenn man seine Gefühle nicht besitzt und nicht zu verändern vermag. Intellektuelles Verstehen vergrößert den Fundus an Informationen, erzeugt Zusammenhänge, Begründungen und Rationalisierungen, doch ohne tief differenzierte emotionale Bewußtheit kommt es selten zu einem wirklichen Bewußtseinswandel. Der Besessen-Zwanghafte ist intellektuell von seinen Zwängen besessen und kann sich nicht anders als zwanghaft benehmen. Ein wirklicher Bewußtseinswandel bedeutet, daß man an einer Erfahrung *wächst*, nicht, daß man sie einfach hatte oder sie sogar verstanden hat. Fühlen kann also erst differenziert oder verwandelt werden, wenn man es fühlt – und zwar so tief wie möglich. Das hört sich einfach an, ist es aber nicht.

Als Urteilsfunktion wirkt das Fühlen also dann am besten, wenn ein Mann lernt, *differenziert* über seine Werte zu urteilen, vor allem über die, die Beziehungen betreffen.

Wenn das Fühlen unentwickelt ist

Wie wir gesehen haben, sind 22,4 Prozent der amerikanischen Männer extravertierte Denker wie Ted und Sheldon, bei denen das *introvertierte* Fühlen die minderwertige Funktion ist. (Selbst wenn es dominant ist, ist introvertiertes Fühlen buchstäblich ›unsichtbar‹.) Weitere 11 Prozent sind introvertierte Denker wie Cal und

Harry, bei denen *extravertiertes* Fühlen die minderwertige Funktion ist. Dies bedeutet, daß das Fühlen die am wenigsten zugängliche und am wenigsten entwickelte Funktion von mehr als einem Drittel aller Männer ist.

Bei einem weiteren Drittel der Männer, wie bei Jake (ESDW), Richard (ISDU), Paul (ENDW) und Alexander (INDU), ist das Fühlen die tertiäre Funktion. Insgesamt also ist bei mehr als 60 Prozent der Männer das Fühlen entweder minderwertig oder bestenfalls nur dritte Wahl. Deshalb sagen wir, daß bei der Mehrheit der Männer das Fühlen die am wenigsten entwickelte Funktion ist. Wie wir vorhin schon sahen, hat dieses unentwickelte Fühlen dramatische Auswirkungen auf den Kommunikationsstil wie auch auf die Beziehungen von Männern.

Die Persona eines Mannes ist der Teil seiner selbst, den er der Außenwelt präsentieren will. Sie ist der Teil von ihm, der am stärksten durch die Rolle definiert wird, die er in der Außenwelt spielt. Die Persona spielt hier eine Rolle, da sie oft seine minderwertige Funktion noch mehr versteckt, besonders, wenn er das Gefühl hat, sich auf sehr kontrollierte, ›männliche‹ Weise verhalten zu müssen. Wenn seine Persona in einer streßgeladenen Situation schließlich wankt und sein minderwertiges Fühlen an die Oberfläche kommt, so kann es in einer peinlichen oder demütigenden Weise explodieren, wie wir bereits erörtert haben.

Auf sozialer und kultureller Ebene haben Männer im allgemeinen ein hohes Maß an Kompetenz entwickelt, um ihr äußeres Leben mittels extravertierten Denkens zu handhaben. Doch ein großer Teil ihres Innenlebens bleibt relativ verarmt. Das liegt daran, daß sie es versäumt haben, sich bewußt oder vertieft mit der Wichtigkeit emotionaler Verbundenheit durch bewußte Differenzierung ihrer Fühlfunktion zu befassen.

Natürlich werden Männer durch Stereotype der Männlichkeit oft dazu konditioniert, ihr inneres Gefühlsleben nicht zu äußern. Die Fühlfunktion von Männern – selbst wenn sie die dominante oder Hilfsfunktion und nicht die minderwertige oder tertiäre ist – wird beeinflußt und konditioniert von sozialen Erwartungen, Geschlechtsrollen sowie von ihren Beziehungen zu ihren Vätern, Müttern und Frauen im allgemeinen. All dies hat sich in einer allgemeinen Annahme niedergeschlagen, daß Männer einfach ›keine Gefühle‹ haben.

Natürlich gibt es keine Männer ohne Gefühle, nur solche, die keine zu haben scheinen und bei denen das Fühlen im wesentlichen unbewußt ist. Was Männer heute anscheinend brauchen, ist eine bewußtere Wertschätzung ihrer eigenen Fühlfunktion. Die Werte, die wir entwickeln können, indem wir diese Funktion bewußt und willentlich einsetzen, können die Qualität und die Bedeutung unserer Beziehungen und unserer Werte in der Welt enorm steigern. Fühlen wohnt nicht, wie oft irrtümlich angenommnen wird, nur im Reich des Weiblichen.

Oft konnten viele Männer die Fühlfunktion aber nur durch Mütter und Frauen identifizieren und stellvertretend erleben. In unserem Bedürfnis, uns nicht länger mit Müttern und Frauen zu identifizieren, haben wir danach auch aufgehört, uns mit dem Fühlen zu identifizieren. Bei der Abspaltung vom Fühlen haben wir uns übermäßig mit dem Denken identifiziert. Was bleibt, ist minderwertiges Fühlen, verbunden mit der Bilderwelt der verwundeten Anima oder des Mutterkomplexes, der für uns von Frauen getragen wird.

Wenn Männer ihren Müttern und Frauen unbewußt gestatten, das Fühlen für sie zu tragen, dann berauben sie sich einer wesentlichen psychologischen Funktion, die für ihr volles Wachstum und ihre Ganzheit nötig ist. Und solange sie unentwickelt bleibt, wird sie ein Teil des persönlichen und kollektiven Schattens der Männer sein und weiterhin von Frauen getragen werden.

Die Frauen ihrerseits sind aktiv geworden und haben sich über die sozial erlaubten Gefühlsrollen hinausbewegt, die sie in Beziehungen zu Männern ausspielten. Das gilt insbesondere für ihre Rolle als unbewußte Mutter des Mannes. Wenn Männer es versäumen, ihre eigene Fühlfunktion zu entwickeln, und auch diese emotionalen Hilfsstrukturen verlieren, von denen sie abhängig geworden sind, dann werden sie durch das Wiederauftauchen ihrer unerfüllten Abhängigkeitsbedürfnisse zunehmend depressiv werden. Die Frauenbewegung beispielsweise wurde von vielen Männern als erneutes symbolisches Verlassenwerden von der Mutter und dem Weiblichen erlebt. Und dies geschieht zu einer Zeit, in der sie schlecht für den Umgang mit den emotional unentwickelten Teilen ihrer selbst gerüstet sind.

Anima, Ehe und Typ

Wenn Männer versuchen, psychologisch und emotional zu wachsen, so besteht eine entscheidende Aufgabe darin, Teile ihrer selbst zu integrieren, die nie entwickelt worden sind, und zwar vor allem solche, die durch Projektion auf andere verlorengingen. Wie wir gesehen haben, ist ein Mittel der Projektion der Schatten. Ein anderes ist die Abspaltung vom inneren Weiblichen, das Jung als ›Anima‹ bezeichnete. Jung beschrieb die Anima als gegengeschlechtliche Seite des Mannes oder als weibliche Repräsentation seines Unbewußten. Die Bilder des Weiblichen in ihm finden sich oft in seinen Träumen, Phantasien und Projektionen auf äußere Frauen. Wenn Männer von der Anima dissoziiert sind, versuchen sie vielleicht unbewußt, durch Beziehungen zu Frauen wieder mit diesem fehlenden Teil ihrer selbst in Verbindung zu kommen.

Wenn ein Mann die Anima projiziert, wird eine äußere Frau zur Trägerin eines seiner wichtigsten unentwickelten Teile. Infolgedessen kann der Mann einen Verlust von psychischer und emotionaler Energie erleiden. Diese fehlende Energie wird zeitweilig auf eine äußere Frau verschoben, die durch deren Verkörperung zu einem Objekt des Begehrens wird, das fasziniert und etwas verspricht.

Ein Beispiel für diese Projektion ist etwas, das Cal (INDW) passierte, als er sich wahnsinnig in Marci verliebte, eine seiner Studentinnen. Marci war jung, klug, schön und lebhaft. Sie schien Cal völlig in ihren Bann zu schlagen; er war buchstäblich von allem und jedem fasziniert, was sie tat. Er liebte es, wie sie ging, sprach und sogar lächelte. Ihre Anwesenheit im Seminar lenkte ihn ab, vor allem, wenn ihre blaßgrünen Augen ihn anstarrten. Ihr Körper wurde zu einem betörenden Geheimnis und schien eine Erregung zu versprechen, die er nie gekannt zu haben glaubte. Ihre Vitalität gab ihm das Gefühl einer Lebendigkeit, an die er sich kaum mehr erinnern konnte.

Eines Tages kam sie auf dem Campus auf ihn zu. Während sie da standen und miteinander sprachen, fühlte er sich berauscht von ihrem zarten Duft. Als sie seinen Arm berührte, wurden ihm die Knie weich. Ihre Nähe schien seine Sinne wieder zu öffnen und Gefühle zu wecken, die jahrelang geschlummert hatten. Weil er sich durch sie so fühlte, wußte er, daß er sie haben mußte.

Nicht lange danach jedoch kühlte seine Leidenschaft ab, und der kostbare Zauber schien sich zu verflüchtigen. Er blieb mit dem Gefühl von Ernüchterung, Verwirrung, Depression und seltsamer Leere zurück. Und die Dämonen, die ihn geplagt hatten, ehe er Marci traf, und die sie scheinbar zum Verschwinden gebracht hatte, kehrten zurück, wann immer er zu schlafen versuchte.

Als extravertierter Gefühlstyp ESFU eignete sich Marci besonders als Trägerin seiner inneren Frau. Sie war buchstäblich das Gegenteil seines INDW-Typs. Sie konnte seine Anima perfekt tragen. Als ideale weibliche Repräsentation seines Unbewußten war sie in der Lage, ihn nicht nur anzuziehen, sondern auch, und sei es nur vorübergehend, seine Seele gefangenzunehmen. Sie personifizierte die fehlenden Teile seines Innenlebens.

Marcis Jugend, Energie, Enthusiasmus und Sexualität machten Cals einseitiges, nicht mehr ganz junges Leben buchstäblich lebendig und traten an die Stelle der Schalheit, die sich nach und nach breitgemacht hatte. Seine eigene Jugend hatte er fast ganz darauf verwandt, eine Ausbildung zu durchlaufen und seine Karriere voranzutreiben. Nachdem er eine Professur bekommen hatte, verbrachte er noch mehr Zeit mit akademischen und intellektuellen Bestrebungen, wodurch das bißchen emotionale Leben, das er hatte, austrocknete. Er war depressiv und wußte nie genau, warum, machte sich aber auch nicht die Mühe, sich die Sache genauer anzusehen. Wäre er voller entwickelt gewesen, indem er mehr von dem Fühlen und Empfinden in sich aufgenommen hätte, das Marci so intensiv lebte, dann wäre er vermutlich nicht so von ihr besessen gewesen.

Die Trägerin der Anima eines Mannes muß nicht der ihm entgegengesetzte Typ sein. Cals Fall war extrem, und sicherlich wurde die Anziehung von Marcis kontrastierendem Typ gespeist. Wenn Cal Marci tatsächlich geheiratet hätte, wäre es zweifellos zu Problemen gekommen. Tatsächlich sind nur 4 Prozent aller verheirateten Paare in allen vier Funktionen Gegensätze. Und interessanterweise sind die Männer, die mit größter Wahrscheinlichkeit ihr genaues Gegenteil heiraten, die introvertierten Denker.[4]

Statistisch ist es aber ebenso ziemlich unwahrscheinlich, daß Männer und Frauen den jeweils gleichen Typ heiraten. Das liegt einfach an der Verteilung der Typen unter den Geschlechtern und insbesondere daran, daß es sehr viel mehr denkende Männer als denkende Frauen sowie sehr viel mehr fühlende Frauen als fühlende Männer gibt. Darum sind die meisten Männer vom Denktyp mit Frauen des Gefühlstyps verheiratet. Diese Konfiguration in der Ehe trägt sicher zu der ungerechtfertigten Annahme bei, daß Kommunikations- und Beziehungsstil geschlechts- und nicht typspezifisch sind.

Diese Polarität zwischen Denken und Fühlen bei Paaren bietet Männern eine weitere Gelegenheit zu Konfrontationen mit ihrer minderwertigen Funktion. Bestätigt wird dies durch die Tatsache, daß viele Paare, die in Therapie kommen, oft typologisch eher verschieden als ähnlich oder eher entgegengesetzte Typen sind. Die verfügbaren Forschungsarbeiten über Ehe und Typ deuten allerdings darauf hin, daß die meisten Ehen zwischen Paaren geschlossen werden, die einige gemeinsame und einige unterschiedliche Elemente haben.

Die statistische Wahrscheinlichkeit besagt, daß die Paare zwei Präferenzen gemeinsam haben, doch tatsächlich haben die meisten Paare drei. Der Grund, warum Paare von entgegengesetztem Typ in Behandlung kommen, kann darin liegen, daß diese Konfiguration mehr Probleme aufwirft als eine Ehe zwischen Partnern gemischten oder gleichen Typs.

Meiner eigenen Erfahrung nach entstehen die häufigsten Probleme von Paaren aus der Polarität zwischen männlichem Denken und weiblichem Fühlen. Obwohl sie seltener sind, kommen Paare, bei denen der Mann der *fühlende* und die Frau der *denkende* Teil ist, aus ähnlichen Gründen in Therapie. Es sind also die Gegensätze der Typen, die für die Probleme verantwortlich sind, und weniger das Geschlecht des jeweiligen Typs.

In beiden Fällen erzeugen die Projektionen innerhalb des Paares eine Konfrontation zwischen den Schatten beider. Jeder entdeckt in seinem Partner die unentwickelten Teile seiner selbst, die ihm oder ihr ins Gesicht starren. Diese Schattenelemente tauchen immer unerwartet auf und werden wahrscheinlich der Art und Weise zugeschrieben, wie sich der Partner im Laufe der Beziehung verändert hat. In Wirklichkeit waren die Schattenelemente immer da, sie wurden nur nicht erkannt, weil die ursprüngliche positive Projektion ›den Schatten überschattete‹.

Der therapeutische Wert der Gegensätzlichkeit besteht in jedem Falle darin, daß beide Partner veranlaßt werden, endlich die unentwickeltsten Teile ihrer selbst zu entwickeln. Im Idealfall können beide Seiten zu der Erkenntnis kommen, daß sie, statt sich gegenseitig zu beschuldigen, sie seien im Unrecht, sich zu respektieren lernen müssen, weil sie erkennen, daß der andere einfach typologisch anders ist. Wenn die Konfrontation erfolgreich ist, führt sie dazu, daß der Mann sich seiner vernachlässigten Fühlfunktion bewußter wird und die Frau ihrerseits besser mit ihrer unentwickelten Denkfunktion zurechtkommt. Dies wäre, wie gesagt, der Idealfall, in dem beide gewinnen. Doch das ist leichter gesagt als getan.

So können beispielsweise Männer, die introvertiertes oder extravertiertes Denken als dominante Funktion haben (ein Drittel aller Männer), anfänglich Partnerinnen schätzen, die eine dominante Fühlfunktion besitzen. Wie bei Cals Problem mit Marci bringt dieser Mann dann nach einer Weile wahrscheinlich seine am wenigsten entwickelte Funktion zutage – minderwertiges extravertiertes Fühlen oder minderwertiges introvertiertes Fühlen. Wenn seine Vernachlässigung der Fühlfunktion extrem war, dann wird die Animafunktion infantil und in manchen Fällen sogar primitiv sein.

So ist die Anima für einen Mann mit minderwertigem Fühlen oft das Gegenteil seines Einstellungstyps; extravertierte Männer heiraten häufig die introvertierte Anima, introvertierte Männer die extravertierte Anima. Die gegensätzliche Typuseinstellung der Partnerin scheint eine unbewußte Ergänzung zu der bewußteren und dominanteren Funktion des Mannes zu liefern.

Ein potentielles Problem besteht allerdings darin, daß seine unentwickelte Fühlfunktion und die Anima in kontaminiertem

Zustand existieren können. Das heißt, daß die äußere Frau, zu der er in Beziehung tritt, und seine innere Weiblichkeit verwechselt werden; dies führt zu einer Unfähigkeit, zwischen dem zu unterscheiden, was er bewußt fühlt, und dem, was ohne sein Zutun aus seinem Unbewußten kommt. Das gilt besonders, wenn er unter Streß steht, etwa bei einem Streit mit seiner Partnerin; bei solchen Gelegenheiten kann er dann nicht artikulieren, wie er sich fühlt, oder er erlebt etwas, das ich als ›Anima-Attacke‹ bezeichne, weil er dabei keine Gefühle ›hat‹, sondern sich im Klammergriff primitiver Gefühle befindet, die ihn ›haben‹.

Die minderwertige Funktion und der Schatten

Die minderwertige Funktion und der Schatten sind eng verbunden, weil beide sich einen Platz im Unbewußten teilen. Da die minderwertige Funktion oft außerhalb des Bewußtseins bleibt, entwickelt sie eine spezielle Autonomie und eine Fähigkeit, ›Dinge zu beleben‹, wenn wir das am wenigsten erwarten – und oft dann, wenn wir es am wenigsten wollen. Sie wird personifiziert vom Schatten, der in unseren Träumen, unseren Phantasien und unseren selbstgerechten Projektionen auftaucht, wenn wir versuchen, uns selbst von unseren schlimmsten Eigenschaften zu befreien.

Wenn bei Männern das Fühlen minderwertig ist, dann kann der Schatten (in Männerträumen gewöhnlich ein Mann) mit der Anima verschmolzen sein. Ein Mann, der sich selbst als äußerst hartgesotten darstellt, sieht in seinen Träumen – vielleicht sehr zu seinem Verdruß – einen effeminierten, manchmal offen homosexuellen Schatten. Er wird wahrscheinlich den Traum rasch vergessen oder ihn nur äußerlich interpretieren, indem er sagt, wie sehr ihn Homosexualität stört.

Auf ähnliche Weise benutzen Väter manchmal unbewußt ihre Söhne als Träger der Projektionen von Eigenschaften, die sie an sich selbst fürchten. Manche bringen ihre Söhne in Therapie, weil sie Angst haben, sie könnten allzu weich werden oder ›zu Homosexuellen heranwachsen‹. Dann können wir einigermaßen sicher sein, daß das Problem im Schatten des Vaters liegt und daß seine

Fähigkeit, seine minderwertige Funktion einzudämmen, schwächer wird. Gewöhnlich verraten solche Ängste mehr Schwierigkeiten beim Vater als beim Sohn; wenn der Vater behandelt wird, verschwindet in der Regel auch das ›Problem‹ des Sohnes.

Weitere Manifestationen der Unfähigkeit des Mannes, den Schatten zu beherrschen, können sexuelle Voreingenommenheit, Voyeurismus, Perversionen oder eine Regression auf den Inzestwunsch sein. Eine der schlimmsten Formen des Inzestwunsches, von der zur Zeit in den Medien viel die Rede ist, ist der Mißbrauch von Mädchen oder sogar Jungen durch Männer, die die Kontrolle über ihren Schatten und ihre minderwertige Funktion völlig verloren haben. Sie agieren das Schattenproblem ohne jede Zurückhaltung aus. Es ist, als fühlten sie sich gezwungen, die Anima auf möglichst konkrete Weise zu ›besitzen‹ und sich zu ›nehmen‹. Dies ist die Folge eines ungeheuren Maßes an vorhergegangener Verdrängung, die schließlich aufbricht, und das möglicherweise bei einem Mann, von dem zuvor jeder gedacht hatte, er könne ›keiner Fliege etwas zuleide‹ tun.

Gewaltausbrüche bei früher passiven Männern sind ein ähnliches Phänomen. Solche Explosionen demonstrieren, welch unglaublichen Druck die Verdrängung aufgebaut hat. Dieses Eindämmen psychischer Energie erzeugt das Bedürfnis, die minderwertige Funktion aus ihrem Gefängnis und ins Bewußtsein zu entlassen. Kontrollverlust ist häufig ein Anzeichen dafür, daß dieser innere Druck zu stark geworden ist und irgendeine Form von Freisetzung fordert.

Der Kontrollverlust kann aber auch eine positive Komponente haben, wenn er allmählich und nicht gewalttätig vor sich geht. Er ist das Mittel der Psyche, verleugnete Probleme bewußt zu machen.

Die Arbeit an der minderwertigen Funktion scheint zwar oft düster und bedrohlich, doch sie kann auch eine überraschende Quelle von Leben und Vitalität sein. Unsere Erfahrung wird frisch und neu, wenn wir eine bewußte Verbindung zu einem Teil unserer selbst herstellen können, der allzu lange untätig war. Da die minderwertige Funktion so eng mit dem Unbewußten verbunden ist, kann auch das kreative Potential des Unbewußten mobilisiert werden und neue Einsichten und Ansätze zur Problemlösung bieten.

Versuche, die minderwertige Funktion zu verbessern

Ende der sechziger und Anfang der siebziger Jahre bot das Aufkommen von Selbsthilfegruppen, Sensibilitätstraining, ›Therapie zur Wutreduktion‹ und dergleichen vielen Männern eine Reihe von Gelegenheiten, ›mit sich selbst in Berührung zu kommen‹. Einige Therapeuten und Gruppenleiter ermutigten Männer, die ihr ganzes Leben lang von ihrer Fühlfunktion abgeschnitten gewesen waren, ›alles herauszulassen‹. Verschiedene Techniken schienen fast über Nacht zu entstehen und waren dazu bestimmt, verklemmte Männer von ihrer ›Verkopftheit‹ zu befreien.

Viele Männer, die dies mitmachten, bekamen wenig mehr als ein schickes neues Vokabular, das sie lehrte, wie sie künftig über ihre Gefühle zu sprechen hatten. Zunächst als Teilnehmer und später als fortgeschrittener Psychologiestudent sah ich, daß nur wenige der Männer, die ich kannte (mich selbst eingeschlossen), in der Lage waren, irgendwelche tieferen Veränderungen in ihren Gefühlswerten vorzunehmen. Einige von uns wurden eher zu Karikaturen ›fühlender‹ Männer als zu Individuen mit dauerhaftem Tiefgang. In mancher Hinsicht schien das schlimmer zu sein als der vorherige Zustand. Einige gingen mit einem neuen Vokabular und einer gespreizten Art, Beziehungen herzustellen, aus diesen Gruppen hervor und fühlten sich wunderbar und voller Energie, doch diese Verfassung hielt nur für kurze Zeit an.

In jüngerer Zeit, seit die Betonung des ›Mythopoetischen‹ durch den Dichter Robert Bly in einigen Teilen der Männerbewegung populär geworden ist, werden Männer ermutigt, mit ihrer ›tiefen Männlichkeit‹ in Verbindung zu treten. Diese Ermahnung scheint im wesentlichen auf der irrigen Annahme zu beruhen, Männer hätten ihre feminine Seite bereits integriert. Männer werden gedrängt, ›schreien zu lernen‹ und sich andere psychologische Oberflächlichkeiten anzueignen, als würden diese Mätzchen bewirken, daß sie sich selbst tiefer verstehen und emotional ausgeglichener werden. Dieser Ansatz kann bestenfalls irreführen und schlimmstenfalls einen unbewußten Protest gegen die schwierige Arbeit widerspiegeln, die für psychologischen Wandel erforderlich ist.

Tiefe psychologische Veränderungen sind bedauerlicherweise im allgemeinen langsam, zeitraubend und teuer. Sie erfordern, daß man sich einem potentiell schmerzhaften Prozeß der Selbsterforschung unterzieht und emotionale Verwundbarkeiten nicht länger leugnet, und das widerstrebt vielen von uns. Dieser Prozeß stärkt nämlich nicht gerade das Ego. Der ›alte König‹ kann nicht einfach neue Kleider anziehen oder der ›wilde Mann‹ ein Bärenfell; er muß sterben – und ein neues Gefühl für das Selbst gebären. Die Macht des Ego zu relativieren bedeutet, Zugang zu den Teilen der Persönlichkeit zu gewinnen, die unter ihren oberflächlichen Schichten liegen.

Und bei der schließlich erfolgenden Differenzierung der Persönlichkeit spielt die minderwertige Funktion eine sehr wichtige Rolle. Marie-Louise von Franz schreibt:

»Die inferiore Funktion ist das Tor, durch das alle Bilder des Unbewußten ins Bewußtsein dringen. Unser Bewußtseinsbereich ist wie ein Raum mit vier Türen, und es ist die vierte Türe, durch die der Schatten, der Animus oder die Anima und die Verkörperungen des Selbst hereinkommen. Sie treten nicht so häufig durch die anderen Türen ein, was in gewisser Weise selbstverständlich ist: Die inferiore Funktion ist so nah dem Unbewußten und bleibt so barbarisch, minderwertig und unentwickelt, daß sie ganz natürlich den schwachen Punkt im Bewußtsein bildet, durch den die Bilder des Unbewußten hereinbrechen können. Im Bewußtsein wird dies als der schwache Punkt erlebt, als die unangenehme Sache, die einen nie in Ruhe lassen kann und immer Schwierigkeiten bereitet.«[5]

Das größte Problem für viele Männer, die sich wirklich wandeln wollen, liegt in der Tatsache, daß das, was am meisten Veränderung braucht, häufig in der minderwertigen Funktion liegt. Weil sie das Gegenteil der dominanten Funktion ist, ist sie auch am weitesten vom Bewußtsein entfernt. Doch die am wenigsten entwickelten Teile unserer selbst enthalten oft die Lösungen für viele unserer

Probleme. Das Aufschließen dieser Teile kann eine Quelle neuer Energie und Kreativität sein.

Die meisten Autoren und Erforscher der Typologie glauben, daß es praktisch unmöglich sei, eine minderwertige Funktion bewußt zu machen. Marie-Louise von Franz beschreibt die minderwertige Funktion als »ein dressierbares Pferd. Sie kann nur soweit unterjocht werden, daß man nicht die ganze Zeit dumme Dinge tut. So viel ist möglich... Dies ist das höchste, was man bei der inferioren Funktion erreichen kann. Man kann sie nie regieren oder dressieren und dazu bringen, zu handeln, wie man es wünscht. Aber wenn man klug genug ist und bereit, in vielem nachzugeben, kann man sich vielleicht mit ihr arrangieren, so daß sie einen nicht abwirft.«[6]

Oder, wie Jung geschrieben hat: »Das Wesen der minderwertigen Funktion ist nämlich gekennzeichnet durch Autonomie; sie ist selbständig, sie befällt, sie fasziniert und spinnt uns ein, so daß wir nicht mehr Herr unserer selbst sind und nicht mehr genau unterscheiden zwischen uns und den anderen.«[7]

Da die minderwertige Funktion so schwer faßbar ist, ist es wahrscheinlich müßig, an sie herangehen zu wollen, ohne zuerst die Hilfsfunktion oder die tertiäre Funktion anzusprechen.

Ein extravertiert denkender Mann wie Ted beispielsweise könnte sich der minderwertigen Funktion durch die sekundären Funktionen Empfinden oder Intuition nähern, da diese Funktionen möglicherweise etwas weiter entwickelt und daher leichter verfügbar sind. Es ist, als pirsche man sich von der Seite her statt von vorn an das Unbewußte heran.

Ted hatte große Schwierigkeiten, zu seinem Sohn Teddy in tiefer emotionaler Weise in Beziehung zu treten. Er fühlte sich verlegen, linkisch und unaufrichtig, wenn er anders als autoritär und bevormundend mit ihm umging. Doch indem er seine ›irrationalen‹ sekundären Funktionen (Empfinden und Intuition) benutzte und nicht seine ›rationalen‹ (Denken und Fühlen), konnte er mit Teddy besser in Beziehung treten und neue Arten (Intuition) finden, wie die gemeinsam verbrachte Zeit aufgewertet werden könnte. Das könnten gewisse praktische Aktivitäten sein (beide verfügen über Empfinden), die ihnen beiden Spaß machen. Auf diese Weise würde Ted zunehmend emotional zu Teddy in Verbindung treten, was es Teddy wiederum erleichtern würde, seine Pflichten in der Schule zu erfüllen und seinem Vater von seinen Fortschritten zu berichten. Es würde zulassen, daß sich aus einer Gemeinsamkeit ganz natürlich ein tieferes Gefühl entwickelt.

Psychotherapie als Vehikel für Veränderung

Die meisten Formen der Psychotherapie resultieren im allgemeinen aus NF-Bemühungen. Tatsächlich gehören die meisten klinischen Psychologen und Psychiater der NF-Gruppe an. Diese typologische Spezialisierung hat einige wichtige Folgen, wenn wir bedenken, wie schwer es den meisten Männern fällt, sich in eine Therapie zu begeben. Die Tatsache, daß die meisten Psychotherapeuten NF-Typen und die meisten Männer SD-Typen sind, könnte die unbeabsichtigte Wirkung haben, daß nur wenige Männer sich entschließen, Hilfe zu suchen.

Da so viele Männer der SD-Gruppe entstammen, haben sie ein Vorurteil gegenüber dem Prozeß der Psychotherapie selbst. Aufgrund der SD-NF-Opposition besteht auch eine natürliche Schattenbeziehung zwischen Psychotherapeuten und der männlichen Bevölkerung. Die Beziehungs- und Kommunikationsstile dieser beiden Gruppen schaffen darüber hinaus einen natürlichen psychologischen Gegensatz zwischen ihnen. Viele Therapeuten und Berater wissen das intuitiv, erklären es in ihrer Praxis jedoch nicht angemessen.

Die Psychotherapeuten selbst möchten natürlich gern, daß ihre Klienten den Prozessen, die sie bei ihnen in Gang bringen, vertrauen und an sie glauben. Auch männliche Klienten, die Hilfe suchen, müssen glauben, daß der Vorgang, dem sie sich unterwerfen und für den sie viel Geld bezahlen, ihnen nicht nur wirklich helfen wird, sondern dies auch auf eine Art tun wird, die sie leicht verstehen können. Weil SD-Männer oft mit quantitativen Begriffen an das Leben herangehen, sind sie zu Therapien ähnlich eingestellt. Sie möchten wissen, wieviel sie kosten, wie lange sie dauern, was sie bewirken und wie sie funktionieren. Sie mögen keinen Ansatz, der aus ihrer Sicht lange dauert, vage ist und sie zwingt, mit unterentwickelten Teilen ihrer selbst umzugehen. Für die SD-Gruppe sind die Funktionen, die am dringendsten verstanden und entwickelt werden müssen, Fühlen und Intuition, genau die Merkmale, die beim Therapeuten oft dominant und von Natur aus leicht verfügbar sind.

So ist also einerseits die Person, die der männliche SD-Klient braucht, jemand, der die Funktionen entwickelt hat, die ihn selbst verwirren. Auf der anderen Seite muß sich der Therapeut bewußt sein, daß seine eigenen unentwickelten Funktionen bei einem SD-Patienten dominant sind. Das eröffnet zwar Hilfsmöglichkeiten, aber beinhaltet auch das Potential zu gegenseitiger Schattenprojektion. Darum wäre es für beide nützlich, wenn sie wüßten, daß ihre Stärken unter Umständen die Schwächen der anderen Person sind.

Die potentielle Voreingenommenheit läßt sich reduzieren, wenn beide ihre Unterschiede begreifen. Ohne dieses Wissen kann sich die Therapie als kurze und sehr enttäuschende Erfahrung für beide Beteiligten erweisen. Wie ein früherer SD-Patient von mir einmal sagte: »Wenn ich mein Geschäft so führen würde wie Sie diese Therapie, dann wäre ich weg vom Fenster.« Vermutlich hatte er recht, da man ein Geschäft wohl nicht ebenso führen kann wie eine Therapie. Und natürlich sind NFs unter Geschäftsleuten selten zu finden.

Psychotherapie macht ihrem Wesen nach den Versuch, über die bloß physische (Empfinden) und logische (Denken) Natur der menschlichen Erfahrung hinauszublicken. Ihre Verständnismethode wird selten über den rationalen, kognitiven Stil vermittelt, den die meisten Männer zu benutzen gewohnt sind. In einem ganz allgemeinen Sinn besteht das Ziel der Psychotherapie mit Männern darin, die abgespaltene Fühlfunktion und die Denkfunktion zu integrieren. In diesem Sinne ist sie eher ein affektiver oder emotional begründeter Prozeß und verwendet die Gegenpole der Funktionen, die Männer sonst zur Problemlösung zu benutzen gewohnt sind.

Für viele Frauen ist die Psychotherapie nicht weniger schmerzhaft, aber oft natürlicher, weil die Prozesse der Psychotherapie diejenigen sind, die auch die meisten Frauen während des größten

Teils ihres Lebens benutzen. SD-Frauen allerdings haben oft sehr ähnliche Schwierigkeiten mit der Therapie wie die meisten Männer. Ihnen fällt es auch schwerer, in Behandlung zu bleiben, weil sie die gleichen Kriterien anwenden wie die Männer gleichen Typs.

Häufig werden Männer von Ärzten in die Therapie geschickt, weil die physischen Symptome, derentwegen sie medizinischen Rat suchen, sich als nicht organisch begründet erweisen. Diese Männer sind ratlos, verwirrt und abwehrend, wenn man ihnen sagt, physisch fehle ihnen eigentlich gar nichts Ernstliches. Anscheinend können sie nicht verstehen, wie Körper und Geist funktionieren. Es ergibt einfach keinen Sinn für sie, daß die Ursache des Schmerzes in ihrem Körper in ihrem Geist oder ihren Gefühlen liegt. Tatsächlich brauchen SD-Männer unter Umständen eine extreme Krise oder eine schwere Krankheit, bis sie einmal nach innen schauen, und erst recht, bis sie jemand anderen bitten, ihnen dabei zu helfen.

Die Kenntnis der Typologie kann für Männer hilfreich sein, die eine Therapie aufsuchen, und auch für die Therapeuten, die mit ihnen arbeiten. Beide verstehen dann leichter, warum es den meisten Männern so schwerfällt, Hilfe zu suchen, vor allem da emotionale und psychische Unterstützung ihnen sowohl unannehmbar als auch unverständlich erscheint.

Trotz der sozialen und wirtschaftlichen Vorteile, die Männer traditionell genießen, werden sie aufgrund ihrer unbewußten Übernahme von Geschlechtsrollen durch Anforderungen an sich selbst und Erwartungen verletzt. So bewirken beispielsweise soziale und familiäre Rollenerwartungen – Männer müßten emotional stark sein, für sich selbst und ihre Familie sorgen und unabhängig handeln –, daß sie darauf konditioniert sind, keine Hilfe von anderen zu akzeptieren. Daher hat die Aussicht, bei einem anderen Mann oder einer Frau ›Hilfe‹ zu suchen, sehr unmittelbare negative Obertöne und richtet sich direkt gegen das von der Gesellschaft aufgezwungene männliche ›Image‹. Folglich sind viele Männer das, was ich ›Fürsorge vermeidend‹ nenne.

Außerdem wird die Wahrnehmung des Therapeuten durch den Mann von einer typologischen Voreingenommenheit gefärbt, weil der Therapeut wahrscheinlich ganz ›anders‹ ist als er selbst.[8] All das mag die Tatsache erklären, daß landesweit 80 Prozent der Menschen, die sich in Therapie befinden, Frauen sind und nur 20 Prozent Männer.

Vorschläge zur Verbesserung der Fühlfunktion

Eine wesentliche Aufgabe für das kollektive Bewußtsein amerikanischer Männer besteht darin, sich ihrer unentwickelten Fühlfunktion zuzuwenden. Das ist leichter gesagt als getan und erfordert den Einsatz von emotionaler Energie, Risikobereitschaft und vor allem Zeit. Wenn wir die Fühlfunktion aber kultivieren, kann diese kaum greifbare, weitgehend unbewußte Funktion auf entschiedenere Weise wieder in unser Bewußtsein eintreten und schließlich eine bewußtere und positivere Wirkung auf Beziehungen und die vorherrschenden Werte unserer Kultur ausüben.

Das Gebiet, auf dem Männer ihre Fühlfunktion hauptsächlich entwickeln sollten, sind ihre Beziehungen. Hier einige spezifische Vorschläge, wie Männer durch bewußteres Fühlen ihre Beziehungen verbessern können. Mit ausreichender Motivation sind sie von jedermann zu befolgen. Alle Vorschläge erfordern, daß man dafür regelmäßig Zeit aufwendet. Sonst gibt es keine Bedingungen.

In der Vater-Sohn-Beziehung:

1. Bemühen Sie sich, den emotionalen Teil der Beziehung zu Ihren Söhnen zu vertiefen, indem Sie zulassen, daß Fühlen ein bewußter Teil der Art und Weise wird, wie Sie mit ihnen umgehen.
2. Fragen Sie sich, ob Sie emotional auf Ihre Söhne gedämpfter reagieren als auf Ihre Töchter.
3. Nehmen Sie sich Zeit, um offen mit Ihren Söhnen darüber zu sprechen, wie es ihnen in der Schule, mit ihren Freunden, ihren Interessen und mit Ihnen geht.
4. Fragen Sie Ihre Söhne, wie Sie ihrer Meinung nach ein besserer Vater sein könnten und was sie gern mit Ihnen zusammen tun möchten.

In Freundschaften mit anderen Männern:

1. Wenn Sie nicht mindestens einen engen männlichen Freund haben, gehen Sie auf einen anderen Mann zu und versuchen Sie, mit ihm Freundschaft zu schließen. Wenn Ihnen das schwerfällt, fragen Sie sich, welche Gefühle Sie dabei haben. Fragen Sie einen anderen Mann, ob er ähnliche Gefühle hat.
2. Versuchen Sie zu sehen, daß es unsere Konditionierung in der Kindheit ist, die uns Furcht vor Intimität mit anderen Männern eingeflößt hat. Deswegen gehen wir mit anderen Männern um, als wären sie unsere Konkurrenten und Rivalen. Diskutieren Sie das mit Ihrem Freund.
3. Machen Sie einen bewußten Versuch, konzentriert Zeit mit einem männlichen Freund zu verbringen und offen darüber zu sprechen, was in Ihnen starke Gefühle erweckt und warum Sie so fühlen, statt nur zu sagen, warum Sie so *denken*. Fragen Sie ihn, was in ihm starke Gefühle hervorruft.
4. Sprechen Sie mit einem anderen Mann speziell über das, was Sie an der Nähe zu Männern erschreckt.
5. Gehen Sie physisch auf andere Männer zu und umarmen Sie sie, statt ihnen distanziert nur die Hand zu schütteln. Umarmen Sie auch Ihren männlichen Freund beim Abschied, nicht nur seine Frau. Wenn Ihnen das Unbehagen verursacht, dann analysieren Sie Ihre Gefühle.

Mit Ehefrauen, Partnern und Geliebten:

1. Nehmen Sie sich jede Woche die Zeit, um mit ihr oder ihm darüber zu sprechen, was Ihnen diese Woche an ihr oder ihm gefallen hat.
2. Diskutieren Sie beide darüber, was Sie in Ihrer Beziehung zu Ihrem Partner an sich gern ändern würden.
3. Diskutieren Sie über etwas, worüber Sie eigentlich lieber nicht reden würden.
4. Sprechen Sie über einen Ort, zu dem Sie gern zusammen eine kurze Reise machen würden, und planen Sie diese dann.

5. Diskutieren Sie einige Aspekte der Sexualität, an die zu denken Ihnen unangenehm ist.
6. Praktizieren Sie einmal in der Woche ›aktives Zuhören‹, indem Sie sich ein knappes Thema vorgeben und jeder von beiden fünfzehn Minuten Zeit bekommt, um darüber zu sprechen, ohne vom anderen unterbrochen zu werden. Versuchen Sie, fünf Minuten lang zu wiederzugeben, was Sie dachten, daß Ihr Partner während seines Vortrags *gefühlt* hat.
7. Verbringen Sie jede Woche eine Viertelstunde damit, einander ohne Reden oder Sex in den Armen zu halten. Denken Sie anschließend darüber nach, wie es war.
8. Sprechen Sie darüber, was Ihnen das Gefühl gibt, verletzlich oder unzulänglich zu sein.

Mit sich selbst:

1. Verbringen Sie eine Viertelstunde am Tag mit dem Erlernen und dem Anwenden einer Entspannungstechnik und beobachten Sie, ob Sie Ihren Geist während dieser Zeit stillhalten können. Können Sie es nicht, so beobachten Sie, welche Gefühle in Ihnen aufsteigen.
2. Versuchen Sie, sich an Ihre Träume zu erinnern. Legen Sie einen Stift auf Ihren Nachttisch, und wenn Sie mit einem Traum aufwachen, schreiben Sie ihn nieder. Fragen Sie sich, welche Gefühle in dem Traum aufkamen. Wenn es keine Gefühle gab, dann fragen Sie sich, was Sie gefühlt *hätten*, wenn die Traumhandlung wirklich geschehen wäre. Träume bringen oft Gefühle mit sich, die wir brauchen, die wir aber bewußt nicht zulassen würden.
3. Fragen Sie sich jeden Morgen, ob es etwas gibt, das Sie tun sollten, um Ihr Leben angenehmer, gesünder oder erfreulicher zu machen. Bemühen Sie sich aufrichtig, das Entsprechende zu tun. Wenn Sie Widerstände dagegen haben, fragen Sie sich nach dem Grund. Wenn Sie dann noch immer nicht das Erforderliche tun, dann suchen Sie Hilfe von außerhalb, um über Ihren Widerstand zu diskutieren.

Mit der Welt:

1. Fragen Sie sich, was in der Welt, mit der Umwelt oder in der Politik geschieht, das Sie stört. Fragen Sie sich, was Sie dabei fühlen.
2. Fragen Sie sich, ob es eine Sache oder ein Anliegen gibt, bei dem Sie eine aktivere Rolle spielen könnten.
3. Fragen Sie sich, ob es etwas gibt, das Sie persönlich im vernünftigen Rahmen Ihrer Möglichkeiten tun können, um jemandem zu helfen, dem es weniger gut geht. Dafür Zeit aufzuwenden dient Ihrer persönlichen Entwicklung vielleicht mehr, als wenn Sie Geld geben würden.

Wenn wir unser Fühlen wieder in Besitz nehmen und auf eine neue und authentischere Weise entwickeln können, so vermag das unsere Beziehungen zu anderen zu stärken und unsere Lebensqualität zu verbessern. Nur wenn wir zuerst das Fühlen in uns selbst nähren, sind wir in der Lage, unsere Beziehungen zu Eltern, Kindern, Frauen, anderen Männern und der Welt zu fördern.

Da sozial aufgezwungene Geschlechtsrollen immer mehr von ihrer Rigidität verlieren, können sowohl Männer als auch Frauen die Freiheit erlangen, ihr psychisch androgynes Potential zu entwickeln und zu äußern. Dann stellen wir vielleicht fest, daß die Häufigkeit gewisser Typen unter Männern und Frauen sich zu verändern beginnt, weil weniger Druck besteht, stereotypen Mustern von Männlichkeit und Weiblichkeit zu entsprechen.

Solche Veränderungen werden mit ziemlicher Wahrscheinlichkeit die Spannung zwischen Männern und Frauen verringern, erzeugt durch Unterschiede, die von konventionell geschlechtsspezifischen Einstellungen und Kommunikationsstilen erzwungen wurden und welche sich in ihrem psychologischen Typ widerspiegeln. Und diese Veränderungen können auch bessere Chancen für die Gleichheit von Männern und Frauen in Beruf, Beziehungen und Familienleben schaffen. So finden Männer und Frauen vielleicht zu gerechteren und angenehmeren psychologischen, emotionalen und sozialen Rollen.

Der beschreibende Aspekt des psychologischen Typs verrät uns, daß ein großer Teil der Persönlichkeitsentwicklung in der Differenzierung mindestens eines primären Urteilsprozesses – entweder Denken oder Fühlen – oder eines primären Wahrnehmungsprozesses – Empfinden oder Intuieren – liegt. Die Hilfs- oder sekundäre Funktion soll diesen primären Prozeß verstärken und dem Individuum einen gewissen Zugang zum anderen Pol seiner Einstellung, entweder Introversion oder Extraversion, verschaffen. In diesem Paradigma sind die tertiären und minderwertigen Funktionen die ›verlorenen Kinder‹ der Persönlichkeit, die selten, wenn überhaupt je, erwachsen werden und eine Rolle spielen.

Das Schöne an der Typologie als einem System zum Verständnis des Bewußtseins ist jedoch ihr dynamischer Aspekt, der das Verbessern und Integrieren der weniger entwickelten Funktionen beinhaltet. Nirgends ist das klarer als in der Psychologie des Mannes und der Notwendigkeit, seine Fühlfunktion zu größerem Bewußtsein zu erheben. Wird diese Notwendigkeit nicht beachtet, so versagen Männer bei der Aufgabe der psychologischen Differenzierung, die die Typologie anbietet. Ohne die Differenzierung der Fühlfunktion bleibt die Typologie für Männer eine statische, rein deskriptive Angelegenheit ohne potentiellen Nutzen, so akademisch und funktionell interessant sie auch sein mag.

Der deskriptive Aspekt schildert unseren gegenwärtigen Bewußtseinszustand und seine Herkunft. Der größte Wert dieses beschriebenen Aspekts jedoch liegt darin, daß er unausgesprochen eine Richtung für die Zukunft des Bewußtseins weist, eine Richtung, die sehr viel mit der Praxis unseres Lebens zu tun hat – wie wir unsere Partnerinnen, Kinder und andere Männer sehen. Wie wir unsere Partner respektieren, achten oder auch mißbrauchen, wie wir mit unseren Kindern umgehen und sie verstehen, ob wir einen Krieg in Erwägung ziehen sollten oder nicht – all dies hat sehr viel mit der Herausforderung und der Notwendigkeit zu tun, Denken und Fühlen im Bewußtsein zu integrieren.

Unsere Welt und unser Leben sind voll von Beispielen für die mangelnde Integration von Denken und Fühlen. Ein besonders ironisches und lächerliches Beispiel für vom Fühlen losgelöstes Denken wurde in Diskussionen während des Golfkrieges sichtbar, ob Frauen das ›Recht‹ haben sollten, am aktiven Kampf teilzunehmen. Der Protest eines Generals dagegen, Frauen dieses Recht einzuräumen, sollte uns daran erinnern, daß es ›beim aktiven Kampf um das Töten von Leuten geht‹. Wie ist es möglich, sich zu überlegen, ob Frauen das ›Recht‹ auf Teilnahme am aktiven Kampf haben sollten, und gleichzeitig nicht einmal die Frage zu stellen, ob Männer von ihrer angeblichen ›Verpflichtung‹ entbunden werden sollten, im Kampf andere zu töten? Warum entscheiden Männer über Fragen, die sich um das Wohlergehen von Frauen drehen?

Sollte ein überwiegend aus Frauen bestehendes Komitee darüber entscheiden, ob Männer ein Recht auf eine Vasektomie haben? Warum sind so viele Leute, die für ein gesetzliches Abtreibungsverbot eintreten, gleichzeitig Befürworter der Todesstrafe? Warum entscheiden von Männern regierte religiöse Vereinigungen darüber, ob Geburtenkontrolle unmoralisch oder unchristlich ist? Alle diese Fragen spiegeln einen gegenwärtigen Bewußtseinsstand wider, der nicht nur von sexistischem Denken dominiert, sondern auch durch keinerlei Integration von Denken und Fühlen gemildert ist.

Wenn jemand – Mann oder Frau – die Fähigkeit zu einem problemlosen Zusammenwirken von Denk- und Fühlprozessen entwickelt hat, das eine gewisse Tiefe erreicht, dann ist er oder sie psychisch androgyn. Die androgyne Person verläßt sich weder ausschließlich auf das Denken noch ausschließlich auf das Fühlen, um Erfahrungen und Werte einzuschätzen. Ihr Bewußtsein wird dadurch reicher und komplexer. Ihre Identität ist weniger simplistisch, vollständiger und differenzierter. Rigide Personae, Platitüden, Moralismen, Selbstgerechtigkeit und allzu einfache Antworten haben keinen Ort mehr, wenn wir unsere Aufgabe erfüllen, sowohl unser Denken *und* unser Fühlen zu differenzieren als auch zu lernen, wie man Fühlen und Denken gleichwertig zusammen benutzt.

Beim psychisch androgynen Menschen ist die Intelligenz weniger eine erlernte Fertigkeit als eine persönliche Verantwortung für das Verständnis von Sinn und Bedeutung der Fragen selbst und nicht bloß der ›richtigen‹ Antworten. Für den Androgynen werden die Fragen umfassender und schwieriger zu beantworten, bringen aber auch differenziertere und humanere Werte hervor darunter mehr Empathie für sich selbst und für andere.

Der Lohn für die Erschwernisse der Komplexität besteht darin, daß die vielen Seiten von Fragen, Werten und Entscheidungen vollständiger sichtbar werden. Persönliche Entscheidungen können umfassender betrachtet werden. Persönliche Entscheidungen darüber, wie man die spezifischen Werte eines Lebens hochhält und lebt, welche sozialen und politischen Unternehmungen man unterstützt und welche nicht, sowie die Gründe *und* Gefühle für das, wofür man lebt, werden klarer.

Wenn wir Denken und Fühlen zusammen benutzen, müssen wir uns mit Komplexitäten herumschlagen, die wir mit der Bevorzugung nur einer Funktion leicht vergessen und ignorieren. Das Erzeugen von Komplexität, indem wir sowohl die Denk- als auch die Fühlfunktion entwickeln – und anwenden – vertieft unsere Werte und auch unsere Erfahrung.

Danksagung

Danken möchte ich den vielen Patienten, Kollegen und Freunden, die mir gestattet haben, Verhaltensbeschreibungen ihres psychologischen Typs als Beispiele für dieses Buch zu verwenden. Durch sie haben die manchmal etwas statischen Schilderungen der sechzehn psychologischen Typen viel Substanz und Vitalität gewonnen.

Meiner literarischen Agentin Rosalie Siegel danke ich für das anhaltende Vertrauen und den Glauben an die Wichtigkeit meines Bedürfnisses, über meine klinische und persönliche Erfahrung zu schreiben.

Dank auch meiner Lektorin (zum zweiten Mal) Emily Hilburn Sell, die bei der Redaktion meines Manuskripts die seltene Kombination aus Scharfsinn und warmherzigem Fühlen demonstrierte und anwandte. Sie bestätigt erneut, daß die Beziehung zwischen Lektor und Autor produktiv, beiderseitig lehrreich und vor allem angenehm sein kann.

Gerald P. Macdaid vom Center for the Applications of Psychological Type danke ich für die freundliche Beantwortung vieler Forschungsfragen über psychologische Typen und den »Myers-Briggs Type Indicator«.

Ich danke auch meinem Freund und Kollegen Dr. Frank P. Wilson, der mir während der Niederschrift von ›Männer sind so‹ bei vielen späten Abendessen zuhörte, mich unterstützte und beriet.

Meinem Freund und Mentor seit zwanzig Jahren, Dr. Alexander J. Nemeth, danke ich für seine warme, väterliche und noble Weisheit.

Meinem Freund Eric Greenleaf danke ich für seine Unterstützung und Ermutigung und die Lektüre des Manuskripts.

Dr. John Beebe danke ich für seine Ermutigung und für die Lektüre der Fahnen von ›Männer sind so‹.

Dr. Joseph Henderson danke ich für seine Präsenz, seine Weisheit und sein Beispiel.

Dank auch an Dr. Joseph Wheelwright, einen der »Großväter« des psychologischen Typs.

Meinem besten, liebsten und ältesten Freund Robert G. Lange danke ich für fünfundzwanzig Jahre Freundschaft, Unterstützung und Gespräch.

Karen Diane danke ich für ihre fleißigen und oft in letzter Minute erfolgreichen Bemühungen, die Lücken meines unterlegenen extravertierten Denkens auszufüllen.

ANHANG

Tafel 1: Die sechzehn Typen und die Reihenfolge ihrer Präferenzen

Typ	Dominant	Auxiliar	Tertiär	Minderwertig
ESDU	Denken	Empfinden	Intuieren	Fühlen
ESDW	Empfinden	Denken	Fühlen	Intuieren
ISDU	Empfinden	Denken	Fühlen	Intuieren
ESFU	Fühlen	Empfinden	Intuieren	Denken
ESFW	Empfinden	Fühlen	Denken	Intuieren
ENDW	Intuieren	Denken	Fühlen	Empfinden
ISDW	Denken	Empfinden	Intuieren	Fühlen
ENFW	Intuieren	Fühlen	Denken	Empfinden
ENDU	Denken	Intuieren	Empfinden	Fühlen
ISFW	Fühlen	Empfinden	Intuieren	Denken
INDW	Denken	Intuieren	Empfinden	Fühlen
ISFU	Empfinden	Fühlen	Denken	Intuieren
INDU	Intuieren	Denken	Fühlen	Empfinden
INFW	Fühlen	Intuieren	Empfinden	Denken
ENFU	Fühlen	Intuieren	Empfinden	Denken
INFU	Intuieren	Fühlen	Denken	Empfinden

Tafel 2: Verteilung der Präferenzen

E/I	Extraversion	70 %
	Introversion	30 %
S/N	Empfinden	70 %
	Intuieren	30 %
D/F	Denken	
	männlich	65 – 70 %
	weiblich	30 – 35 %
	Fühlen	
	männlich	30 – 35 %
	weiblich	65 – 70 %
U/W	Urteilen	60 – 65 %
	Wahrnehmen	35 – 40 %

Tafel 3: Verteilung der dominanten Funktion bei den Geschlechtern

Dominante Funktion		Männer	Frauen
ED:	Extravertiertes Denken	22 %	15 %
ES:	Extravertiertes Empfinden	16 %	16 %
IS:	Introvertiertes Empfinden	13 %	14 %
EN:	Extravertiertes Intuieren	12 %	13 %
EF:	Extravertiertes Fühlen	11 %	25 %
ID:	Introvertiertes Denken	11 %	4%
IF:	Introvertiertes Fühlen	9 %	10 %
IN:	Introvertiertes Intuieren	5 %	3 %

Tafel 4: Verteilung der dominanten und Hilfsfunktionen unter den Geschlechtern

Dominante beziehungsweise Hilfsfunktion Verteilung		Männer	Frauen
SD:	Empfinden Denken	41 %	23 %
SF:	Empfinden Fühlen	26 %	47 %
ND:	Intuieren Denken	20 %	9 %
NF:	Intuieren Fühlen	14 %	20 %

Tafel 5: Verteilung der Kombinationsgruppen unter den Geschlechtern

Kombinationen				Männer	Frauen
SDU:	Empfinden	Denken	Urteilen	26 %	17 %
SDW:	Empfinden	Denken	Wahrnehmen	15 %	6 %
SFU:	Empfinden	Fühlen	Urteilen	13 %	30 %
SFW:	Empfinden	Fühlen	Wahrnehmen	12 %	17 %
NDU:	Intuieren	Denken	Urteilen	9 %	4 %
NDW:	Intuieren	Denken	Wahrnehmen	11 %	5 %
NFU:	Intuieren	Fühlen	Urteilen	4 %	6 %
NFW:	Intuieren	Fühlen	Wahrnehmen	9 %	14 %

Tafel 6: Verteilung der sechzehn Typen bei Männern und Frauen

Typ und Männerporträt		Männer	Frauen
ESDU:	Ted, Bankangestellter	17 %	13 %
ESDW:	Jake, Tischler	9 %	4 %
ISDU:	Richard, Buchhalter	9 %	5 %
ESFU:	Phil, Lehrer	8 %	20 %
ESFW:	Wally, Reitstallbesitzer	7 %	12 %
ENDW:	Paul, Cals Sohn	6 %	3 %
ESDW:	Harry, Bauingenieur	6 %	2 %
ENFW:	Jerry, Jugendgruppenleiter	6 %	9 %
ENDU:	Sheldon, Schuldirektor	5 %	2 %
ISFW:	Teddy, Teds Sohn	5 %	6 %
INDW:	Cal, Mathelehrer, Teds Bruder	5 %	2 %
ISFU:	Brian, Hausarzt	4 %	9 %
INDU:	Alexander, Neuropsychologe	4 %	1 %
INFW:	Eliot, Psychologe	3 %	4 %
ENFU:	Pablo, Kirchenorganist	3 %	4 %
INFU:	Dean, Geistlicher	2 %	2 %

Tafel 7: Vier Kommunikationsstile

DU-Typen	SW-Typen	FU-Typen	NW-Typen
ESDU	ESDW	ESFU	ENDW
ISDU	ISDW	ISFU	INDW
ENDU	ESFW	ENFU	ENFW
INDU	ISFW	INFU	INFW
haben Denkstil	haben Empfindungsstil	haben Fühlstil	haben Intuitionsstil
35 % Männer 21 % Frauen	28 % Männer 23 % Frauen	17 % Männer 37 % Frauen	21 % Männer 19 % Frauen

Tafel 8: Kommunikationsstile der SD-Gruppe

SD-Gruppe »Denker«	Typ	dominante Funktion	Hilfsfunktion	Kommunikations-Stil
Ted *Schattentyp: Pablo*	ESDU *ENFU*	extr. Denken *extr. Fühlen*	intr. Empfinden *intr. Intuieren*	Denken *Fühlen*
Jake *Schattentyp: Jerry*	ESDW *ENFW*	extr. Empfinden *extr. Intuieren*	intr. Denken *intr. Fühlen*	Empfinden *Intuieren*
Richard *Schattentyp: Eliot*	ISDU *INFW*	intr. Empfinden *intr. Fühlen*	extr. Denken *extr. Intuieren*	Denken *Intuieren*
Harry *Schattentyp: Dean*	ISDW *INFU*	intr. Denken *intr. Intuieren*	extr. Empfinden *extr. Fühlen*	Empfinden *Fühlen*

Tafel 9: Kommunikationsstile der ND-Gruppe

ND-Gruppe »Ideenmenschen«	Typ	dominante Funktion	Hilfsfunktion	Kommunikations-Stil
Sheldon *Schattentyp: Phil*	ENDU *ESFU*	extr. Denken *extr. Fühlen*	intr. Intuieren *intr. Empfinden*	Denken *Fühlen*
Paul *Schattentyp: Wally*	ENDW *ESFW*	extr. Intuieren *extr. Empfinden*	intr. Denken *intr. Fühlen*	Intuieren *Empfinden*
Alexander *Schattentyp: Teddy*	INDU *ISFW*	intr. Intuieren *intr. Fühlen*	extr. Denken *extr. Empfinden*	Denken *Empfinden*
Cal *Schattentyp: Brian*	INDW *ISFU*	intr. Denken *intr. Empfinden*	extr. Intuieren *extr. Fühlen*	Intuieren *Fühlen*

Tafel 10: Kommunikationsstile der SF-Gruppe

SF-Gruppe »Tat-menschen«	Typ	dominante Funktion	Hilfsfunktion	Kommuni-kations-Stil
Phil *Schatten-typ: Sheldon*	ESFU *ENDU*	extr. Fühlen *extr. Denken*	intr. Empfinden *intr. Intuieren*	Fühlen *Denken*
Wally *Schatten-typ: Paul*	ESFW *ENDW*	extr. Empfinden *extr. Intuieren*	intr. Fühlen *intr. Denken*	Empfinden *Intuieren*
Brian *Schatten-typ: Cal*	ISFU *INDW*	intr. Empfinden *intr. Denken*	extr. Fühlen *extr. Intuieren*	Fühlen *Intuieren*
Teddy *Schatten-typ: Alexander*	ISFW *INDU*	intr. Fühlen *intr. Intuieren*	extr. Empfinden *extr. Denken*	Empfinden *Denken*

Tafel 11: Kommunikationsstile der NF-Gruppe

NF-Gruppe »Träumer«	Typ	dominante Funktion	Hilfsfunktion	Kommuni-kations-Stil
Pablo *Schatten-typ: Ted*	ENFU *ESDU*	extr. Fühlen *extr. Denken*	intr. Intuieren *intr. Empfinden*	Fühlen *Denken*
Jerry *Schatten-typ: Jake*	ENFW *ESDW*	extr. Intuieren *extr. Empf.*	intr. Fühlen *intr. Denken*	Intuieren *Empfinden*
Dean *Schatten-typ: Harry*	INFU *ISDW*	intr. Intuieren *intr. Denken*	extr. Fühlen *extr. Empfinden*	Fühlen *Empfinden*
Eliot *Schatten-typ: Richard*	INFW *ISDU*	intr. Fühlen *intr. Empfinden*	extr. Intuieren *extr. Denken*	Intuieren *Denken*

Tafel 12: Häufigkeit gewisser Berufe: Funktions- und Einstellungspräferenzen

Typ	E:I	S:N	D:F	U:W
Psychologe	51:49 %	15:85 %	45:55 %	48:52 %
Manager	57:43 %	56:43 %	62:38 %	70:30 %
Mechaniker	50:50 %	50:50 %	53:47 %	54:46 %
Ingenieur	48:52 %	64:36 %	64:36 %	60:40 %
Autor	53:47 %	26:74 %	43:57 %	43:57 %
Landwirt	51:49 %	76:24 %	71:29 %	58:42 %
Polizist	49:50 %	85:15 %	68:32 %	66:34 %

Tafel 13: Häufigkeit gewisser Berufe: SD-, SF-, ND- und NF-Gruppen

Typ	SD	SF	ND	NF
Psychologe	8 %	7 %	37 %	48 %
Manager	37 %	19 %	24 %	20 %
Mechaniker	38 %	28 %	15 %	20 %
Ingenieur	36 %	16 %	27 %	20 %
Autor	13 %	13 %	30 %	44 %
Landwirt	51 %	25 %	19 %	4 %
Polizist	57 %	28 %	11 %	4 %

Tafel 14: Häufigkeit gewisser Berufe: Die sechzehn Typen

Typ	Psychologe	Manager	Mechaniker	Ingenieur	Autor	Farmer	Polizist
ESDU	3 %	17 %	13 %	12 %	5 %	19 %	22 %
ESDW	0,5 %	3 %	4 %	4 %	3 %	7 %	8 %
ISDU	3 %	15 %	12 %	15,5 %	4 %	15 %	21 %
ESFU	2 %	7 %	7,5 %	5 %	3,5 %	7 %	8 %
ESFW	1 %	3 %	0,5 %	3 %	4 %	6 %	3 %
ENDW	6 %	5 %	0,5 %	6 %	7 %	7 %	4,5 %
ISDW	1,5 %	3 %	0,8 %	5 %	1 %	10 %	6 %
ENFW	18 %	7 %	0,8 %	7 %	17 %	0 %	1 %
ENDU	12 %	10 %	0,4 %	7,5 %	5 %	6 %	1 %
ISFW	1 %	2,5 %	5,5 %	2,5 %	2 %	4 %	6 %
INDW	8 %	4 %	2,5 %	6 %	9 %	4 %	3 %
ISFU	2,5 %	6 %	9 %	6 %	4 %	8 %	10 %
INDU	11 %	6 %	3 %	8 %	8,5 %	3 %	2 %
INFW	15 %	5 %	6,5 %	6 %	14 %	4 %	0,6 %
ENFU	8 %	5 %	3 %	4 %	9 %	0 %	1 %
INFU	7 %	3 %	2 %	3 %	4 %	0 %	0,6 %

Anmerkung: Die Statistiken auf den Tafeln wurden zusammengefaßt aus Isabel Briggs Myers und Mary H. McCaulley, *Manual: A Guide to the Development and the Use of the Myers-Briggs Type Indicator*, sowie aus Mary H. McCaulley, Gerald P. Macaid und Richard I. Kainz, *Estimated Frequencies of the MBTI Types*. Nähere Angaben im Literaturverzeichnis.

Glossar

Einige der hier angeführten Definitionen enthalten Bezugnahmen auf die *Gesammelten Werke* von C. G. Jung, Band 6 und 7, und auf Isabel Briggs Myers und Mary H. McCaulleys *Manual: A Guide to the Developement and Use of the Myers-Briggs Type Indicator*. Im ersteren Fall werden dabei Band und Paragraph der *Gesammelten Werke* angegeben, z. B. GW 6, Paragraph 681; im letzteren Fall *Manual* und dazu die Seitenzahl. Für Zitatinformationen siehe die Bibliographie.

Affekt: Jung definiert Affekt so: »Unter Affekt ist ein Gefühlszustand zu verstehen, der einerseits durch merkbare Körperinnervationen, andererseits durch eine eigentümliche Störung des Vorstellungsablaufes gekennzeichnet ist. Mit Affekt als synonym gebrauche ich *Emotion*. Ich unterscheide... das *Gefühl* vom Affekt, obschon sein Übergang zum Affekt fließend ist, indem jedes Gefühl, wenn es eine gewisse Stärke erlangt, Körperinnervationen auslöst und damit zum Affekt wird. Aus praktischen Gründen aber wird man gut daran tun, Affekt von Gefühl zu unterscheiden, indem das Gefühl eine willkürlich disponible Funktion sein kann, während der Affekt dies in der Regel nicht zu sein pflegt. Ebenso zeichnet sich der Affekt vor dem Gefühl deutlich durch die merkbare Körperinnervation aus, während dem Gefühl diese Innervationen größtenteils fehlen oder von solch geringer Intensität sind, daß sie bloß mit sehr feinen Instrumenten nachzuweisen sind .... (Ich fasse) den Affekt einerseits als einen psychischen Gefühlszustand, andererseits als einen physiologischen Innervationszustand auf, welche beide wechselseitig kumulierend aufeinanderwirken ...« (GW 6, Paragraph 681)

Anima: Jung bezeichnete die weiblichen Repräsentationen im Unbewußten eines Mannes als Anima. Diese gegengeschlechtliche Komponente bei Männern tritt in Form femininer Bilder auf. Solche Bilder sind in den Träumen und Phantasien von Männern sowie in ihren Projektionen auf wirkliche Frauen zu finden. »Das Seelenbild ist ein bestimmter Fall unter den psychischen Bildern ..., die das Unbewußte produziert ... Gelegentlich sind es auch ganz unbekannte oder mythologische Personen. Bei Männern wird die Seele vom Unbewußten in der Regel als weibliche Person dargestellt.« (GW 6, Paragraph 810)

Archetyp: Archetypen sind urtümliche Repräsentationen des kollektiven Unbewußten, die sich in vielen unterschiedlichen Kulturen finden. Die Archetypen können durch mythologische Bilder dargestellt sein, die eine numinose Qualität haben. Da sie im Kern der Komplexe stehen, beeinflussen sie bestimmte Verhaltensmuster. Wenn sie erlebt werden, liefern sie eine Quelle psychischer Energie, die in der Lage ist, das Bewußtsein zu katalysieren.

Bewußtsein: Im Kontext der Typologie wird Bewußtsein als die Art und Weise beschrieben, wie das Individuum seine Erfahrungen wahrnimmt und beurteilt. Durch Entwicklung einer Fähigkeit zu differenzierten Wahrnehmungen und Urteilen verbessern wir die Qualität des Bewußtseins.
»Unter Bewußtsein verstehe ich die Bezogenheit psychischer Inhalte auf das Ich ..., soweit sie als solche vom Ich empfunden wird. Beziehungen zum Ich, soweit sie von diesem nicht als solche empfunden werden, sind *unbewußt* ... Das Bewußtsein ist die Funktion oder Tätigkeit, welche die Beziehung psychischer Inhalte zum Ich unterhält.« (GW 6, Paragraph 687)

Beziehungsstil: Während die Kommunikationsstile Inhalt übermitteln, gibt ein Beziehungsstil die *Einwirkung* des Kommunikationsstils auf den Zuhörer zu erkennen.

Denken (D): Eine der beiden rationalen oder urteilenden Funktionen; ein Urteilsprozeß, durch den man zu Entscheidungen gelangt, die primär auf logischen Zusammenhängen und Prinzipien von Ursache und Wirkung basieren. Die Denkfunktion sucht rationale Ordnung, die unpersönlicher Logik entspricht, und bewertet im Sinne von richtig oder falsch.
Myers und McCaulley beschreiben die extravertierten Denker als »aktiv und energisch. Sie sind objektiv, sie lassen Dinge gern auf vernünftige, analytische und logische Arten geschehen.« Introvertierte Denker sind »ruhig und kontemplativ. Sie interessieren sich für Grundprinzipien, die die Ursachen und Wirkungen von Ereignissen oder die Funktionsweise von Dingen erklären«. (*Manual*, S. 38)

Differenzierung: Differenzierung bedeutet, daß man in der Lage ist, eine psychologische Funktion bewußt als von anderen unterschieden zu verstehen und zu benutzen. Differenzierung ist »das Wesen und die conditio sine qua non des Bewußtseins.« (GW 7, Absatz 329)
Jung schrieb auch: »Differenzierung bedeutet die Entwicklung von

Unterschieden, Aussonderung von Teilen aus einem Ganzen. Ich gebrauche den Begriff der Differenzierung in dieser Arbeit hauptsächlich in Hinsicht auf psychologische Funktionen.« (GW 6, Paragraph 704)

Dominante Funktion: Eine der vier Funktionen (entweder ein Wahrnehmungs- oder ein Urteilsprozeß), die die bevorzugte und am meisten differenzierte ist und der am meisten vertraut wird; die einigende Kraft in der bewußten Persönlichkeit eines Menschen. Die anderen Funktionen sind dieser untergeordnet und dienen den Zielen der dominanten Funktion. Bei extravertierten Personen befaßt sich die dominante Funktion mit der Außenwelt der Menschen und Dinge; bei Introvertierten bezieht sich die dominante Funktion auf die innere Welt der Ideen.

Einstellung: Die Orientierung der Extraversion (E) oder Introversion (I). Bei der extravertierten Einstellung fließt die Aufmerksamkeit hinaus zu den Objekten und Menschen der Umgebung und fort vom Subjekt. Bei der introvertierten Einstellung wird die Energie aus der Umgebung zurückgezogen und nach innen auf das Subjekt gerichtet. Alle Funktionen können entweder extravertiert oder introvertiert sein.

Empfinden (S): Eine der beiden irrationalen oder wahrnehmenden Funktionen; ein Wahrnehmungsprozeß, der durch einen oder mehrere der fünf Sinne beobachtbare Fakten mitteilt und feststellt, was konkret in der unmittelbaren Umgebung und im gegenwärtigen Moment existiert. Empfinden sucht Erfahrung und Realität.
Myers und McCaulley beschreiben Menschen mit extravertiertem Empfinden als »aktive, realistische Tatmenschen. ESs sind die praktischsten aller Typen. Sie lernen am besten, wenn nützliche Anwendungen auf der Hand liegen.« Personen mit introvertiertem Empfinden »testen Ideen gern, um zu sehen, ob sie von Tatsachen gestützt werden. Sie gehen gern auf sorgfältige, geruhsame Weise mit dem Realen und Faktischen um.« (*Manual*, S. 37)

Extraversion (E): Nach Jungs Beschreibung ist Extraversion eine »Auswärtswendung der Libido«. Bei der extravertierten Einstellung fließen Libido oder Aufmerksamkeit hinaus zu den Objekten und Menschen der Umgebung und fort vom Subjekt. Die Präferenz der Extraversion bezieht sich auf eine primäre Orientierung zur Außenwelt, wo Wahrnehmung und Urteil auf Menschen und Objekte konzentriert sind. (GW 6, Paragraph 719)

Fühlen (F): Eine der beiden rationalen oder urteilenden Funktionen; ein Urteilsprozeß, durch den man zu Entscheidungen gelangt, die primär auf subjektiven Gefühlswerten und persönlich bedeutsamen Themen beruhen. Die Fühlfunktion sucht rationale Ordnung herzustellen im Sinne einer Harmonie zwischen persönlichen und sozialen Werten und reagiert mit Akzeptanz oder Ablehnung.
Myers und McCaulley charakterisieren Personen, die extravertiert fühlen, als »gesellig, freundlich und mitfühlend. Sie lassen gern Dinge um der Freude oder des Wohlergehens anderer willen geschehen.« Menschen mit introvertiertem Fühlen sind »ruhig und fürsorglich. Ihnen liegen tiefe und dauerhafte Werte sowie die Menschheit an sich am Herzen«. (*Manual*, S. 38)

Funktion: Mit Funktion meinte Jung »eine gewisse, unter verschiedenen Umständen sich prinzipiell gleichbleibende psychische Tätigkeitsform«. Er unterschied zwischen vier Grundfunktionen, zwei irrationalen (Empfinden und Intuieren) und zwei rationalen (Denken und Fühlen). Die vier Funktionen oder Prozesse repräsentieren die bewußte Orientierung eines Individuums. Kombiniert ergeben sie sechzehn Typen, die sich in den Prioritäten unterscheiden, welche sie jeder Funktion einräumen, sowie in ihrer Einstellung (Introversion oder Extraversion). (GW 6, Paragraph 727)

Gegenübertragung: Die Gedanken, Gefühle und Projektionen, die der Analytiker oder Therapeut bezüglich des Patienten hat und die aus seiner eigenen Persönlichkeit oder seinem psychischen Hintergrund stammen. Sie können legitime Reaktionen auf den Patienten sein (konkordante Gegenübertragung) oder Ableitungen, die im wesentlichen aus den eigenen ungelösten Komplexen des Therapeuten stammen (neurotische Gegenübertragung).

Hilfsfunktion: Ein sekundärer Prozeß, der hinreichend differenziert ist, um ein komplementäres Gegengewicht zur dominanten Funktion zu liefern. Wenn der dominante Prozeß ein urteilender ist, so ist der Hilfsprozeß ein wahrnehmender. Wenn der dominante Prozeß ein Wahrnehmungsprozeß ist, so ist der Hilfsprozeß ein urteilender.
Bei Extravertierten kümmert sich der Hilfsprozeß um das Innenleben, weil der dominante Prozeß extravertiert ist; bei Introvertierten wirkt der Hilfsprozeß in der Außenwelt, weil ihr dominanter Prozeß introvertiert ist.

Ich: Das Zentrum des Bewußtseins; Quelle des bewußten Willens und der Erinnerung. Das Ich ist meist mit dem persönlichen Identitätsgefühl und der Realitätsprüfung verbunden.
»Unter Ich verstehe ich einen Komplex von Vorstellungen, der mir das Zentrum meines Bewußtseinsfeldes ausmacht und mir von hoher Kontinuität und Identität mit sich selbst zu sein scheint. Ich spreche daher auch von *Ich-Komplex*. Der Ich-Komplex ist der Inhalt des Bewußtseins sowohl wie eine Bedingung des *Bewußtseins*..., denn bewußt ist mir ein psychisches Element, sofern es auf den Ich-Komplex bezogen ist. Insofern aber das Ich nur das Zentrum meines Bewußtseinsfeldes ist, ist es nicht identisch mit dem Ganzen meiner Psyche, sondern nur ein Komplex unter anderen Komplexen. Ich unterscheide daher zwischen *Ich* und *Selbst*, insofern das Ich nur das Subjekt meines Bewußtseins, das Selbst aber das Subjekt meiner gesamten, also auch der unbewußten Psyche ist. In diesem Sinne wäre das Selbst eine (ideelle) Größe, die das Ich in sich begreift.« (GW 6, Paragraph 730)

Individuation: Der psychologische Typ spielt beim Individuationsprozeß eine Rolle, weil er dem Individuum hilft, zunächst die bewußte Einstellung zu verstehen und zu stärken. Mit diesem Verständnis und dieser Stärkung ist es dann bereit, die weniger bewußten Teile seiner Persönlichkeit zu erforschen und zu integrieren.
»Der Begriff der Individuation spielt in unserer Psychologie keine geringe Rolle. Die Individuation ist allgemein der Vorgang der Bildung und Besonderung von Einzelwesen, speziell die Entwicklung des psychologischen Individuums als eines vom Allgemeinen, von der Kollektivpsychologie unterschiedenen Wesens. Die Individuation ist daher ein *Differenzierungsprozeß*, der die Entwicklung der individuellen Persönlichkeit zum Ziele hat.« (GW 6, Paragraph 743)

Individualität: »Unter Individualität verstehe ich die Eigenart und Besonderheit des Individuums in jeder psychologischen Hinsicht. Individuell ist alles, was nicht kollektiv ist, was also nur einem zukommt und nicht einer größeren Gruppe von Individuen. Von den psychischen Elementen wird sich kaum Individualität aussagen lassen, sondern wohl nur von ihrer eigenartigen und einzigartigen Gruppierung und Kombination.« (GW 6, Paragraph 742)

Introversion (I): Bei der introvertierten Einstellung wird die Libido der Umgebung entzogen und nach innen auf das Subjekt gerichtet. Introversion als Präferenz bezieht sich auf eine primäre Orientierung zur inneren

Welt der Begriffe und Ideen. Wie Jung schreibt, bedeutet Introversion »Einwärtswendung der Libido«. (GW 6, Paragraph 753)

Intuition (N): Eine der beiden irrationalen oder wahrnehmenden Funktionen; ein Wahrnehmungsprozeß, der Bedeutungen, Beziehungen und Möglichkeiten jenseits dessen aufnimmt, was den Sinnen und dem Bewußtsein sichtbar ist. Intuition sucht Einsicht und Möglichkeiten.
Myers und McCaulley beschreiben Menschen mit extravertierter Intuition als »Vermittler des Wandels; sie sehen Möglichkeiten als Herausforderung, etwas geschehen zu lassen. Sie haben weitgespannte Interessen und sehen gern neue Muster und Beziehungen.« Menschen mit introvertierter Intuition »sind introspektiv und wissenschaftlich. Sie interessieren sich für Wissen um seiner selbst willen sowie für Ideen und Theorien und sind um Verständnistiefe bemüht.« (*Manual*, S. 37)

Irrationale Funktionen: Die wahrnehmenden Funktionen des Empfindens (S) und Intuierens (N). Sie werden irrational genannt, weil sie nichts mit Logik zu tun haben.

Kommunikationsstil: Ein spezieller Stil, bei dem Inhalte einer Kommunikation durch den psychologischen Typ übermittelt oder ausgedrückt werden. Der Nukleus des Typs bestimmt den besonderen Stil: Extravertierte benutzen in erster Linie ihre dominante Funktion, um diesen Stil zu übermitteln, Introvertierte ihre Hilfsfunktion.

Komplex: Jung beschrieb den Komplex als gefühlsgetöntes Bild, das gegenüber dem Ich autonom ist und sich bei der geringsten Provokation manifestieren kann. Wenn der Komplex aktiviert ist, übernimmt er die Sphäre des Bewußtseins und gibt dem Individuum das Gefühl, von einer Kraft außerhalb seiner selbst ›kontrolliert‹ zu werden.
»Komplexe sind ... psychische Größen, die sich der Kontrolle des Bewußtseins entzogen haben und, von diesem abgespalten, ein Sonderdasein in der dunklen Sphäre der Seele führen, von wo aus sie jederzeit bewußte Leistungen hemmen oder fördern können ...«
»Abgesehen davon steht ... fest, daß Komplexe immer etwas wie einen Konflikt enthalten... Sie enthalten stets Erinnerungen, Wünsche, Befürchtungen, Verpflichtungen, Notwendigkeiten oder Einsichten, mit denen man irgendwie nicht recht fertigwerden kann, weshalb sie sich immer störend und meist auch schädlich in unser bewußtes Leben einmischen ... Es will nur besagen, daß Unvereintes, Unassimiliertes, Konflikthaftes besteht, ein Hindernis vielleicht, aber auch ein Anreiz zu

größeren Anstrengungen, und damit vielleicht sogar eine neue Erfolgsmöglichkeit.« (GW 6, Paragraphen 923ff.)

Minderwertige Funktion: Die Funktion, die am wenigsten differenziert ist, auf die das Individuum sich am wenigsten verläßt und die ihm am wenigsten bewußt ist. Sie ist in jeder Hinsicht das Gegenteil der dominanten Funktion. Jung beschreibt sie als »jene Funktion, welche beim Differenzierungsprozeß im Rückstand bleibt«. (GW 6, Paragraph 776)

Persona: *Persona* ist ein Begriff aus dem antiken Drama, der ›Maske‹ bedeutet. Psychologisch bezieht sich Persona auf die äußerste Schicht der Persönlichkeit, die weitgehend sozial definiert ist. Wenn die Persona einfach benutzt wird, um soziale und berufliche Interaktionen zu erleichtern, hilft sie dem Individuum, sich an gesellschaftliche Rollen anzupassen. Wenn jemand sich mit der Persona identifiziert, liegt ein Verlust an Individualität sowie an Verbindung zum Unbewußten vor.
»Die Persona ist also ein Funktionskomplex, der aus Gründen der Anpassung oder der notwendigen Bequemlichkeit zustandegekommen, aber nicht identisch ist mit der Individualität. Der Funktionskomplex der Persona bezieht sich ausschließlich auf das Verhältnis zu den Objekten.« (GW 6, Paragraph 803)

Projektion: »Projektion bedeutet die Hinausverlegung eines subjektiven Vorganges in ein Objekt; dies im Gegensatz zur *Introjektion* ... Die Projektion ist demnach ein Dissimilationsvorgang, in dem ein subjektiver Inhalt dem Subjekt entfremdet und gewissermaßen dem Objekt einverleibt wird. Es sind ebensowohl peinliche, inkompatible Inhalte, deren sich das Subjekt durch Projektion entledigt, wie auch positive Werte, die dem Subjekt aus irgendwelchen Gründen, zum Beispiel infolge Selbstunterschätzung, unzugänglich sind.« (GW 6, Paragraph 793)

Psychologischer Typ: »Der Theorie zufolge wird bei jedem der sechzehn MBTI-Typen per Definition ein Pol der jeweils vier Präferenzen dem anderen Pol vorgezogen ... Jeder Typ hat sein eigenes Muster von dominanten und Hilfsprozessen und Einstellungen (E oder I), bei denen diese gewohnheitsmäßig benutzt werden.
Die Indizes EI, SN, DF, UW reflektieren eine gewohnheitsmäßige Wahl zwischen miteinander konkurrierenden Alternativen... Man nimmt an, daß jede Person Pole jeder der vier Präferenzen benutzt, jedoch zuerst oder am häufigsten mit den bevorzugten Funktionen oder Einstellungen reagiert.« (*Manual*, S. 2f.)

Rationale Funktionen: Die urteilenden Funktionen Denken (D) und Fühlen (F). Sie werden rational genannt, weil sie mit Vernunft zu tun haben.

Schatten: Ein psychischer Inhalt, der einst bewußt war, aber abgespalten wurde, weil das Ich ihn nicht akzeptieren kann; mit anderen Worten, Teile unserer selbst, mit denen wir uns nicht identifizieren können. Diese Inhalte bleiben nicht statisch; sie werden gewöhnlich ein großer Teil dessen, was wir auf andere projizieren.

Tertiäre Funktion: Diese Funktion ist der Hilfsfunktion entgegengesetzt. Obwohl sie als leichter zugänglich gilt als die minderwertige Funktion, ist sie häufig relativ undifferenziert.

Transzendente Funktion: Die Fähigkeit der Psyche, Symbole zu produzieren, die etwas zuvor psychisch oder emotional Inkompatibles oder scheinbar Unversöhnliches synthetisieren oder vereinigen. Wie Jung schreibt: »Ich habe diesen eben beschriebenen Vorgang in seiner Totalität als *transzendente Funktion* bezeichnet, wobei ich unter ›Funktion‹ nicht eine Grundfunktion, sondern eine komplexe, aus anderen Funktionen zusammengesetzte Funktion verstehe, und mit ›transzendent‹ keine metaphysische Qualität bezeichnen will, sondern die Tatsache, daß durch diese Funktion ein Übergang von der einen Einstellung in eine andere geschaffen wird.
Der von Thesis und Antithesis bearbeitete Rohstoff, der in seinem Formungsprozeß die Gegensätze vereinigt, ist das lebendige Symbol. In seinem für eine lange Epoche nicht aufzulösenden Rohstoff liegt sein Ahnungsreiches, und in der Gestalt, die sein Rohstoff durch die Einwirkung der Gegensätze empfängt, liegt seine Wirkung auf alle psychischen Funktionen.« (GW 6, Paragraph 833)

Übertragung: Die auf den Therapeuten projizierten Gedanken, Gefühle oder Komplexe eines Klienten. Diese repräsentieren oft die Entwicklungsthemen des Klienten oder Abkömmlinge seiner frühen Lebenserfahrung.

Unbewußtes: Freud beschrieb das Unbewußte als aus allem verdrängten, unterdrückten oder vergessenen Material des bewußten Lebens bestehend. Für Jung gibt es zusätzlich zu Freuds ›persönlichem Unbewußten‹ noch ein ›kollektives Unbewußtes‹, das Bilder, Symbole und mythische Themen enthält, die der ganzen Menschheit gemeinsam sind. Diese kol-

lektiven Repräsentationen sind archetypische Motive, die sich in Träumen, Phantasien und Mythen zahlreicher Kulturen finden lassen.
»Der Begriff des Unbewußten ist für mich ein *ausschließlich psychologischer* Begriff, und kein philosophischer in einem metaphysischen Sinne. Das Unbewußte ist meines Erachtens ein psychologischer Grenzbegriff, welcher alle diejenigen psychischen Inhalte oder Vorgänge deckt, welche nicht bewußt sind, das heißt nicht auf das Ich in wahrnehmbarer Weise bezogen sind.« (GW 6, Paragraph 837)

Undifferenzierte Funktion: Wir sagen, daß eine oder mehrere psychologische Funktionen ›undifferenziert‹ sind, wenn sie nicht unabhängig von anderen Bewußtseinsfunktionen benutzt werden können. So kann ein Denktyp beispielsweise intelligent sein, aber unfähig, seine Gefühle einzubeziehen, um seine Tendenz auszugleichen, nur unpersönlich oder übertrieben sachlich zu sein.
»Solange eine Funktion noch dermaßen mit einer oder mehreren anderen Funktionen verschmolzen ist, zum Beispiel Denken und Fühlen oder Fühlen und Empfindung usw., daß sie für sich allein gar nicht auftreten kann, so ist sie in *archaischem* ... Zustand, sie ist nicht differenziert, das heißt nicht als ein besonderer Teil vom ganzen ausgeschieden und als solcher für sich bestehend ... In der Regel ist die nicht differenzierte Funktion auch dadurch charakterisiert, daß sie die Eigenschaft der Ambivalenz und der Ambitendenz hat, das heißt, jede Position führt die Negation merklich mit sich, woraus kennzeichnende Hemmungen im Gebrauch der nicht differenzierten Funktion entstehen.« (GW 6, Paragraph 704)

Urteil (U): Der UW-Index bezieht sich auf den Stil einer Person, mit der Außenwelt umzugehen und entweder Urteilen (U) oder Wahrnehmen (W) vorzuziehen. Urteilende Typen verbringen weniger Zeit im Wahrnehmungsmodus als wahrnehmende Typen, ehe sie zu Schlüssen kommen.

Urteilende Funktionen: Die beiden Urteilsprozesse sind Denken (D) und Fühlen (F). Urteilen beinhaltet, daß man zu Schlußfolgerungen gelangt: einschätzen, Entscheidungen treffen und auf das reagieren, was wahrgenommen wurde.

Wahrnehmende Funktionen: Wahrnehmung beinhaltet das Sammeln von Informationen: die Auswahl von Stimuli (Dinge, Menschen, Geschehnisse oder Ideen), auf die man eingeht.
Die beiden Wahrnehmungsprozesse sind Empfinden (S) und Intuition

(N). Sie werden als irrationale Funktionen bezeichnet, weil sie als Prozesse keine Bewertung beinhalten.

Wahrnehmung (W): Der UW-Index bezieht sich auf den Stil einer Person, mit der Außenwelt umzugehen, bei dem entweder Urteil (U) oder Wahrnehmung (W) bevorzugt werden. Wahrnehmende Typen bleiben länger im Wahrnehmungsmodus als urteilende Typen, ehe sie zu Schlüssen gelangen.

Wendetyp: Einige Individuen verhalten sich, als seien sie ein bestimmter psychologischer Typ, während sie in Wirklichkeit nur die Anpassung an diesen Typ spielen. Aus verschiedenen Gründen konnten diese Individuen sich nicht den Linien ihrer natürlichen Disposition entsprechend entwickeln. Eine Typverwirrung aufgrund einer Störung während der Typentwicklung.

Anmerkungen

In den Amerkungen bezieht sich GW auf C.G. Jung, *Gesammelte Werke*, 19 Bände (Olten und Freiburg im Breisgau: Walter, 1989).

Einleitung

1 Ted Guzie und Noreen Monroe Guzie, »Masculine and Feminine Archetypes: A Complement to the Psychological Types«, *Journal of Psychological Type* 7 (1984), S. 3-11.
2 Katherine Bradway und Wayne Detloff, »Incidence of Psychological Types among Jungian Analysts Classified by Self and by Test«, *Journal of Analytical Psychology* 21 (1976), S. 136-46.

1. Was ist Typologie?

1 C. G. Jung, *Psychologische Typen*, GW 6, S. 5.
2 Marie-Louise von Franz zufolge war Jungs eigene dominante Funktion in seinem Zirkel die eines introvertierten Denktyps, während Freuds dominante Funktion introvertiertes Fühlen war. Siehe *C. G. Jung: Sein Mythos in unserer Zeit* (Stuttgart: Huber, 1972).
3 C. G. Jung, *Zwei Schriften über Analytische Psychologie*, GW 7, Paragraph 61f.
4 Isabel Briggs Myers, *Introduction to Type* (Palo Alto, Calif.: Consulting Psychologists Press, 1987), S. 5.
5 C. G. Jung, *Das symbolische Leben*, GW 18, I, Paragraph 20.
6 Ibid., Paragraph 21.
7 Isabel Briggs Myers, *Introduction to Type* (Palo Alto, Calif.: Consulting Psychologists Press, 1987), S. 5.
8 C. G. Jung, *Das symbolische Leben*, GW 18, I, Paragraph 24f.
9 Isabel Briggs Myers, *Introduction to Type* (Palo Alto, Calif.: Consulting Psychologists Press, 1987), S. 5.
10 Diese Bevorzugung des Empfindens basierte größtenteils auf dem frühen Bedürfnis der Psychologie, sich als legitime wissenschaftliche Disziplin neben anderen ›harten‹ Wissenschaften zu rechtfertigen. Während der ganzen Geschichte der Psychologie hatten diese Bemühungen ernste

und unglückselige Folgen. Eines der bemerkenswertesten Beispiele ist der Aufstieg des Behaviorismus in den vierziger und fünfziger Jahren unseres Jahrhunderts, der sich rigide nur auf die meßbaren Eigenschaften von Verhalten verläßt. Der Behaviorismus ignorierte weitgehend das Feld der Wahrnehmung; insbesondere geistige Erfahrungen wie Intuition, Vorstellungskraft und Kreativität wurden als ›unwissenschaftlich‹ abgetan, weil sie nicht meßbar waren. Dies führte zu einer entschieden maskulinen Voreingenommenheit innerhalb der Psycholgie. Erst Anfang der siebziger Jahre wurden diese geächteten geistigen Prozesse wieder mit einigem Respekt betrachtet. Zunehmend gelten sie nicht nur als nützlich, sondern auch als wesentlich zum Verständnis der Breite und Tiefe menschlicher Erfahrung.

11 C. G. Jung, *Das symbolische Leben*, GW 18, I, Paragraph 22.

12 Isabel Briggs Myers, *Introduction to Type* (Palo Alto, Calif.: Consulting Psychologists Press, Inc., 1987), S. 6.

13 C. G. Jung, *Das symbolische Leben*, GW 18, I, Paragraph 23.

14 Isabel Briggs Myers, *Introduction to Type* (Palo Alto, Calif.: Consulting Psychologists Press, Inc., 1987), S. 6.

15 Daryl Sharp, *Personality Types: Jung's Model of Typology* (Toronto: Inner City Books, 1987), S. 16.

16 Isabel Briggs Myers, *Gifts Differing* (Palo Alto, Calif.: Consulting Psychologists Press, Inc., 1987), S. 12f.

17 Angelo Spoto, *Jung's Typology in Perspective* (Boston: Sigo Press, 1989), S. 53.

18 Dieser Begriff der Bipolarität wurde von June Singer und Mary Loomis bei ihrer eigenen Typenforschung in Frage gestellt (siehe Loomis und Singer in der Bibliographie). Die Fragen im Singer-Loomis Inventory of Personality (SLIP) lassen im Gegensatz zu der erzwungenen Wahlmethode der Fragen bei anderen Typentests eine freie Wahl von Funktion und Typeneinstellung zu. John Beebe, ein Analytiker aus San Francisco, bestätigt dagegen anhand seiner eigenen klinischen Typenbeobachtungen die bipolare Natur der Funktionen sowie der Typeneinstellung.

2. Psychologischer Typ und Kommunikationsstile von Männern

1 Zitiert in Deborah Tannen, *Du kannst mich einfach nicht verstehen. Warum Männer und Frauen aneinander vorbeireden* (Hamburg: Kabel, 1991), S. 253–255. Siehe auch Jack Sattel, »Men, Inexpressiveness, and Power«, in *Language, Gender, and Society*, herausgegeben von Barrie

Thorne, Cherris Kramarae und Nancy Henley (Rowley, Mass.: Newberry House, 1983), S. 119–124.
2 Barbara Eakins und Gene Eakins, *Sex Differences in Human Communication* (Boston: Houghton Mifflin Company, 1978), S. 48–51.
3 Flavil Yeakley, »Communication Style Preferences and Adjustments as an Approach to Studying Effects of Similarity in Psychological Type«, *Research in Psychological Type* 6 (1983), S. 23.
4 Ibid., S. 22–33.

3. Die Denker

1 Mary H. McCaulley, Gerald P. Macaid, Richard I. Kainz, »Estimated Frequencies of the MBTI Types«, *Journal of Psychological Type* 9 (1985), S. 3–9.
2 Isabel Briggs Myers, *Gifts Differing* (Palo Alto, Cailf.: Consulting Psychologists Press, 1987), S. 158.
3 Isabel Briggs Myers und Mary H. McCaulley, *Manual: A Guide to the Development and the Use of the Myers-Briggs Type Indicator* (Palo Alto, Calif.: Consulting Psychologists Press, 1985), S. 33.
4 Siegler M. Mann und H. Osmond, »The Many Worlds of Time«, *Journal of Analytical Psychology* 13 (1968), S. 33–56.
5 Isabel Briggs Myers, *Gifts Differing*, (Palo Alto, Cailf.: Consulting Psychologists Press, 1987), S. 158.

4. Die Ideenmenschen

1 Siegler M. Mann und H. Osmond, »The Many Worlds of Time«, *Journal of Analytical Psychology* 13 (1968), S. 33 –56.
2 Isabel Briggs Myers und Mary H. McCaulley, *Manual: A Guide to the Development and the Use of the Myers-Briggs Type Indicator* (Palo Alto, Calif.: Consulting Psychologists Press, 1985), S. 35.

5. Die Tatmenschen

1 Isabel Briggs Myers und Mary H. McCaulley, *Manual: A Guide to the Development and the Use of the Myers-Briggs Type Indicator* (Palo Alto, Calif.: Consulting Psychologists Press, 1985), S. 34.
2 Siegler M. Mann und H. Osmond, »The Many Worlds of Time«, *Journal of Analytical Psychology* 13 (1968), S. 33–56.

3 Isabel Briggs Myers, *Gifts Differing* (Palo Alto, Calif.: Consulting Psychologists Press, 1985), S. 158.

6. Die Träumer

1 Isabel Briggs Myers und Mary H. McCaulley, *Manual: A Guide to the Development and the Use of the Myers-Briggs Type Indicator*, (Palo Alto, Cailf.: Consulting Psychologists Press, 1985), S. 35.
2 Siegler M. Mann und H. Osmond, »The Many Worlds of Time«, *Journal of Analytical Psychology* 13 (1968), S. 33–56.
3 Auf Tafel 12 im Anhang können wir sehen, daß die Häufigkeit der verschiedenen Typenkomponenten starke Auswirkungen auf die Berufswahl hat. So ist beispielsweise Intuition allein ein entscheidender Faktor bei der Wahl von Berufen wie Psychologe oder Schriftsteller. Die intuitive Funktion kommt bei 85 Prozent der Psychologen und 74 Prozent der Autoren vor. Alle anderen Typenelemente sind bei diesen beiden Berufen nahezu gleich verteilt, ausgenommen das Fühlen, das von beiden etwas mehr favorisiert wird als das Denken. Polizisten dagegen weisen fast die entgegengesetzte Konfiguration auf: Sie ziehen das Empfinden (85 Prozent) der Intuition (15 Prozent) vor. Auch was die Polarität zwischen Denken und Fühlen angeht, sind Polizisten das Gegenteil von Psychologen und Schriftstellern; sie ziehen das Denken (68 Prozent) dem Fühlen (32 Prozent) vor.
4 Isabel Briggs Myers, *Gifts Differing* (Palo Alto, Calif.: Consulting Psychologists Press, 1987), S. 96.

7. Die Typologie als Psychologie des Bewußtseins

1 Arthur Colman und Libby Colman, *The Father: Mythology and Changing Roles* (Wilmette, Ill.: Chiron Publications, 1988), S. 34.
2 Jung definiert die Fühlfunktion folgendermaßen: »Das Gefühl ist zunächst ein Vorgang, der zwischen dem Ich und einem gegebenen Inhalt stattfindet, und zwar ein Vorgang, welcher dem Inhalt einen bestimmten *Wert* im Sinne des Annehmens oder Zurückweisens (›Lust‹ oder ›Unlust‹) erteilt, sodann aber auch ein Vorgang, der, abgesehen vom momentanen Bewußtseinsinhalt oder von momentanen Empfindungen, sozusagen isoliert als ›Stimmung‹ auftreten kann. Dieser letztere Vorgang kann sich auf frühere Bewußtseinsinhalte kausal beziehen, braucht es aber nicht notwendigerweise, indem er ebensogut auch aus unbewußten Inhalten her-

vorgehen kann, wie die Psychopathologie reichlich beweist. Aber auch die Stimmung, sei sie nun allgemein oder bloß als partielles Fühlen gegeben, bedeutet eine Bewertung, aber nicht die eines bestimmten, einzelnen Bewußtseinsinhaltes, sondern der ganzen momentanen Bewußtseinslage, und zwar wiederum im Sinne des Annehmens oder Zurückweisens.« (C. G. Jung, *Psychologische Typen*, GW 6, Paragraph 721.)

3 Marie Louise von Franz und James Hillman, *Zur Typologie C. G. Jungs. Die inferiore und die Fühlfunktion* (Felbach: Bonz, 1980), S. 61.

4 In einer von Isabel Myers Briggs berichteten Studie, die vor fast fünfzig Jahren durchgeführt wurde, stellte man fest, daß Extravertierte, wenn sie heiraten, dazu neigen, das Maß an Gegensätzlichkeit bezüglich Denken–Fühlen zu verringern.

»Wo der Mann ein Extravertierter war, waren sich 62 Prozent der Paare in D–F ähnlich; wenn er ein Introvertierter war, waren 49 Prozent ähnlich. Wo Ehemann und Ehefrau beide Extravertierte waren, stieg die Ähnlichkeit in D–F auf 66 Prozent, was viel ist, wenn man bedenkt, daß das mögliche Maximum nur 78 Prozent betrug.«

Diese Untersuchung ist zwar alt, aber sie ist eine der wenigen mit einer so großen Stichprobe und noch heute in großen Teilen gültig. Die abnehmende Rigidität der Geschlechtsrollen kann eine zunehmende Ähnlichkeit der Typen in der Ehe sowohl bei Introvertierten als auch bei Extravertierten bewirken. Isabel Briggs Myers, *Gifts Differing* (Palo Alto, Calif.: Consulting Psychologists Press, 1987), S. 132.

5. Marie Louise von Franz und James Hillman, *Zur Typologie C. G. Jungs. Die inferiore und die Fühlfunktion* (Felbach: Bonz, 1980), S. 80.

6. Marie Louise von Franz und James Hillman, *Zur Typologie C. G. Jungs. Die inferiore und die Fühlfunktion* (Felbach: Bonz, 1980), S. 32.

7. C. G. Jung, *Zwei Schriften über analytische Psychologie*, GW 7, Paragraph 85.

8. Es gibt einige faszinierende Unterschiede zwischen den Männern der verschiedenen Typengruppen bezüglich ihres Interesses an Therapie, Beratung und anderen Wegen zur Lösung psychologischer Probleme und zur Erweiterung der Selbst–Bewußtheit. Die SDs interessierten sich von Natur aus am wenigsten dafür. So wurde zum Beispiel eine Gruppe von Medizinstudenten gefragt: »Wie wichtig ist es Ihrer Fakultät an der Universität, Ihnen bei Ihrer eigenen persönlichen Entwicklung und Ihrem Selbstverständnis zu helfen?« SD–Typen äußerten geringes Interesse und meinten, die Fakultät lege hierauf bereits mehr Wert, als ihnen recht sei. NF–Typen dagegen berichteten von stärkerem Interesse an Selbstverständnis und meinten, die Fakultät vernachlässige diesen Teil ihrer Ausbildung.

Für NFs sind Träume, Phantasien und Mythen Realitäten, die dazu beitragen, die verschiedenen Dimensionen des Lebens zu erklären. Oft gehen sie mit einem fast natürlichen Gefühl von Behagen in Analyse und Therapie. Tatsächlich sind viele der NF–Analysanden, die ich im Laufe der Jahre gesehen habe, selbst Therapeuten geworden. Einige Studien über Typen und Therapie haben gezeigt, daß NFs, vor allem introvertierte, häufiger zur Beratung kommen und auch länger in Behandlung bleiben. Die meisten Männer, denen ich in der Analyse begegne, gehören der NF– oder ND–Orientierung an (dasselbe gilt für Frauen in Analyse).

Eine Reihe von NF–Männern kommt in späteren Jahren in die Analyse, um ihr Selbstverständnis zu vertiefen, selbst wenn sie nicht das Gefühl haben, unter spezifischen psychologischen Problemen zu leiden. Anscheinend wollen sie mehr vom Leben, als der Materialismus der Außenwelt zu bieten hat. Wenn sie älter werden, sehnen sie sich nach tieferer emotionaler und spiritueller Erfüllung.

SD-Männer dagegen brauchen vielleicht eine extreme Krise oder eine schwere Krankheit, um ihren Blick nach innen zu richten. Normalerweise erscheint ihnen ihre eigene Psyche abstrakt, diffus, verwirrend und unzugänglich. Sie wenden auf die Therapie Kriterien an, die sie auch in der Außenwelt von Beruf und Geschäft benutzen. *Sie wollen wissen, wie lange die Therapie dauern wird, was von ihnen erwartet wird, was sie ›tun‹ müssen und ob ›es‹ tatsächlich ›wirkt‹ oder nicht.* Sie versuchen, sich auf die faktischen Aspekte der Selbst–Bewußtheit zu konzentrieren, und vertrauen mehr der objektiven Analyse der Probleme, mit denen sie konfrontiert sind. Da sie Tatsachen durch ihre Sinne bestätigt sehen möchten, kann ihnen innere psychologische Arbeit verschwommen und ›ungreifbar‹ erscheinen. *SD-Männer können Psychologen werden, aber oft interessieren sie sich mehr für experimentelle und physiologische Psychologie als für die direkte Arbeit mit Menschen.*

Die SF–Gruppe zieht wie die SDs das Empfinden vor, verläßt sich aber mehr auf die Fühlfunktion, um ihre Interessen und Strebungen zu bestimmen. Sie nimmt eine mittlere Stellung zwischen den NFs und den SDs ein, weil sie sich wie die SDs einerseits für Fakten interessiert; allerdings ist sie andererseits stärker daran interessiert, wie diese Fakten mit anderen Menschen oder mit der eigenen Person zusammenhängen.

Die meisten Menschen, die auf dem Gebiet der Psychologie arbeiten, haben die Typenkerne NF und ND. Die Intuition mit ihrer stärkeren Wahrnehmung von Möglichkeiten als von Fakten ist die vielleicht am stärksten ›psychologisch‹ orientierte Funktion der Typologie. Wie die NFs können auch die NDs (vor allem, wenn die Intuition dominant ist) stark auf die Psyche und ihre Myriaden Möglichkeiten reagieren, aber (wenn das Denken dominant ist) sie ziehen möglicherweise eine noch größere Objektivität vor, tendieren daher eher zur Psychologie als Wissenschaft. NFs sind eher die ›Künstler‹ der Therapie, NDs mehr die Wissenschaftler.

Natürlich ist keine dieser Verallgemeinerungen absolut zu sehen. Was ich darzustellen versuche, ist ein allgemeiner schematischer Umriß, um einige der Arten zu zeigen, wie verschiedene Typendispositionen mit den Prozessen der Selbst–Bewußtheit und der Entwicklung des Bewußtseins zusammenhängen.

Literaturverzeichnis

Bates, Marilyn, und Keirsey, David W., *Please Understand Me*, Del Mar, Calif.: Prometheus Nemesis Book Company, 1978.

Beebe, John, ›Psychological Types in Transference, Countertransference, and the Therapeutic Interaction‹, *Chiron: A Review of Jungian Analysis*, 1984, S. 147–61.

Bennet, E. A., *What Jung Really Said*, New York: Shocken Books, 1967.

Bisbee, Cynthia, Mullaly, Robert, und Osmond, Humphry, ›Type and Psychiatric Illness‹, *Research in Psychological Type* 5 (1982), S. 49–68.

Bradway, Katherine, und Detloff, Wayne, ›Incidence of Psychological Types among Jungian Analysts Classified by Self and by Test‹, *Journal of Analytical Psychology* 21 (1976), S. 134–46.

Chinen, Allen B., Spielvogel, Anne, und Farrell, Dennis, ›The Experience of Intuition‹, *Psychological Perspectives* 16, Nr. 2 (1985), S. 186–97.

Colan, Arthur, und Colan, Libbie, *The Father: Mythology and Changing Roles*, Wilmette, Ill.: Chiron Publications, 1988; deutsch: *Der Vater: Veränderungen einer männlichen Rolle*, München: Kösel, 1991.

Eakins, Barbara Westbrook, und Eakins, R. Gene, *Sex Differences in Human Communication*, Boston: Houghton Mifflin Company, 1978.

Ekstrom, S. R., ›Jung's Typology and DSM–III Personality Disorders: A Comparison of Two Systems of Classification‹, *Journal of Analytical Psychology* 33 (1988), S. 329–44.

Frank, Robert H., *Passions Within Reason: The Strategic Role of the Emotions*, New York und London: W. W. Norton, 1988; deutsch: *Die Strategie der Emotionen*, München: Oldenbourg, 1992.

Franz, Marie-Louise von, *C. G. Jung: Sein Mythos in unserer Zeit*, Stuttgart: Huber, 1972.

Franz, Marie-Louise von, und Hillman, James, *Lectures on Jung's Typology*, Irving, Tex.: Spring Publications, 1971; deutsch: *Zur Typologie C. G. Jungs. Die inferiore und die Fühlfunktion*, Felbach: Bonz, 1980.

Grant, Harold W., Thompson, Magdalena, und Clarke, Thomas E., *From Image to Likeness: A Jungian Path in the Gospel Journey*, New York: Paulist Press, 1983.

Guzie, Ted, und Guzie, Noreen Monroe, ›Masculine and Feminine

Archetypes: A Complement to the Psychological Types‹, *Journal of Psychological Type* 7 (1984), S. 3–11.

Hammer, Allen L., ›Type and Coping Resources‹, bei der Bay Area Association of Psychological Type vorgelegte Schrift, Stanford University, Palo Alto, Calif., 1991.

Hirsch, Sandra, und Kummerow, Jean, *Lifetypes*, New York: Warner Books, 1989.

Hobson, Robert F., *Forms of Feeling: The Heart of Psychotherapy*, London und New York: Tavistock Publications, 1985.

Jung, C. G., *Erinnerungen, Träume, Gedanken*, aufgezeichnet und herausgegeben von Aniela Jaffé, Zürich und Stuttgart: Rascher, 1963.

Jung, C. G., ›Psychologische Typen‹, *Gesammelte Werke,* Band 6, Olten und Freiburg im Breisgau: Walter, 1971.

Jung, C. G., ›Das symbolische Leben‹, *Gesammelte Werke,* Band 18/I, Olten und Freiburg im Breisgau: Walter, 1981.

Jung, C. G., ›Zwei Schriften über Analytische Psychologie‹, *Gesammelte Werke,* Band 7, Olten und Freiburg im Breisgau: Walter, 1971.

Keirsey, David, *Portraits of Temperament*, Del Mar, Calif.: Prometheus Nemesis Book Company, 1978.

Key, Mary Ritchie, *Male/Female Language*, Metuchen, N. J.: Scarecrow Press, 1975.

Key, Mary Ritchie, *Paralanguage and Kinesics (Nonverbal Communication)*, Metuchen, N. J.: Scarecrow Press, 1975.

Kroeger, Otto, und Thuesen, Janet M., *Typetalk*, New York: Delacorte Press, 1988.

Lambert, Kenneth, ›Analysis, Repair and Individuation‹, in *The Library of Analytical Psychology*, Bd. 5, herausgegeben von Michael Fordham et al., London: Academic Press, 1981.

Lawrence, Gordon, *People Types and Tiger Stripes*, Gainesville, Fla.: Center for the Application of Psychological Type, 1982.

Mann, Siegler M., und Osmond, H., ›The Many Worlds of Time‹, *Journal of Analytical Psychology* 13 (1968), S. 33–56.

McCaulley, Mary H., Macaid, Gerald P., und Kainz, Richard I., ›Estimated Frequencies of the MBTI Types‹, *Journal of Psychological Type* 9 (1985), S. 3–9.

Meier, Carl A., *Persönlichkeit und Individuationsprozeß im Lichte der Typologie C. G. Jungs*, Olten und Freiburg im Breisgau: Walter, 1986.

Merner, Murray H., und Carskadona, Thomas G., ›Partner Similarity on the Myers–Briggs Type Indicator Among Functional and Dysfunctional Married Couples‹, *Research in Psychological Type* 6 (1983), S. 76–80.

Myers, Isabel Briggs, *Introduction to Type*, Palo Alto, Calif.: Consulting Psychologists Press, 1987.

Myers, Isabel Briggs, und McCaulley, Mary H., *Manual: A Guide to the Development and Use of the Myers-Briggs Type Indicator*, Palo Alto, Calif.: Consulting Psychologists Press, 1985.

Myers, Isabel Briggs, *Gifts Differing*, Palo Alto, Calif.: Consulting Psychologists Press, 1987.

Newman, James A., *A Cognitive Perspective on Jungian Typology*, Gainesville, Fla.: Center for the Application of Psychological Type, 1990.

Padgett, Valerie R., Cook, David D., Nunley, Michael E., und Carskadon, Thomas G., ›Psychological Type, Androgyny, and Sex–typed Roles‹, *Research in Psychological Type* 5 (1982), S. 69–77.

Pedersen, Loren E., *Dark Hearts: The Unconscious Forces that Shape Men's Lives*, Boston und London: Shambhala Publications, 1991; deutsch: *Das Weibliche im Mann. Eine Psychologie des Mannes.* München: dtv, 1994

Quenk, Alex T., *Psychological Types and Psychotherapy*, Gainesville, Fla.: Center for the Application of Psychological Type, 1984.

Quenk, Alex T., und Quenk, Naomi L., ›The Use of Psychological Typology in Analysis‹, in *Jungian Analysis*, herausgegeben von Murray Stein, LaSalle, Ill. und London: Open Court, 1982.

Reardon, Agnes, *Personality and Morality: A Developmental Approach*, Woolrich, Me.: TBW Books, 1983.

Rossi, Ernest, ›The Cerebral Hemispheres in Analytical Psychology‹, *Journal of Analytical Psychology* 22 (1977), S. 32–51.

Sandner, Donald F., und Beebe, John, ›Psychopathology and Analysis‹, in *Jungian Analysis*, herausgegeben von Murray Stein, LaSalle, Ill. und London: Open Court, 1982.

Sattel, Jack W., ›Men, Impressiveness, and Power‹, in *Language, Gender, and Society*, herausgegeben von Barry Thorne, Cherris Kramarae und Nancy Henley, Rowley, Mass.: Newberry House, 1983.

Sharp, Daryl, *Personality Types: Jung's Model of Typology*, Toronto: Inner City Books, 1987.
Spoto, Angelo, *Jung's Typology in Perspective*, Boston: Sigo Press, 1989.
Strongman, Ken T., *The Psychology of Emotion*, New York: John Wiley & Sons, 1987.

Tannen, Deborah, *You Just Don't Understand: Women and Men in Conversation*, New York: Ballantine Books, 1990; deutsch: *Du kannst mich einfach nicht verstehen. Warum Männer und Frauen aneinander vorbeireden*, Hamburg: Kabel, 1991.

Willeford, William, *Feeling, Imagination, and the Self: Transformations of the Mother-Infant-Relationship*, Evanston, Ill.: Northwestern University Press, 1987.
Willeford, William, ›The Primacy of Feeling: Part I. Affectivity, The Ego, and the Feeling Function‹, *Journal of Analytical Psychology* 21 (1976), S. 115–133.
Willeford, William, ›The Primacy of Feeling: Part II. Relations Among the Functions‹, *Journal of Analytical Psychology* 22 (1977), S. 1–16.

Yabroff, William, *The Inner Image: A Resource for Type Development*, Palo Alto, Calif.: Consulting Psychologists Press, 1990.
Yeakley, Flavil R., ›Implications of Communications Style Research for Psychological Type Theory‹, *Research in Psychological Type* 6 (1983), S. 5–23.
Yeakley, Flavil R., ›Communication Style Preferences and Adjustments as an Approach to Studying Effects of Similarity in Psychological Type‹, *Research in Psychological Type* 5 (1982), S. 30–48.

MannsBilder im dtv

Absender:
Dein Sohn
Briefe an den Vater
Herausgegeben von Wilfried Wieck
dtv 30466

Philip Roth:
Mein Leben als Sohn
Eine wahre Geschichte
dtv 11965

Klaus Theweleit:
Männerphantasien
Band 1:
Frauen, Fluten, Körper, Geschichte
dtv 30461
Band 2:
Männerkörper – zur Psychoanalyse des weißen Terrors
dtv 30462

MannsBilder von Frauen
dtv 11720

MannsBilder von Männern
dtv 11721

Camille Paglia:
Die Masken der Sexualität
dtv 30454

Esther Vilar:
Der dressierte Mann
Das polygame Geschlecht
Das Ende der Dressur
dtv 30072

David G. Gilmore:
Mythos Mann
Wie Männer gemacht werden
Rollen, Rituale, Leitbilder
dtv 30354

Wassilios E. Fthenakis:
Väter
Band 1:
Zur Psychologie der Vater-Kind-Beziehung
Band 2:
Kind-Beziehung in verschiedenen Familienstrukturen
dtv 15046

Peter Schellenbaum:
Homosexualität im Mann
Eine tiefenpsychologische Studie
dtv 35079

Loren E. Petersen:
Das Weibliche im Mann
Eine Psychologie des Mannes
dtv 35083

Peter Schellenbaum im dtv

Das Nein in der Liebe
Abgrenzung und Hingabe in der erotischen Beziehung. Warum der Wunsch nach Abgrenzung für eine beständige Liebesbeziehung notwendig ist.
dtv 35023

Gottesbilder
Religion, Psychoanalyse, Tiefenpsychologie
dtv 35025

Abschied von der Selbstzerstörung
Befreiung der Lebensenergie. Heilung für Menschen, die das Leben ein Leben lang vermeiden, die sich verschließen und anderen gegenüber abblocken.
dtv 35016

Die Wunde der Ungeliebten
Blockierung und Verlebendigung der Liebe
dtv 35015

Tanz der Freundschaft
Faszinierend, zu entdecken, was in unserem Leben Freundschaft ist und was sie sein könnte.
dtv 35067

Homosexualität im Mann
Eine tiefenpsychologische Studie. »Ein Buch, das aufräumt mit dümmlichen, aus der Angst geborenen Vorurteilen, das jeden Mann einlädt, seiner geschlechtlichen Identität nachzuspüren.«
dtv. 35079

Nimm deine Couch und geh!
Heilung mit Spontanritualen. Wer sich verändern will, muß sich bewegen! Die Therapiemethode der Psychoenergetik in der Praxis.
dtv 35081

Eugen Drewermann im dtv

Kleriker
Die schonungslose Analyse des inneren Zustandes der katholischen Kirche deckt deren psychische Strukturen und unbewußte Hintergründe auf.
dtv 30010

Tiefenpsychologie und Exegese 1
Die Wahrheit der Formen
Traum, Mythos, Märchen, Sage und Legende
dtv 30376

Tiefenpsychologie und Exegese 2
Die Wahrheit der Werke und der Worte
Wunder, Vision, Weissagung, Apokalypse, Geschichte, Gleichnis
dtv 30377

Worum es eigentlich geht
Briefe, Dokumente, Gespräche
Ein unverzichtbares Protokoll zum »Fall Drewermann«
dtv 30404

»Ich steige hinab in die Barke der Sonne«
Meditationen zu Tod und Auferstehung
Ein Querschnitt durch die abendländische Literatur-, Geistes- und Religionsgeschichte.
dtv 30437

Foto: Klaus Bäulke

Giordano Bruno oder Der Spiegel des Unendlichen
Die letzten Tage des großen italienischen Denkers und Dichters, der im Jahre 1600 in Rom als »Ketzer« verbrannt wurde.
dtv 30465

Was uns die Zukunft gibt
Meditationen über biblische Texte vermitteln tiefe Einsichten in unser Dasein und geben Anregungen zu einem erfüllten Leben.
dtv 30502

Lieb Schwesterlein, laß mich herein
dtv 35050
Rapunzel, Rapunzel, laß dein Haar herunter
dtv 35056
Grimms Märchen tiefenpsychologisch gedeutet

Gesellschaft
Politik
Wirtschaft

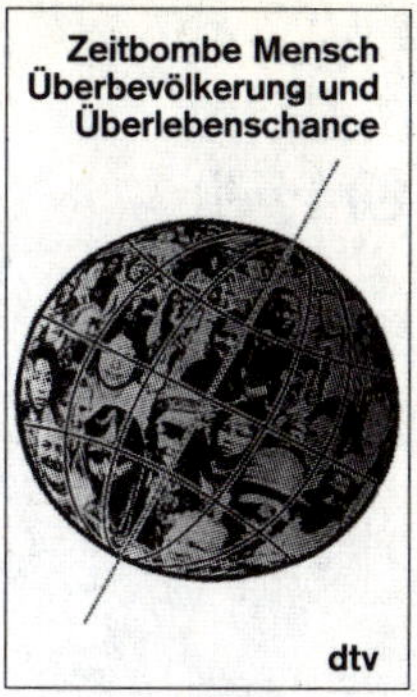

Jewgenia Albaz:
Das Geheimimperium KGB
Totengräber der Sowjetunion
dtv 30326

Timothy Garton Ash:
Ein Jahrhundert wird abgewählt
Aus den Zentren Mitteleuropas 1980-1990
dtv 30328

Fritjof Capra:
Wendezeit
Bausteine für ein neuesWeltbild
dtv 30029

Das neue Denken
Ein ganzheitliches Weltbild im Spannungsfeld zwischen Naturwissenschaft und Mystik, Begegnungen und Reflexionen
dtv 30301

Graf Christian von Krockow:
Politik und menschliche Natur
Dämme gegen die Selbstzerstörung
dtv 11151

Heimat
Erfahrungen mit einem deutschen Thema
dtv 30321

Dagobert Lindlau:
Der Mob
Recherchen zum organisierten Verbrechen
dtv 30070

John R. MacArthur:
Die Schlacht der Lügen
Wie die USA den Golfkrieg verkauften
dtv 30352

Gérard Mermet:
Die Europäer
Länder, Leute, Leidenschaften
dtv 30340

Der Deutsche an sich
Einem Phantom auf der Spur
dtv 30406

Hans Jürgen Schultz:
Trennung
Eine Grunderfahrung des menschlichen Lebens
dtv 30001

Dorothee Sölle:
Gott im Müll
Eine andere Entdeckung Lateinamerikas
dtv 30040

Roger Willemsen:
Kopf oder Adler
Ermittlungen gegen Deutschland
dtv 30405

Natur und Umwelt

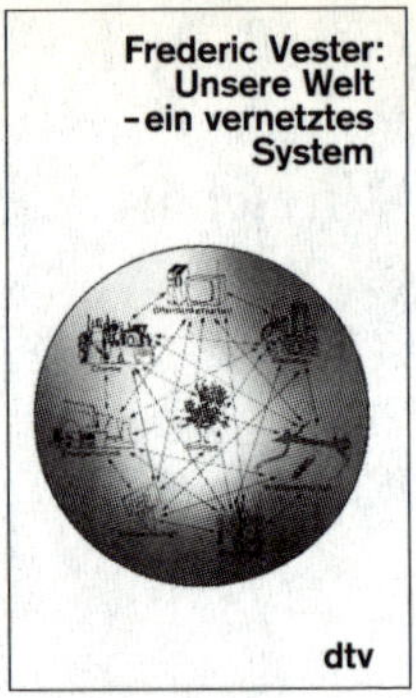

Maureen & Bridget Boland:
Was die Kräuterhexen sagen
Ein magisches Gartenbuch
dtv 10108

Jürgen Dahl:
Nachrichten aus dem Garten
Praktisches, Nachdenkliches und Widersetzliches aus einem Garten für alle Gärten
dtv/Klett-Cotta 30077

Vom Geschmack der Lilienblüten
Neueste Nachrichten aus dem Garten
dtv 30464

Dieter Heinrich / Manfred Hergt:
dtv-Atlas zur Ökologie
Mit 116 Farbtafeln
dtv 3228

Henry Hobhouse:
Fünf Pflanzen verändern die Welt
Chinarinde, Zucker, Tee, Baumwolle, Kartoffel
dtv / Klett-Cotta 30052

Edith Holden:
Vom Glück, mit der Natur zu leben
Naturbeobachtungen aus dem Jahre 1906
dtv 30049

Die schöne Stimme der Natur
Naturerlebnisse aus dem Jahre 1905
dtv 30027

Frederic Vester:
Unsere Welt – ein vernetztes System
dtv 30078

Neuland des Denkens
Vom technokratischen zum kybernetischen Zeitalter
dtv 30068

Ballungsgebiete in der Krise
Vom Verstehen und Planen menschlicher Lebensräume
dtv 30007